本著作受国家哲学社会科学基金项目"民族地区教育政策自主制定与自我完善研究"（15XMZ065）及凯里学院博士课题"新时代贵州民族团结教育的有效推进与持续发展研究"（BS201707）经费资助出版。

光明社科文库
GUANGMING DAILY PRESS:
A SOCIAL SCIENCE SERIES

·教育与语言书系·

民族教育地方政策生成与优化研究

陈孝凯丨著

光明日报出版社

图书在版编目（CIP）数据

民族教育地方政策生成与优化研究 / 陈孝凯著．

北京：光明日报出版社，2024.5. -- ISBN 978 - 7 - 5194 -
8502 - 3

Ⅰ. G759.2

中国国家版本馆 CIP 数据核字第 2025SM0440 号

民族教育地方政策生成与优化研究

MINZU JIAOYU DIFANG ZHENGCE SHENGCHENG YU YOUHUA YANJIU

著　　者：陈孝凯		
责任编辑：李月娥	责任校对：鲍鹏飞　李海慧	
封面设计：中联华文	责任印制：曹　净	

出版发行：光明日报出版社

地　　址：北京市西城区永安路 106 号，100050

电　　话：010-63169890（咨询），010-63131930（邮购）

传　　真：010-63131930

网　　址：http://book.gmw.cn

E - mail：gmrbcbs@gmw.cn

法律顾问：北京市兰台律师事务所龚柳方律师

印　　刷：三河市华东印刷有限公司

装　　订：三河市华东印刷有限公司

本书如有破损、缺页、装订错误，请与本社联系调换，电话：010-63131930

开　　本：170mm×240mm

字　　数：318 千字　　　　印　　张：20

版　　次：2025 年 4 月第 1 版　　印　　次：2025 年 4 月第 1 次印刷

书　　号：ISBN 978 - 7 - 5194 - 8502 - 3

定　　价：98.00 元

前　言

　　民族教育是我国教育系统的有机组成部分，民族教育的发展问题，关乎民族地区经济文化的发展与社会的和谐稳定。民族教育政策是推动我国民族教育发展的重要保障，近年来，学者们从民族教育政策的内容、成果、经验方面等深入研究，取得成果丰富。然而，鲜见从政策科学角度对民族教育地方政策展开研究。随着我国民族教育行政管理制度的改革，民族地区发展教育的责任主体之地位也逐步增强，民族教育地方政策在整个民族教育政策体系中的重要性已日趋凸显，因而愈发需要民族地区优化内部环境、实现民族教育地方政策的科学化和规范化，激发民族教育地方政策生成动力系统。本研究基于地方自我发展的立场，从政策科学角度对民族教育地方政策的生成进行研究，旨在促进民族教育地方政策生成的规范化和科学化，促进地方民族教育发展。

　　本书采用理论与实践相结合的方式对民族教育地方政策的生成进行研究。首先从理论、历史、现实、法律四个维度全面而具体地阐述，为什么要倡导和支持地方自主地制定、执行、调整完善本地区民族教育政策这一基本命题，从整体上证成民族教育地方政策的合理性与合法性。然后分别对民族教育地方政策生成过程的基本阶段和具体活动环节，民族教育地方政策生成结果的内涵、类型、分析指标体系，民族教育地方政策生成动力系统的动力要素、动力形成机理等进行了理论上的探讨，并以民族地区自主制定、实施和适时调整的民族教育政策为研究线索，进入民族地区教育行政管理部门、文化管理部门和各级各类学校展开调查访谈，对案例政策过程进行细致观察与分析，呈现民族教育地方政策生成过程的真实状况和产生的实际效果，试图从现实的民族教育地方政策生成过程中提取政策经验及启示，并从民族教育地方政策动力系统运行现状深入探究阻滞民族教育地方政策生成过程活动和政策实际效果未能趋近于理想状态与预期目标的原因，从而为有效实现民族教育地方政策的持续完善提出更加具有针对性和建设性的建议。

结合民族教育地方政策生成的理论研究和个案调查分析发现，地方有自我发展民族教育的行动，其动力主要来源于本地区的内在需要，地方试图通过制定、执行和不断调整完善政策来促进本地区民族教育发展。然而，民族教育地方政策生成在"理想"与"现实"之间仍然存在诸多差距。一是结合民族教育地方政策生成过程的科学性和规范性要求，考察案例政策生成过程发现，在民族教育地方政策活动过程中，部分主体的功利化行为凸显，且缺乏多元主体参与。二是结合民族教育地方政策生成结果分析指标，具体分析案例政策生成结果发现，目前地方自我发展民族教育的动力在增强，但同时民族教育地方政策效果与目标还有差距，甚至存在偏离政策目标现象。三是结合民族教育地方政策生成动力系统的理想运行状态，对案例政策生成动力系统进行分析发现，地方民族教育政策生成动力系统存在缺陷，一方面表现为民族教育地方政策生成动力系统中有的动力要素未能转化为现实的动力，另一方面又因为民族教育地方政策主体的行为异化导致阻力的产生，致使民族教育地方政策生成动力系统未能形成最大合力。而民族教育地方政策生成动力系统存在动力缺陷，是导致政策问题出现和长期存在的根本原因。

为了民族教育地方政策生成更趋近于理想的状态，必然要进行相应的引导，从理论与实践两个层面进行优化。在理论上，要坚定中国特色社会主义政治制度的理论自信与行动自觉，并有效运用政策科学研究和中华民族多元一体教育等理论成果对民族教育地方政策进行全过程指引，而且要结合铸牢中华民族共同体意识的现实需要、习近平新时代中国特色社会主义发展的主流价值诉求和民族地区教育发展的现实性，进一步优化民族教育地方政策生成过程的价值取向，重视维护国家整体利益，以国家利益需要为民族教育地方政策价值选择的核心，并在此基础上兼顾不同主体的正当教育利益诉求，尤其应关照民族地区受教育者的身心健康发展以及对促进社会发展进步的责任担当。在实践上，强调激励制度和规范制度的建构，应优化民族教育地方政策生成的组织机构、监控机制和制度保障体系，保证民族教育地方政策主体在制度的规约下理性地做出行为选择，实现民族教育地方政策主体间的有效互动。如此，使民族教育地方政策生成在正确理论的引领下和国家制度规范性权力保障下进行，不仅有助于修复民族教育地方政策生成动力系统，形成更大合力，还能够保证民族教育地方政策生成过程不偏离国家意志的轨道，去除民族教育地方政策生成过程中可能存在的地域局限因素，赋予地方民族教育政策在更大范围内实施的可能性，从而降低地方和中央民族教育政策创新的风险。

凯里学院陈孝凯

2024 年 4 月

目 录
CONTENTS

绪　论

一、研究缘起及意义

（一）研究缘起

我国不但少数民族多，而且各少数民族多分布于边疆地区和边远地区，其中有多个民族自治区与其他国家或地区接壤，共有 30 多个少数民族为跨境民族。① 因此，民族教育不仅仅是教育问题，而且还是政治问题，它对国家统一、民族团结发展繁荣具有不可替代的作用。自新中国成立以来，在中国共产党的正确领导下，已成功解决了民族地区发展过程中的诸多教育难题，并形成了完备的民族教育体系，培养了一大批优秀少数民族干部和专业技术人才。党的十八大以来，中国特色社会主义进入新时代。党的十九大报告已明确指出我国社会主要矛盾已经发生了转化，民族教育的主要矛盾也随着社会主要矛盾的转化而发生转化，主要表现在民族地区群众对教育的需求由"有学上"向"上好学"的转化。因此，无论是出于巩固民族教育已有发展成果、体现中国民族教育自信的需要，还是解决民族地区"上好学"这一时代发展新问题，让本来与其他发达地区教育水平还有相当差距的民族地区不落伍、不掉队，不仅需要国家积极作为，继续

---

① 教育部民族教育司，国家民委教育科技司. 走向辉煌的中国民族教育——第五次全国民族教育工作会议材料汇编［C］. 北京：民族出版社，2003：26.

加大对民族地区教育的政策支持和倾斜，亦不能让民族地区这一主体缺席、离场，民族地区在抓住国家对民族地区实施利好政策机遇中，必定要充分发挥民族地区的积极性、主动性，以推进本地区教育事业实现高质量发展。当然，在推进民族地区教育持续改革发展的进程中，民族教育地方政策能够充分显示出极其重要的作用和价值。所以，当前从中国特色社会主义进入新时代这一历史方位出发，结合国家教育改革发展、民族地区教育自我发展的需要，加强对民族教育地方政策的研究显得非常有必要。

1. 顺应国家教育管理体制改革的现实需要

20 世纪 80 年代以来，我国不断加强教育管理体制改革。在教育管理体制改革的过程中，民族地区自我发展教育的权利与责任也随之增大，这样的发展变化充分体现在我国有关教育的法律法规以及系列政策文件之中。例如，1984 年 5 月 31 日，第六届全国人民代表大会第二次会议通过了《中华人民共和国民族区域自治法》①，规定了民族自治地方的自治机关根据国家的教育方针，依照法律规定，决定本地方的教育规划等权力和职能。而且在 1985 年中共中央通过的《关于教育体制改革的决定》②、1986 年通过的《义务教育法》③、1987 年国家教育委员会和财政部印发的《关于农村基础教育管理体制改革若干问题的意见》④、1993 年中共中央国

---

① 《中华人民共和国民族区域自治法》，规定了民族自治地方的自治机关根据国家的教育方针，依照法律规定，决定本地方的教育规划，各级各类学校的设置、学制、办学形式、教学内容、教学用语和招生办法，赋予了民族自治地方的自治机关自主地发展民族教育的权力。

② 1985 年中共中央颁布的《关于教育体制改革的决定》在教育管理及科学抉择权限划分方面，提出中央加强宏观管理，实施简政放权，把发展基础教育的责任交给地方政府，扩大学校的办学自主权。

③ 1986 年《义务教育法》以法律的形式规定了基础教育由地方负责、分级管理的原则。

④ 1987 年国家教育委员会、财政部印发的《关于农村基础教育管理体制改革若干问题的意见》，该《意见》对中央和地方、县和乡的基础教育职权划分原则做了具体规定。

务院印发的《中国教育改革和发展纲要》①、1999 年的《中共中央国务院
关于深化教育改革全面推进素质教育的决定》②、2001 年的《国务院关于
基础教育改革与发展的决定》③、2010 年的《国家中长期教育改革和发展
规划纲要（2010-2020 年）》④ 等教育政策与法律法规中都强调地方的教
育管理职责，加强省级政府教育统筹，形成由地方政府负责、分级管理、
以县为主的教育管理体制。当前，在新一届中央政府提出进一步简政放权
的时代背景下，更加需要发挥地方政府的积极主动性，加大地方政府对本
地区教育事业的领导与管理，为实现中华民族伟大奋斗目标做出应有的
贡献。

2. 探寻民族地区自我发展教育新路径的需要

在强调地方作为发展本地区民族教育主体责任的时代背景下，如何才

---

① 1993 年中共中央、国务院正式印发的《中国教育改革和发展纲要》，提出教育体制
改革要采取配套、分布推进的方针，加快步伐，改革包得过多、统得过死的体制，
初步建立起与社会主义市场经济体制和政治体制、科技体制改革相适应的教育新体
制。

② 1999 年《中共中央国务院关于深化教育改革全面推进素质教育的决定》，提出进一
步简政放权，加大省级人民政府发展和管理本地区教育的权力与统筹力度，促进教
育与当地经济社会发展紧密结合。今后三年，继续按照"共建、合作、合并"的方
式，基本完成教育管理体制和布局结构的调整，形成中央和省级人民政府两级管
理、以省级人民政府管理为主的新体制，合理配置教育资源，提高教育质量和办学
效益。要求继续完善基础教育主要由地方负责、分级管理的体制。根据各地实际，
加大县级人民政府对教育经费、教师管理和校长任免等方面的统筹权。

③ 2001 年《国务院关于基础教育改革与发展的决定》提出进一步完善农村义务教育
管理体制，实行国务院领导下由地方政府负责、分级管理、以县为主的体制。

④ 在《国家中长期教育改革和发展规划纲要（2010-2020 年）》第十五章的管理体制
改革中提出"健全统筹有力、权责明确的教育管理体制。以转变政府职能和简政放
权为重点，深化教育管理体制改革，提高公共教育服务水平。明确各级政府责任，
规范学校办学行为，促进管办评分离，形成政事分开、权责明确、统筹协调、规范
有序的教育管理体制。中央政府统一领导和管理国家教育事业，制定发展规划、方
针政策和基本标准，优化学科专业、类型、层次结构和区域布局。整体部署教育改
革试验，统筹区域协调发展。地方政府负责落实国家方针政策，开展教育改革试
验，根据职责分工负责区域内教育改革、发展和稳定"。要求加强省级政府教育统
筹，其中规定"进一步加大省级政府对区域内各级各类教育的统筹。统筹管理义务
教育，推进城乡义务教育均衡发展，依法落实发展义务教育的财政责任"。

能牵住本地区民族教育发展的牛鼻子？本研究认为，加强民族教育地方政策研究无疑是最有效的切入点，因为政策研究是理论与实践相结合的桥梁，是实现民族教育发展的基本途径，因此研究民族教育地方政策应成为民族教育研究的重要领域。其实，早在 20 世纪我国农村教育运动的初期，著名教育家陶行知就指出："只有透彻地研究自己的需要和问题，才能确有把握地制定出一套真正适合中国国情并为中国服务的教育制度来让道理说服对方。"① 虽然时过境迁，中国今日之乡村已不同于 20 世纪初期之面貌，中国的少数民族地区亦发生了翻天覆地的变化，但是陶行知先生的话对我们因地制宜地制定和实施具有差异性、多样性的民族教育政策仍具有重要启示作用。我国教育政策研究专家袁振国也指出：我国幅员辽阔，发展极不平衡，如果用一种模式制定教育政策，难免会削足适履，同样的问题在不同地区，解决问题的思路和方法并不一样，若用同样的模式去解决不同地区的相同问题往往会有不同的结局。② 因此我们必须谨记民族教育改革发展必须符合中国国情和民族地区特点，地方政府在制定、执行、调整完善民族教育政策的过程中应该充分考虑本地区教育的地域因素和文化因素，而不能简单地把发达地区教育发展模式生搬硬套于民族地区，或把一个民族地区的办学经验不加改造地植入另一民族地区，更不能把西方的民族教育经验简单地移植过来。

　　长期以来，对于少数民族教育的发展，党和国家制定的少数民族教育政策具有宏观性、战略性、指导性的特点。③ 同时党和国家出于尊重民族地区特点和加快民族教育事业发展的步伐，赋予了民族区域自治区制定具体教育政策的权利，形成了国家宏观政策指导、扶持与地方自主发展的基本发展模式。但在历史实践探索过程中，我国在处理中央和地方的关系上，也曾出现时而强调中央集权，时而强调地方分权的状况。我国的教育

---

① 罗慧燕. 教育与社会发展——中国贵州省的一个个案研究 [M]. 北京：民族出版社，2009：7.
② 袁振国. 教育政策学 [M]. 南京：江苏教育出版社，2001：16.
③ 金东海. 少数民族教育政策研究 [M]. 兰州：甘肃教育出版社，2002：4.

管理体制在历史实践中同样存在这样的问题，这不仅在一定程度上制约了民族地区发展教育积极性和创造性的充分发挥，还导致了长期以来学者们过度聚焦于国家支持民族地区、扶持民族地区教育事业发展的"输血政策"研究，忽视"造血政策"研究。诚然，我国民族教育事业得以发展至今日之面貌，那些关注民族地区教育发展的研究者、政策制定者和政策执行者可谓功不可没，而且民族地区民族教育事业的持续发展还需要被给予更多关注和扶持。然而，如果我们只从外部条件考察我国民族教育事业发展，长期偏向于自上而下的政策研究，而忽视地方内部动力因素的"造血政策"研究，这不仅仅是一种遗憾，也是一个研究领域的缺陷，最终影响民族教育的持续发展。为此，要加强民族教育地方政策研究，就要探究民族教育事业发展，发挥地方政策和中央政策的功能，把全国的统一性和地方的差异性有机地结合起来，实现内外因素有效互动，更好地解决民族地区教育问题。

3. 提升我国民族教育政策研究的需要

研究民族教育的地方政策的主要目的在于解决民族地区现实中的社会问题和教育本身的问题，同时也是为了满足不断构建和丰富中国特色社会主义民族教育政策理论的需要。事实上，自改革开放以来我国进入了教育政策发展的繁荣期，在这一时期我国民族教育政策也得到了极大的发展，民族教育事业取得了巨大成就并积累了宝贵的政策经验。而且为了进一步实现民族教育研究服务民族教育事业发展，在《全国民族教育科研规划（2014-2020 年）》文件中就已将"民族教育政策研究"列入重点研究对象。由此可见，无论是从国家民族教育政策发展的势头来看，还是从全国民族教育科研规划来看，加强国家的民族教育政策研究和对民族地区的教育政策研究都是必然的趋势和选择。但实际上目前还缺乏对民族教育政策实践经验的理论化研究成果，在新时代我国民族教育政策面临着许多新的问题，所以还需要提升我国民族教育政策研究质量，积极开展符合我国民族教育政策特点和逻辑的描述性研究、探索性研究及预测性研究，促进我国民族教育政策理论的积累，建立符合自身而又具有解释性的理论或分析框架。所以本研究以民族地区具体的教育政策为案例进行研究，希望呈现出民族教育地方政策的真实过程，并试图揭示隐藏于案例政策之中的规律，为探索出符合中国现实和未来需要的民族教育政策理论体系而做好民族地区这一层面的教育政策实践研究和理论积累。

4. 个人经历使然

"研究者从事某项研究的动机、原因和期望，这些目的可能因研究者个人的生活背景、自己所属的社会团体以及所研究的现象不同而有所不同。"① 笔者是出生于民族地区的少数民族，成长于民族地区，生活工作于民族地区，因此对民族地区的教育有切身的体会，深藏着一份对民族教育的特殊情感。在自己的学习生涯中，享受了党和国家对民族地区、少数民族学生的优惠政策，顺着国家教育阶梯，顺利考入大学，毕业后在民族地区从事教育事业。从学生到教师这一身份的转换过程，既有国家政策的照顾，更离不开老师们的教育和自己的努力。从自己的成长过程可以窥见民族地区多数学生提升人生价值的艰难，因为在我的同龄伙伴中，很多人因种种原因未进入高中甚至没念初中就已"成家立业"或外出务工。现在，我作为民族自治区的一个普通教师，自己学习经历和职业的特性让我经常思考该如何有针对性地教育少数民族学生，提高他们的学习兴趣；地方政府如何在国家法律法规规定的权力范围内，因地制宜地制定出促进本地区民族教育事业发展的政策；希望有更多研究人员进入少数民族学生生活成长的文化场域，探究他们的文化，挖掘民族文化价值，在学校教育中给予适当关照，实现民族优秀传统文化知识与现代科技教育的有效结合，使民族文化在现代学校教育中得到有效传承与创新，培养出符合当下社会需要的优秀民族文化人才。此外，希望学校教育能更多地帮助少数民族学生提升跨文化能力，尽快适应主流文化，让更多少数民族学生有成长成才的机会，为培养更多少数民族学生成长为其他事业的建设人才而打下基础。

---

① 陈向明. 质的研究方法与社会科学研究 [M]. 北京：教育科学出版社，2000：84.

（二）研究意义

从理论上考察，教育政策具有层次性，从中央到不同地方，甚至一个学校的教育政策，它们的影响范围、作用、性质都可能存在较大差异。①所以，应把民族教育地方政策视为我国民族教育政策研究的重要领域和不可或缺的部分，加大民族教育地方政策研究力度，为民族教育地方政策制定者、执行者及中央制定和实施民族教育政策提供参考服务。本研究运用政策过程分析等理论，结合民族地区自主制定和实施的民族教育政策进行全面而细致的研究，试图以解剖"麻雀"的方式，从中提取普遍性原理，揭示当前民族教育地方政策存在的问题和困难，这对我国民族教育理论研究和解决民族教育现实问题都有重要意义。

1. 理论意义

（1）拓展民族教育地方政策的理论研究内容

本研究试图从理论、历史、现实、法律这四个维度阐释地方自主制定、执行和完善本地区民族教育政策的必然性与重要性，为地方制定、执行和调整完善本地区的民族教育政策提供依据，丰富民族教育地方政策研究的理论内容。

（2）推进我国民族教育政策理论研究的深入发展

首先，使民族教育政策研究的内容体系趋于完整。目前民族教育政策研究者偏重于研究国家层面的民族教育政策，即集中研究在全国范围内实施的民族教育政策，而缺乏对民族地区自主制定的教育政策研究，显然这样的研究不能很好地满足民族地区教育发展的现实需求，而且也因此容易出现缺乏对民族学生特殊性需求的及时关注和忽视民族教育地方政策过程的具体活动的情形。本研究采取理论与实务相结合的研究方式对民族地区这一层面的民族教育政策进行研究，在民族教育地方政策基本理论问题的基础上，对民族地区自主制定和实施的教育政策进行深入而全面的研究，

---

① 袁振国. 教育政策学 [M]. 南京：江苏教育出版社，2001：16.

使民族教育政策研究的内容体系趋于完整。

其次，促进中国特色民族教育政策理论的积累。改革开放以来，我国民族教育政策实践取得了巨大成就，这与党的正确领导和民族地区的积极探索、实践分不开。在政策实践中所取得的成就，不但使中国特色社会主义教育自信不断增强，而且在实践政策过程中产生了一些值得总结的经验，并需要将其理论化。因此，我们需要对具体的民族教育地方政策生成过程进行深入的研究，尽可能地挖掘出民族教育地方政策基本经验，揭示民族教育地方政策的基本规律，逐渐构建起具有我国特色的民族教育政策理论，为更加坚定地走中国民族教育发展之道提供理论上的解释力和说服力。

2. 现实意义

（1）有助于实现民族教育事业发展

教育政策研究的最终目的是要推动教育事业发展，民族教育地方政策生成研究的最终目的是实现一定区域内民族教育发展水平与我国民族教育整体发展水平趋于平衡或者实现后发赶超。本研究探讨民族教育地方政策生成的理论和实践问题，有助于推进民族教育地方政策生成过程的科学化、民主化、规范化发展，使民族教育地方政策生成过程趋近于理想的期待，从而提高民族教育地方政策效能，促进民族教育事业发展。

（2）为民族教育地方政策决策总结可资借鉴的经验

民族地区在努力寻求自我发展教育的过程中，不仅能够使民族教育地方政策的实施迈向理性之道，让民族教育地方政策主体在参与政策实践的过程中逐渐成长起来，而且各民族地区的政策成果、积累的政策经验还可以起到互相启发和相互借鉴的作用。本研究以民族地区自主制定和实施的具体民族教育政策作为研究案例，希冀"以微明宏，以个别例证一般"，并通过对案例政策调查研究，分析案例政策效果，探究政策动力系统运行现状，客观地反映民族教育地方政策过程，提炼出具有普遍性启示作用的观点和基本方法，为更加有针对性地解决问题提供参考建议。

（3）为国家制定和实施新的民族教育政策提供基层经验与建设性建议

民族教育地方政策制定、执行与调整完善是持续进行的实践过程，在国家法律法规允许的权限内和维护国家全局利益的前提下，民族教育地方政策主体及其利益相关者不但可以更好地结合自身特点，发挥自身优势，而且能够更准确地认识本区域内教育的基本状况和发展的增长点，推进本地区教育改革的不断深入，从而为我国民族教育发展提供有益经验和多样化的选择，为全国范围内相关民族教育政策的制定与进一步完善提供民族教育地方政策经验，有利于因地制宜、因时制宜。

（4）有利于实现国家文化发展战略

我国各民族悠久而绚丽多姿的文化汇集成了中华民族的文化大观园，铸就了辉煌的中华民族文化。但我们在追赶现代化发展的进程与实践探索的过程中，曾长期将少数民族文化排斥于学校高墙之外，甚至因少数民族地区经济普遍落后而轻视少数民族文化为落后的东西，因此许多优秀传统民族文化因后继无人而陷入消逝之境地。当然，各少数民族文化的日趋式微不仅引起少数民族知识分子的担心，国家也逐渐从提升国家文化软实力的角度采取系列措施保护民族文化。2013 年教育部出台学校保护民族文化专项政策①，希望通过学校教育传承各民族优秀传统文化，民族地区教育由此要承担起保护少数民族优秀传统文化的任务。而民族教育政策是实现教育改革和解决教育问题的基本方式和主要途径，因此加强对民族教育地方政策研究，更加有助于各地区有针对性地实施民族文化教育，助力国家文化发展战略的实现，提升国家文化软实力。

二、研究方法

本研究既重视在"书斋"里进行理论的探索与分析，又重视深入基层对民族教育地方政策生成过程进行调查研究，做到理论与实务的有效结合，本研究主要选取了参与观察法、深度访谈法、案例分析法、文献法等方法进行研究。

---

① 2013 年教育部、文化部、国家民委联合印发了《关于推进职业院校民族文化传承与创新工作的意见》，这是中央出台的学校传承少数民族优秀传统文化的第一个专项政策措施，明确要求把民族民间优秀传统文化融入职业学校教育内容体系之中。

（一）文献法

文献法是一种传统又非常重要的基本研究方法，这一方法能够"了解到前人对某一方面的问题研究的基本状况，例如有哪些人在研究，研究成果的主要贡献是什么等"。① 所以，文献研究法要求对某一方面问题研究所积累的相关文献要进行全面查阅、集中整理和深入分析。本研究是理论与实务相结合的研究，因此一方面对民族教育理论、民族教育政策理论相关文献做到尽可能全面地收集整理和阅读，掌握学术研究的基本现状及主要研究成果；另一方面，注重第一手资料、网络资料的收集整理分析，例如通过对案例政策的文本和政策相关文献资料进行收集和整理，并研读文献资料，既为该案例政策文本的梳理、解读打下基础，又能够对民族教育地方政策在民族文化教育方面发挥的作用有初步的了解，为优化民族教育地方政策材料分析做好准备。

（二）参与观察法

参与观察法是研究者实地去收集和掌握研究问题或研究事项的基本信息，以及了解在特定场域里人们对相关问题或事项的知晓情况、基本态度的研究方法，也是获取第一手研究资料的基本方式。参与观察是全面而细致的观察，它不仅对特定场域中静态的物进行观察，而且还重视对特定场域中动态的人进行观察，关注于特定研究场域中的人、事、景。② 其优点在于被观察的对象未察觉研究者的研究意图，一切都是处于自然状态之下，使研究结果更加接近于事物的本质，因此研究者能够客观地反映事实真相，并以研究者自己的理解方式来呈现和阐述研究的问题或事项。本研究成员以案例政策为线索，走进民族地区教育实地调查，尤其注重对学校中的教师及其学生进行细致观察，透过他们的行为了解民族教育地方政策

---

① 李秉德. 教育科学探究方法［M］. 北京：人民教育出版社，2001：5.
② ［法］列维·斯特劳斯. 忧郁的热带［M］. 王志明译. 北京：生活·读书·新知三联书店，2000：44.

主体及教育利益相关者的基本精神面貌和态度。

（三）深度访谈法

深度访谈是研究者在深入实地调查期间，选择特定的访谈对象进行直接而深入的交谈。深度访谈一般有两种方式：一种是提纲式访谈，即在访谈前设计出访谈提纲，待进行研究场域之后选择访谈对象，让他（她）陈述观点和看法，并做好记录；另一种是自由访谈，即研究者与被访谈者就某一话题、某一问题进行自由而深入的交谈，在交谈的过程中访谈者认真听取被访谈者的观点，并记录下被访谈者所透露出的相关信息，待访谈结束后整理出访谈记录。深度访谈法是民族学田野调查常用的一种基本方法，是研究者获得一手资料的基本方式，它与参与观察法刚好互补，主要是听取"他者"的声音和观点，由此了解"他者"对某一事项的基本态度和价值倾向。为了进一步了解民族教育地方政策主体及利益相关者的基本观点和基本态度，本研究采取提纲式访谈与自由访谈相结合的方式，选择民族地区部分教育部门、文化部门及学校进行深度访谈。通过访谈，从被访谈者的话语间获取案例政策过程的历史信息和了解政策现状，从而为再现案例政策产生的历史背景、详细过程及客观判定政策优劣提供一手资料，也能够进一步了解民族教育地方政策主体及教育利益相关者对参与政策过程中的主观意愿及听取他们有关如何优化政策的观点和看法。

（四）案例研究法

案例即实例、个案之意，案例研究是对某个真实事件的特定情境深入而详细地描述，因此案例的选取应具有典型性、代表性和可分析性。① 通过案例研究，我们不仅可以把握个别对象的具体情况，也可以揭示出同一类事物的一般规律。本研究以民族教育地方政策的制定、执行、调整完善为研究主线，所以在案例政策的选取中必须考虑具有典型性、代表性和可

---

① 贺武华. 中国教育政策过程本土化研究［M］. 北京：中国社会科学出版社，2015：19.

分析性，并能够反映民族地区特色的民族教育地方政策进行深入研究，通过研究正确把握民族教育地方政策制定、执行、调整完善的具体历史过程，反映它的一般特征和规律，从而增强研究成果的可推广性。为此，本研究确定对贵州"民族文化进校园"这项由民族地区自发制定和实施的民族教育政策为案例政策进行研究，通过深入民族地区展开调查、观察和访谈，对所获得的资料和信息进行整理分析，试图以解剖"麻雀"的方式呈现民族教育地方政策制定、执行和不断调整完善的真实过程，这不仅为提升民族教育地方政策质量而找准问题根源，而且用价值中立和客观的语言对该政策进行事实再现和理论化的叙述，提出具有普遍参考意义的价值和原理。本研究之所以选择贵州"民族文化进校园"政策作为案例，主要有两方面的原因：一是该案例政策是民族地区自觉地发展民族教育而制定实施的一项教育政策，该政策的延续性体现了民族教育地方政策制定和不断调整完善的具体而完整的动态过程，基本能代表民族教育地方政策制定和持续完善的真实状况；二是该案例政策凸显了民族教育地方政策保护民族文化的价值与功能，具有鲜明的文化特征和时代特征。总而言之，该案例政策的选择具有代表性、典型性和可分析性。

三、概念界定及运用

概念是人类表达所创造理论思想的基本工具。不少研究者曾提及概念的重要性，例如，德国著名法理学家魏德士曾指出"对于基础性和核心的概念，如果没有确定的定义，那将不可能清晰地思考和科学地认识"。[1] 马克思·韦伯（Max Weber）也曾说道："对于概念的入门性讨论，几乎是不能省略的事。"[2] 事实上，做研究总会涉及对基础概念和核心概念的释析，这些概念构成研究的学术用语，而且每个基本的概念或核心的概念都有各自的适用范围和应用条件，为了满足准确研究的需要，有必要对研究的基

---

[1] ［德］伯恩·魏德士. 法理学［M］. 刘晓春等，译. 北京：法律出版社，2003：9.

[2] ［德］马克斯·韦伯. 社会科学方法论［M］. 杨富斌译. 北京：华夏出版社，1999：34.

本概念和核心概念进行严谨、准确的定义，并加以诠释，以便进一步的研究免受概念含糊不清的困扰。当然，对民族教育地方政策生成的研究亦是如此。本研究认为"民族教育地方政策"和"民族教育地方政策生成"是本研究的基础概念和核心概念，因此必须对这两个概念及相关的概念进行界定。

（一）民族教育地方政策相关概念的界定

1. 民族教育政策

对民族教育政策概念的理解，应建立在"民族教育"和"教育政策"内涵的理解基础上。因此，本研究对民族教育研究界和教育政策研究界的研究成果进行梳理，进一步分析"民族教育"和"教育政策"的内涵。

（1）民族教育

何谓民族教育，这是一个有争议的概念，有单一民族教育说、少数民族教育说等学说。① 有研究者总结，在中国民族教育理论集中为三对相互争论的观点：一是广义和狭义之争②；二是民族地区的教育和对民族成分、民族成员实施的教育的争论；三是跨文化教育与复合教育的论争。③ 本研究认为，民族教育主要是指对我国各少数民族实施的教育活动，是以少数民族为教育对象的社会活动，民族教育的构成要素包括民族传统教育与跨文化教育，是一种双向交融的活动。民族教育在教育过程中有教育对象的历史环境、教育发展水平和文化等方面的不同，因此在办学形式、课程内容设计和教学方式方法等方面有一定的特殊性。

---

① 哈经雄，滕星. 民族教育学通论［M］. 北京：教育科学出版社，2001：2—3.
② 广义的民族教育是指整个中华民族的教育，它实质是一种国家范围内的民族概念；狭义的民族教育是指我国汉族以外的 55 个少数民族的教育。
③ 跨文化教育论者把教育活动理解为"双向性"的互相传递过程，复合教育论者则认为，民族教育作为教育事业来说是跨文化教育，若作为教育活动来说它是各民族的传统教育与跨文化教育的复合。参见王鉴. 民族教育学［M］. 兰州：甘肃教育出版社，2002：21—23.

（2）教育政策

目前学界主要是从教育政策的基本属性、主体、形态、功能等方面认识教育政策的基本含义。

一是从教育政策基本属性分析，国内外有相当一部分学者把教育政策视为公共政策在教育领域的应用和推广，是公共政策的一种表现形式。例如，日本有学者认为教育政策是实现教育目的的公共方案体系。① 一般指公共权力主体所依据的政策。② 我国的刘复兴教授认为"教育政策是公共政策的下位概念"③，他认为教育政策属于公共政策的范畴。

二是从教育政策主体分析，研究者对教育政策主体的认识，表现在由单一性主体向多元主体的过渡。在国内，过去一般认为教育政策的主体是中国共产党，但随着我国政治体制改革的推进，教育政策主体开始由单一主体向"三位一体"的复合主体转化。④ 此外，还有研究者认为，随着公共政策科学研究的深入，教育政策的界定也会发生变化。教育政策的主体在扩大，不再仅仅视公权力机关为教育政策的主体，而是结合实际情况，将政党、公众媒体等参与教育政策活动的组织都视为教育政策主体。⑤

三是从教育政策的存在形态分析，存在静态形态、动态形态和融合静态与动态两种观点的理解。例如，拉斯韦尔（H. D. Lasswell）、威尔逊（W. Wilson）等早期从事政策研究的研究者从静态的角度来理解政策，认为政策是由人制定的用以执行或遵守的文本规范，在教育政策研究中保罗·特罗勒尔（Paul Trowler）也曾提出"教育政策是记录于文本上的有关态度表述"。⑥ 美国政策研究者詹姆斯 E·安德森（James E. Anderson）、

---

① ［日］筑波大学教育学研究会. 现代教育学基础［M］. 钟启泉, 译. 上海：上海教育出版社, 1986：195.
② ［日］平塚益德. 世界教育辞典［M］. 黄德诚, 夏凤鸾等, 译. 长沙：湖南教育出版社, 1989：241.
③ 刘复兴. 教育政策的价值分析［M］. 北京：教育科学出版社, 2003：28.
④ 孙绵涛. 教育政策学［M］. 北京：中国人民大学出版社, 2010：20.
⑤ 范国睿. 教育政策的理论与实践［M］. 上海：上海教育出版社, 2011：5.
⑥ 转引自：范国睿. 教育政策的理论与实践［M］. 上海：上海教育出版社, 2011：4. Trowler P. Education policy［M］. London：Routledge, 2003：95.

卡尔·弗里德里奇（Carl. J. Friedrich）等从动态角度来理解政策，提出"公共政策是行为者有目的的活动过程"①"政策是在某一特定的环境下，个人、团体或政府有计划的活动过程，是利用时机、克服障碍，以实现某个既定的目标或目的。"② 在他们看来，教育政策其实也是一种有目的、有组织的动态发展过程，强调了教育政策运行的动态性。此外，有研究者融合了静态与动态两种观点的理解，认为教育政策是静态文本叙述与动态的实践过程的总和。③

　　四是从教育政策的功能分析，教育政策被普遍地看作是一种调整教育关系的"行动准则""规定""指南"，或被视为一个有目的的活动过程，即认为教育政策是解决一定问题的活动过程。保罗·特罗勒尔（Paul Trowler）提出教育政策是教育行政机关针对一定社会需求及未来发展的趋势拟定的方针与方案，以作为教育机关执行的准则。④ 他强调教育政策是由特定主体组织开展的程序性活动。

　　总的来说，教育政策研究界对教育政策的界定包括这几个要点：一是教育政策属于公共政策范畴；二是教育政策主体是指对教育负有法定责任的公权力机关，以及其他有权参与教育政策活动过程的个人、组织、团体等实体，教育政策主体表现为多元性和广泛性；三是教育政策不仅表现为静态的存在，还表现为有组织的动态发展过程，是静态与动态的统一；四是教育政策是确定和调节发生于教育领域的利益关系的行为准则和管理教育事业的工具；五是教育政策是特定时期内为解决教育领域存在和出现的问题而制定的，具有时效性。由此，可把教育政策做这样的定义，教育政策是指负有教育法律或行政责任的各级政府及有权参与教育政策活动的实体，在一定时期内，为使本地区的教育达到一定目标或解决存在的问题而

① ［美］詹姆斯·E·安德森. 公共政策［M］. 谢明、唐亮译. 北京：华夏出版社，1990：4.
② Carl J. Friedrich, Man and His Government. N. Y.：Mcgraw Hill，1963：79.
③ 范国睿. 教育政策的理论与实践［M］. 上海：上海教育出版社，2011：7.
④ 转引自：范国睿. 教育政策的理论与实践［M］. 上海：上海教育出版社，2011：4. 颜国梁. 教育政策执行理论与应用［M］. 台北：师大书苑，1997：序2.

协调教育内外关系所做出的战略性、准则性的规定及运行过程。

（3）民族教育政策

新中国成立到现在，我国民族教育政策实践取得了丰硕的成果，但有关民族教育政策的认识及概念内涵的阐释不尽相同，其认识尚处于变化之中。

首先是民族教育政策的归属问题。在我国早期的文件或文献中，把民族教育政策视为民族政策的一部分，此认识反映了民族教育政策的"民族性"，把民族教育政策视为民族政策的附庸，忽视了民族教育政策的"教育性"和相对独立性。自 20 世纪 80 年代后，我国又将民族教育政策归于教育政策之中，此观点关注到了民族教育政策的"教育性"，但这种认识忽视了当前民族教育体系、民族院校、少数民族招生优惠和少数民族文化教育等是民族教育政策特有的内容，同样犯了只看硬币一面的错误。① 本研究认为，民族教育是教育领域对民族问题的具体落实，是教育的重要组成部分，体现了民族工作规律与教育规律结合的特点。民族教育政策是实现民族教育目的的手段，必然要遵循民族教育的特殊规律，也要遵循教育政策的基本规律。

其次是民族教育政策概念的界定问题。在我国，一般都认为民族教育政策是党和政府在一定历史时期为发展教育事业而制定的行动准则。譬如有研究者认为，民族教育政策是指国家和政党为了发展民族教育事业，实现一定历史时期的教育路线、方针、目标而制定的具体行动准则。② 还有的研究者认为，民族教育政策是国家、政党为了实现民族教育事业发展目标和任务所制定的行动准则。③ 通过分析发现，这些定义忽视了政策过程中其他政策主体的行动能力。虽然我们应当强调党和政府在民族教育政策生成过程中的主导作用和核心地位，但并不能因此就忽视其他政策主体，

---

① 敖俊梅. 民族教育政策文化分析——以民族预科教育政策为线 ［M］. 北京：教育科学出版社，2013：37.

② 哈经雄，滕星. 民族教育学通论 ［M］. 北京：教育科学出版社，2001：268.

③ 金东海. 少数民族教育政策研究 ［M］. 兰州：甘肃教育出版社，2002：2.

其他政策主体可以根据被赋予的职责和权利，在一定范围内发挥积极作用。此外，这些定义视民族教育政策为静态的文本形式，忽视民族教育政策的动态过程。

鉴于以上分析，民族教育政策主要是从民族教育和教育政策的含义中推衍出来的，具有教育政策的特征和民族性特征，是静态与动态的结合。因此本研究认为，民族教育政策是指负有民族教育法律或行政责任的各级政府及有权参与政策活动的实体，在一定时期内，为使本地区的民族教育达到一定的发展目标所做出的战略性、准则性的规定及其运行过程。

（4）民族教育地方政策

民族教育地方政策是本研究的又一基本概念，从这一概念的组成要素来看，它与民族教育、教育政策、民族教育政策等概念关系密切，对民族教育地方政策这一概念的理解需要建立在正确理解前者的基础之上，并结合我国在国家宏观指导，对地方负责、分级管理、以县为主的教育管理体制进行分析，把省、市、县作为民族地区发展教育的重要责任主体。因此，本研究的民族教育地方政策主要是指"民族八省区"① 及其所属的自治州、县、自治县、市在法律规定权限内，遵循有关法律规定，自主自觉地制定实施的以推进民族教育事业发展为追求目标的政策，是民族地区为了规范、引导、保障本地区教育教学活动的教育政策，是相对于国家层面制定和实施的民族教育政策。基于以上的研究和探讨，我们可以对它做出这样一个较为完整的定义，民族教育地方政策是指民族地区教育责任主体及有权参与本地区教育政策活动过程的实体，推进本地区民族教育事业达到一定的预定目标，为解决教育本身以及与教育密切相关领域问题而做出的具有强制性、约束性、规范性、保障性的行动准则及其运行过程。

---

① 民族八省区是指内蒙古自治区、宁夏回族自治区、新疆维吾尔自治区、西藏自治区、广西壮族自治区 5 个少数民族自治区和少数民族分布集中的云南、贵州、青海 3 个省。

（二）民族教育地方政策生成

"生成"本义是"产生、形成"，但在哲学话语中表示"持续发展和变化"的动态过程，朱立元教授从哲学角度解释道："'生成'，是一个现在进行时，表示某种东西正在发生的动态过程。生成具有自动、自在、自然之意，不是被动地成型，而且这个过程是连续不断的动态过程。"① 本研究所论及的民族教育地方政策生成，取义于哲学话语系统中的含义，以"线性展开，动态反馈"的结构来分析民族教育地方政策生成过程。

从理论上分析，一项政策的运行可以是一个单线前行的过程（图1），这符合理论逻辑，是人们追求的纯理想状态的政策或者是实践中的一次性政策，但没有实质的研究意义，而且在政策的实践过程中并非每一项政策的实行都能如此顺畅、完满。例如，美国学者戴维·伊斯顿就认为："政策实际上是一个由众多的政策圆圈所构成的一个生生不息的连续过程"；② 詹姆斯·安德森认为："政策是由一个或一批行为者组成的有目的的活动过程。"③ 所以在政策实践活动中，政策运行是一种动态循环的过程（图2）。而本研究正是基于这一认识来研究民族教育地方政策生成过程，视民族教育地方政策生成过程是一个开放的动态循环过程。因此，把民族教育地方政策生成的概念定义为，负有民族教育法律或行政责任的地方政府及有权参与政策活动的实体，在一定时期内，为使所管辖区域内的民族教育达到一定的发展目标或解决其中突出的问题，结合本地方实际，按照一定程序自主制定政策、执行政策、调整完善政策的动态过程。此外，本研究的民族教育地方政策生成特指由地方政府自觉组织领导制定、执行和调整完善的民族教育政策，这里的"地方"是"民族八省区"及其所属的自治州、县、自治县、市，主要在于强调地方的主体责任担当，而且民族教育

① 朱立元. 走向实践存在论美学 ［M］. 苏州：苏州大学出版社，2008：320-321.
② ［美］戴维·伊斯顿. 政治生活的系统分析网 ［M］. 王浦劬译. 北京：华夏出版社，1999：37.
③ ［美］詹姆斯·E·安德森. 公共政策 ［M］. 谢明，唐亮译. 北京：华夏出版社，1990：4.

地方政策的判断标准在于政策内容和政策对象是否具有民族性，以及政策是否体现地方性。

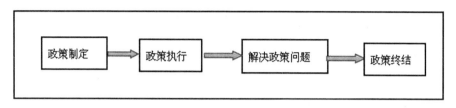

图1　单线前行的政策运行过程

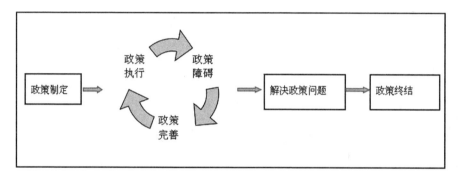

图2　动态循环的政策运行过程

四、相关研究综述

（一）国外有关民族教育地方政策生成的研究

1. 民族教育地方政策生成的理论研究

国外有关民族教育地方政策生成的理论研究，主要表现为马恩列斯所著的有关民族地区自主发展教育的内涵论述。通过梳理经典马克思主义民族理论有关这一问题的研究成果，我们可以将其研究成果划分为两条基本的思路：第一条是哲学的分析路径，马克思主义哲学认为内因和外因共同作用于事物发展，内因起决定作用，所以要非常重视事物的内在因素，这是马克思开创其哲学知识体系的基本观点之一，集中体现在马克思、恩格斯关于事物发展的哲学观点论述当中，虽然马克思、恩格斯并没有从哲学的角度直接把它和民族地区的自我发展联系起来进行深入阐述，但这一哲学思想被其理论的继承者和发展人列宁、斯大林所继承和吸收，并作为指导实践的方法论运用于民族工作的实践过程，当然也就成了苏联分析和阐述民族地区如何发展及发展动力源在哪的哲学依据，也是民族地区教育自我发展的哲学依据，民族地区发展教育应遵循事物发展的这一客观规律；第二条是民族平等权与发展权的分析路径，如何看待和对待客观存在着的大小不同的民族，马克思、恩格斯站在人类道义的角度充分地肯定了各民族的基本权利，提倡要尊重各民族的发展权和各民族不论大小一律平等的价值理念，他们的这一理论观点可以从我党在不同时期组织翻译的马、恩、列、斯著作中寻到依据。2016 年中国社会科学院出版了一部关于马克思主义经典作家论民族问题的著作，即《马克思主义经典作家民族问题文选》，该文选真实而全面地展示了马克思主义经典作家的民族理论。在二十世纪八九十年代，中国社会科学院组织专家编选了一套经典马克思主义作家论民族问题的丛书①，该丛书为人们呈现了马恩列斯对民族平等、民族发展与进步等方面的深入阐述，概括了马恩列斯对这一问题的基本观点和思想主张，反映了马恩列斯在这方面的思想贡献及理论贡献。而且在新中国成立初期翻译的经典马克思主义民族理论著作中也详细地介绍了列宁和斯大林关于民族地区发展应结合民族地区的实际情况、基本特点的论述。例如，列宁曾明确指出民族地区的共产党员不要抄袭他们的策略，而是在理解他们策略的精神实质的基础上，具体去分析民族地区特点推进事业发展②；斯大林继承了前人理念，他提出落实民族平等理念是解决民族问题的一个必要条件，他曾明确地提出，在语言、学校教育等各方面都要体现民族平等③，而且他在《论东方民族大学的政治任务》中还提出东方

---

① 《马克思恩格斯论民族问题》《列宁论民族问题》和《斯大林论民族问题》丛书。

② 列宁曾指出民族地区的共产党员"不要抄袭我们的策略，而要独立地仔细考虑我们的策略为什么具有那些特点以及它的条件和结果……运用它的精神实质和教训"。参见：列宁选集：第 4 卷［M］. 北京：人民出版社，1972：502.

③ "在一切方面（语言、学校等等）实行民族平等是解决民族问题的一个必要条件"。参见：斯大林全集：第 2 卷［M］. 北京：人民出版社，1953：354.

民族大学要为东方苏维埃共和国服务，并指出发展民族地区既不能忽视民族地区的基本条件和民族特点，也不能夸大民族地区的特殊性，避免出现民族主义而陷入发展困局。他们的研究和实践事实上承认和保护民族地区选择适合自身特点的方式来发展，所以在民族地区的教育发展问题上，要尊重民族地区的民族性因素这一客观事实，赋予民族地区选择不同的办学形式等方面的权利，在教育政策方面则表现为民族地区可以实施差异性的教育政策。

从国外现有有关民族教育地方政策生成的基础性理论研究分析来看，马克思、恩格斯、列宁、斯大林的相关著述主要从事物发展的基本规律及各民族平等，各民族发展教育文化事业，各民族地区结合自身特点等角度阐释了民族地区自主发展教育的理论主张，他们的这些理论观点及政治主张回答了为什么要鼓励和支持民族地区自主发展教育，以及民族地区怎样自我发展教育的基本理论问题，体现了他们对遵循事物发展规律和维护各民族平等主体地位的高度重视。从马克思、恩格斯、列宁、斯大林的相关著述来看，他们从尊重各民族文化教育平等、因地制宜等角度阐释了少数民族自主发展教育的理论主张，他们的观点既为民族地区自主发展提供理论支撑，也解释了自主发展教育的基本内涵，体现了马克思主义经典作品对人类社会发展规律和教育规律的科学认识。

2. 民族教育政策的综合性研究

教育现象是人类社会的共有现象，如何推进教育事业的发展成了世界各国共同关注的基本问题之一。实际上，所有国家教育事业的发展都要通过制定和实施不同形式的教育政策措施才得以推进，但又由于受到各种因素的影响，即便是在具有多民族这一共同特征的不同国家里，他们不仅在教育政策的内容上存在着较大的差异，而且教育政策的制定过程与实施过程也有着各自的特点。在西方一些发达资本主义国家，他们一般把针对土著民族、外来移民及后裔、弱势群体等实施的教育视为少数民族教育，在经济上表现为制定和实施补偿性的教育政策，保障少数民族学生正常入学，维护学生的受教育权；在文化教育的内容上采取尊重不同族群文化的教育政策，以提高他们的学习水平。为便于问题的阐述和探讨，本研究不仅把国外对少数民族补偿性的有关教育政策称为民族教育政策，还把国外因尊重不同民族文化特点而实施的多元文化教育政策、跨文化教育政策一并称为"民族教育政策"。而且本研究主要对研究者们关于以下两方面的研究内容进行归纳和分析：一方面从目前西方国家有关民族教育政策成果的研究进行分析；另一方面从目前有关西方少数民族教育政策制定主体的研究成果进行分析。

　　首先，从目前西方国家有关民族教育政策成果的研究内容看，他们的民族教育政策处于不断实践探索的动态发展过程，由此形成了具有西方特色的民族教育政策体系。研究者们对其政策内容进行了广泛的研究，集中地反映出西方国家为保障少数民族受教育权、提高少数民族学生学业成就和发展不同民族文化，在不同的时期制定和实施了不同类型的民族教育政策。在保障少数民族受教育权这一方面，英国国会制定和实施了诸如《初等教育法》（1870年）、《费舍法案》（1918年）、《巴特勒法案》（1944年）、《移民教育》（1965年）等一系列强制普及初等教育的政策法规和"教育优先区（educational priority areas，简称 EPA）"政策以改善少数民族学生的学习环境，而且还制定和实施了《少数民族关系法（修正案）》（2000年）、《平等法案》（2010年）等政策法规，以降低对少数民族学生、残疾人群及其他弱势群体的歧视，保障少数民族学生的受教育权。美国自20世纪60年代以来，联邦政府陆续制定实施了《美国印第安人教育法案》（1972年）、《部落自主社区学院援助法案》（1978年）、《不让一个孩子落伍法案》（2001年）等一系列"自上而下致力于制定"的少数民族教育政策，① 从美国有关少数民族教育政策法规的目的看，他们致力于解决"特殊人群"的特殊需要，以及针对印第安人而制定了特殊的教育法规，并通过立法的方式保障少数民族学生的受教育权。在不同民族文化方面，肯尼思·A.斯特赖克（Kenneth A. Strike）和基兰·伊根（Kieran

---

　　① ［美］托马斯·R·戴伊. 自上而下的政策制定［M］. 鞠方安，吴忧译. 北京：中国人民大学出版社，2002：1-2.

Egan）在《伦理学与教育政策》（*Ethics and Educational Policy*）这一著作中分析文化多样性等方面的问题①，而且英国还制定和实施了《初等教育法》②、《1918（苏格兰）教育法案》（1918 年）、《1944 年教育法案》（1944 年）、《威尔士语言法》（1967 年）、《1988 年教育法》（1988 年）、《1993 年威尔士语言法案》（1993 年）等有关学校教育保护少数民族语言文化的政策；除了英国采取研究和保护不同民族文化的教育政策措施，自20 世纪 60 年代以来，许多国家制定实施了民族文化教育政策，如美国制定和实施了《双语教育法案》（1968），日本有学者对西方发达国家的教育政策与法规进行研究，他们出版了《西洋教育史》（1989）、《英国多文化·多民族教育——AJIA 系外国人劳动者的生活·文化·宗教》（1993）等著作，介绍西方民族教育的历史与现状，而且加拿大、澳大利亚、德国、印度、新加坡、马来西亚等国家也都制定和实施了多元文化教育政策，并受到研究者的广泛关注，但自 2010 年以来英国、德国、法国等国家宣布多元文化政策是失败的政策，进入反思多元文化教育政策的研究阶段。在提高少数民族学业成就方面，英国 1998 年实施了"少数民族学生学业成就拨款"计划，2003 年发布《更高目标：提高少数民族学生学业成就》咨询报告，他们制定和实施这些政策措施的目的是提高少数民族学生的学业成就。

其次，从目前有关西方少数民族教育政策制定主体的研究成果来分析，我们发现主要是对西方国家民族教育行政管理体制现状的研究成果。从研究者们对英国民族教育行政管理体制研究的成果进行分析，他们认为英国的教育行政管理体制与其他西方资本主义国家的情况有很多不同，英国地方教育局的科室设置极为精简，其中特殊服务科室负责特殊的服务事项。从研究者们对美国民族教育行政管理体制的研究成果来看，他们认为

---

① Kenneth A. Strike, Kieran Egan. Ethics and Educational Policy［M］. London：Routledge Kegan Paul Ltd, 1978.

② 1870 年英国国会制定的《初等教育法》将威尔士语排斥于学校教育，1875 年英国国会对《初等教育法》进行了修改，增加了允许儿童使用威尔士语解释所读文章含义的内容，发挥保存英国少数民族语言文化的作用。

美国的行政区划分为联邦、州、县三个层次，而教育层次并没有与其行政区划一一对应，在教育政策制定方式上"美国除了授权给行政部门或者法院，所有政策必须通过立法"①，而且美国的教育行政管理体制表现为"地方分权的管理模式"，地方自然拥有极大的教育自主权，② 虽然自20世纪30年代以来，美国增强了联邦政府权力，试图使教育管理权更加集中于联邦政府，并且还成立联邦教育部，但这并没有消除美国公民把教育视为实现民主的一种基本方式的观念。③ 因此，美国的教育行政管理权主要还是属于州和学区。美国教育行政管理机构设置有特别教育问题的科室，负责解决双语教育、印第安人教育、补救教育等少数民教育政策问题。

综观研究者以英美为主要研究对象的民族教育政策综合性研究成果，他们研究补偿、扶持少数民族的教育政策，以及谁是制定民族教育政策的关键主体。他们的研究加速推进民族教育事业发展，改变少数民族儿童与适应社会发展方面的迟滞现象。

（二）国内有关民族教育地方政策生成的研究

1. 民族教育地方政策生成的理论研究

（1）民族地区自主发展民族教育的内涵

新中国成立初期，编译出版的马、恩、列、斯论民族问题的经典著作主要有《列宁论民族问题》（1954年）、《关于民族问题的批评意见——论民族自决权》（1955年）、《马克思恩格斯关于殖民地及民族问题的论著》（1956年）、《列宁论民族问题和民族殖民地问题》（1956年）、《斯大林论民族问题》（1954年）等，在这些理论著作中对自主权相关问题进行了阐释。

---

① ［美］查尔斯·林德布洛姆. 决策过程［M］. 竺乾威，等，译. 上海：上海译文出版社，1988：118.

② Gregory J, Cizek. Handbook of educational policy［M］. San Diego：Academic press. 1999：300.

③ 艾萨克·康德尔. 教育的新时代——比较教育［M］. 王承绪，等，译. 北京：人民教育出版社，2001：150.

　　进入 21 世纪以后，我国法学、政治学研究者以马克思主义民族理论为基础，以我国宪法、民族区域自治法及其他法律文件为研究对象的研究成果日趋增多，如王戈柳主编的《民族区域自治制度的发展：〈民族区域自治法〉修改问题研究》（2001）、陈云生的《宪法人类学：基于民族、种族、文化集团的理论建构及实证分析》（2005）和《民族区域自治法：原理与精释》（2006）、国家民委民族问题研究中心的《中国民族自治地方发展评估报告》（2006）、周平等的《中国民族自治地方政府》（2007）、宋才发的《民族区域自治制度重大问题研究》（2008）、周勇等的《民族、自治与发展：中国民族区域自治制度研究》（2008）。以上研究成果以民族区域自治制度为研究视角，论及民族自治地方自主权的基本内涵和如何行使自主权等内容，认为民族地区自主发展民族教育是民族自主管理本民族内部事务的应有之义，是民族自主权的延伸和具体体现。而且在《宪法》和《民族区域自治法》中都明确规定了民族自治地方自主发展民族教育的内容，这成为指引民族地区自主发展民族教育的理念。

　　我国民族教育研究者基于《宪法》和《民族区域自治法》的规定内容，对民族地区自主发展民族教育的内涵进行阐释。主要见于孟立军教授著的《历史性跨越——民族教育超常规发展与民族地区发展研究》、金东海教授主编的《少数民族教育政策研究》、宝玉柱著的《民族教育研究》、哈经雄和滕星教授主编的《民族教育学通论》等。他们认为，所谓民族地区自主发展民族教育，是指民族自治地方的自治机关结合本地区实际，在我国《宪法》等有关法律赋予的权限内，采取特殊政策和措施发展本地区民族教育的过程。

　　（2）民族地区自主发展教育的重要性

　　孟立军教授在《试论我国民族教育理论的主要内容》文章中归纳总结了我国民族教育理论的基本内容，对民族地区自主发展民族教育进行阐述。他认为，民族地区自主发展民族教育是我国社会主义民族教育理论的主要内容和最本质的内容，自主地发展民族教育是实现民族自治地方民族教育发展的基本内部条件和发展动力问题，内部因素对民族教育发展起决定性作用。金东海教授在他主编的《少数民族教育政策研究》一书中总结我国民族教育实践经验，他认为实施民族教育自主管理制度，坚持党和国家的民族教育政策，民族教育事业就会发展，违背这一根本点，民族教育事业就会受到挫折。此外，他强调民族区域自治的核心是自治权的问题，自治权是民族区域自治的基本要素之一，其中教育自主管理权是民族区域自治的一项重要内容，它包括民族地区制定本地区教育事业发展的具体政策、改革教育管理体制、合理调整教育结构及学校布局、少数民族学校使用本民族语言教学等方面的自主权。综观学者对民族地区自主发展民族教育的重要性研究成果，他们主要从事物发展规律性、我国民族教育历史经验教训、自主权是民族区域自治制度的重要内容这三方面展开论述。

（3）民族地区自主发展教育的必要性

孟立军教授所著的《历史性跨越——民族教育超常规发展与民族地区发展研究》论述了自主发展的必要性，他从民族地区发展的不平衡性和后进性剖析了自主发展的必要性，他认为承认民族地区发展的不平衡性和后进性是实现民族地区自主发展的前提条件，要使民族教育发展在现实的基础上发展。金东海教授主编的《少数民族教育政策研究》指出，民族教育的特殊性是民族地区自主发展民族教育的现实基础，特殊性在于共同的语言、共同的地域、共同的经济生活和共同的心理素质。为证明其观点的正确性，他从四方面展开论述。首先，他提出各民族都有本民族的语言文字，采取与之相应的民族语言开展教学活动，不仅符合民族平等的要求，也符合教育规律；其次，少数民族多居住在边远贫困地区，人口稀少，交通不便，为使学校合理布局，提高教学质量和办学效益，需要采取特殊的教育组织形式；再次，由于历史与自然等方面的原因，民族地区经济、文化发展都较为落后，教育基础差、起点低，而且各民族地区发展也不平衡，所以需要制定特殊的教育发展规划和不同的教学内容；最后，各少数民族各自的文化传统不一，在文学、艺术、哲学、美学、宗教、风俗等方面都有本民族的特点，各少数民族在民族文化特点上展现的心理素质不同，所以教学方法具有特殊性。总的来说，他们全面地分析各民族在地理、历史、文化、经济、教育等方面存在的差异，并提出民族地区在教学体制、办学模式等方面不能照搬汉族地区的办法和经验，也不能简单移植其他民族地区的实践经验。这具有较高的实践指导意义和现实价值，也明确了只有民族地区行使教育自主管理权，才能避免由中央统一规定出现的"一般化"和"一刀切"的缺陷。综观我国民族教育研究者关于民族地区自主发展民族教育的必要性研究成果，他们主要从我国国情、各民族之间存在的诸多差异性和特殊性的客观现实分析民族地区自主发展民族教育的必要性，以示尊重教育规律和事物发展的客观规律。

2. 民族教育政策的综合性研究

虽然我国民族教育实践活动历史悠久，但对民族教育政策的研究起步晚，研究成果还跟不上时代发展的需要。从现有文献资料分析，我国民族教育政策的研究大致起始于 20 世纪 90 年代，随着民族教育研究热潮兴起，我国民族教育政策研究也已经成为研究的热点领域。从我国民族教育政策研究的演进过程来看，我们可以把我国民族教育政策研究划分为"附属内容""独立议题"两个发展阶段。起初，民族教育政策研究作为民族政策或民族教育研究的一个部分，基本附属于两者的研究内容。例如，哈经雄、滕星教授的《民族教育学通论》（2001），金炳镐教授的《中国共产党民族政策发展史》（2006），王鉴、万明钢教授的《多元文化教育比较研究》（2006），吴明海教授主编的《中外民族教育政策史纲》（2006）和《中国少数民族教育史教程》（2006），滕星教授主编的《民族教育理论与政策研究》（2009）等专著里都涉及民族教育政策内容。自 2002 年后，有学者专门对我国民族教育政策进行研究，主要研究成果有金东海教授的《少数民族教育政策研究》（2002），孟立军教授的《新中国民族教育政策研究》（2010），王鉴教授的《中国少数民族教育政策体系研究》（2011），中央民族大学苏德教授主编的"中国少数民族教育政策研究丛书"（2013）一共 7 部专著已出版，钟海青等著的《边境民族教育政策研究：区域比较的视角》。随着我国民族教育政策研究专著的出版和民族教育政策研究论文的刊发，一系列成果标志着我国民族教育政策研究已成为一个独立的研究议题，体现了民族教育政策研究的日趋成熟。通过梳理我国民族教育政策研究的相关文献，发现其内容主要包括以下三方面。

（1）对我国民族教育政策的梳理、描述和解释宣传。例如，对我国历史上民族教育政策的梳理和描述，对新中国成立以来民族教育政策发展演变的论述，对新中国成立以来民族教育政策实践所取得的成就和经验的总结，对我国现行民族教育政策条文内容的概述，边境民族教育政策实施的不足和展望。

（2）对我国民族教育政策的完善建议。例如，就民族教育政策条文提出补充完善的建议，对民族教育发展中的问题提出具体的改进措施和政策建议，借鉴国外民族教育政策经验而提出完善和丰富我国民族教育政策的。

（3）基于教育政策科学视角的探究。例如，对我国少数民族教育政策体系研究，对我国民族教育政策的理论研究，对文化影响民族教育政策主体行为选择的研究，对我国各专项民族教育政策在执行过程中存在问题的"诊断"和对策研究。

3. 我国地方民族教育立法研究

民族自治地方教育立法，是在行使国家赋予民族地方的自治权力，是民族地方自主管理教育的具体体现，对民族地区发展教育具有重要意义。但目前有关民族自治地方教育立法的成果不多，通过资料搜集，主要有陈立鹏教授的《中国少数民族教育立法新论》（2007）、《我国地方少数民族教育立法研究——以〈楚雄彝族自治州民族教育条例〉为个案》（《民族研究》2005 年第 1 期）、《试论我国的地方少数民族教育立法》（《黑龙江民族丛刊》1997 年第 3 期），范诚梅、陈恩伦撰写的论文《我国民族自治地方教育立法研究——以黔西南布依族苗族自治州为例》（《民族教育研究》2007 年第 6 期），田龙山的硕士论文《民族自治地方少数民族教育立法研究——以湖北恩施土家族苗族自治州为例》（2006 年中南民族大学硕士学位论文）等著作、期刊论文和学位论文。他们或以民族自治地方教育立法为个案研究，或以民族自治地方为研究内容，对地方民族教育立法的指导思想、基本原则、重要性、必要性等理论问题进行阐述，通过对地方民族教育立法现状的考察，提出了加强和改进我国地方民族教育立法工作的建议。

4. 我国民族教育地方政策研究

我国民族教育地方政策研究包括民族地区县域教育政策研究①、贵州"民族文化进校园"政策、蒙古民族教育政策研究②等方面研究。钟海青教授对民族地区县域教育规划的特点、基本问题，以及如何制定教育规划等方面的问题进行了深入研究；阿木古楞和苏德以"新中国成立 70 年内蒙古民族教育政策的逻辑进路与时代走向"为题对内蒙古的民族教育政策展开了研究，薛寒和苏德对内蒙古 1947 年以来的民族教育政策进行了政策文本分析。但相对而言，贵州"民族文化进校园"的研究成果较多，主要有孟立军教授③、苏德教授④、吴晓蓉教授及其学生⑤、杨悦⑥、陈晨⑦、

① 钟海青. 民族地区县域教育规划：特点、问题及制定 [J]. 广西民族大学学报（哲学社会科学版），2015，(4).

② 阿木古楞，苏德. 新中国成立 70 年内蒙古民族教育政策的逻辑进路与时代走向 [J]. 民族教育研究，2019，(5). 薛寒，苏德. 1947 年以来内蒙古民族教育政策的演进——基于 Nvivo 软件对政策文本的分析 [J]. 内蒙古师范大学学报（教育科学版），2020，(1).

③ 孟立军，吴斐. 民族文化类校本课程发展与双语教师新角色探析 [J]. 贵州民族研究，2015，(9). 孟立军，吴斐. 论民族文化类校本课程的本质及发展趋势 [J]. 民族教育研究，2016，(1).

④ 苏德，陈晨. 安顺市"贵州省首批民族民间文化教育项目学校"个案调查研究 [J]. 广西民族大学学报（哲学社会科学版），2011，(1).

⑤ 吴晓蓉，张诗亚. 贵州省民族民间文化进校园的教育人类学考察 [J]. 民族教育研究，2011，(3). 吴晓蓉，王培. 从文化位育之道看贵州省民族文化进校园 [J]. 湖南师范大学教育科学学报，2011，(4).

⑥ 杨悦. 贵州省民族民间文化进校园政策研究——以雷山县方祥民族小学为例 [D]. 北京：中央民族大学，2011.

⑦ 陈晨. 在学校教育中民族文化传承与保护政策研究——以贵州省"民族民间文化进校园政策"为个案 [D]. 北京：中央民族大学，2012.

梁晋芳①、王培②、王辉③、胡玉婷④、杨建忠⑤、谢妮教授⑥、吕虹⑦等研究者对贵州"民族文化进校园"政策进行研究。他们研究的内容涉及政策实施效果、学校教育传承民族文化的重要意义、政策存在的主要问题、政策的完善建议等方面。

（三）国内外民族教育地方政策生成相关研究的评价

1. 国内外民族教育地方政策生成的理论研究评价

从国内外研究者的观点分析，国外的马克思、恩格斯、列宁、斯大林等经典作家提及了民族地区自主发展教育的相关理论观点，尤其是列宁、斯大林结合苏联民族地区实际而产生的有关少数民族地区自主发展民族教育的理论，为地方自主制定和实施民族教育政策提供了重要理论支撑，是科学系统的理论成果，在世界范围内具有普遍适用的意义。国内也有学者论及民族地区自主发展民族教育的基本内涵、必要性、重要性和主要理论依据，他们继承了马克思、恩格斯、列宁、斯大林等关于民族地区自主发展教育的理论观点，体现了辩证的发展思维。虽然他们的理论研究对民族教育地方政策生成提供了理论依据，但实际上对地方为什么要自主制定和实施民族教育政策，以及地方政府如何实现自主制定和实施民族教育政策的理论探讨还显得较为单薄。因此，在研究中可以进一步扩展研究视野，

---

① 梁晋芳. 民族文化进校园的课堂志研究——以车民小学为例［D］. 重庆：西南大学，2010.

② 王培. 贵州省榕江县"民族文化进校园"实施现状调查研究［D］. 重庆：西南大学，2010.

③ 王辉，民族文化进校园的问题研究——以凯里市舟溪逸夫中学为个案［D］. 重庆：西南大学，2012.

④ 胡玉婷. 课外活动的民族文化传承功能研究——以贵州省两所小学为例［D］. 重庆：西南大学，2012.

⑤ 杨建忠. 学校教育中的民族传统文化传承研究——以凯里市舟溪逸夫中学为例［D］. 西安：陕西师范大学，2012.

⑥ 谢妮. 贵州省民族民间文化教育现状研究［J］. 贵州民族研究，2009，（3）.

⑦ 吕虹. 关于建立贵州多元民族民间文化传承发展机制的思考［J］. 贵州民族研究，2006，（1）.

要从我国政治文明的历史发展逻辑角度、内源发展等理论，以及我国的法律法规和我国教育发展改革的现实需要等方面寻找依据，论述地方自主制定和实施民族教育的必要性和重要性，进一步拓展和丰富民族教育地方政策制定与完善的理论内容。而且随着教育管理权的下放，地方发展本地区民族教育的主体地位被凸显出来，所以需要继续拓展地方制定、执行和调整完善本地区民族教育的理论依据。

2. 国内外民族教育政策制定、执行与完善研究的评价

从西方民族教育政策价值理念与我国民族教育政策价值诉求来看，两者之间有相通之处，所以他们具体的操作方法及其积累的经验值得我们学习和思考。但由于我国民族教育的历史缘起、教育的理念、社会文化背景及民族的来源与居住格局等方面各有不同，所以我国民族教育地方政策制定和实施不能完全移植西方的方法，需要从我国政治、经济、文化、民族、地域等特殊因素开展研究，制定和实施民族教育政策。

从我国民族教育政策研究现状来看，虽然自 2002 年后陆续有学者专门对我国民族教育政策进行研究，但研究者们集中于对党和国家为了促进民族地区教育发展而制定和实施的优惠政策和特殊政策所取得的成果、经验的研究，对我国民族教育政策的梳理归纳，针对我国民族教育政策存在的问题提出完善建议的研究，为了解决新的问题应制定什么样的民族教育政策的研究，以及对中外民族教育政策进行比较研究。总体上来说，目前仍然鲜见从政策科学的角度对地方如何制定、执行、调整完善本地区民族教育政策的研究。因此，为减少地方政府组织领导的政策活动的盲目性或随意性，尽可能大地发挥民族教育地方政策对本地区民族教育管理的功能，实现地方自主而有效地发展本地区的民族教育，提升本地区民族教育发展水平，需要从政策科学视角研究，化解民族教育地方政策生成过程所存在的问题。

3. 我国地方民族教育立法研究的评价

研究者们以民族自治地方教育立法为个案研究，或者以民族自治地方为研究内容，对地方民族教育立法的重要性、必要性、指导思想、基本原

则等理论问题进行阐述，通过对地方民族教育立法现状的考察，对我国地方民族教育立法提出了完善建议。他们的研究对加强民族地方自身能力建设，完善民族地方少数民族教育立法工作，保护少数民族学生受教育的平等权益，并保障民族自治地方少数民族教育事业健康、稳定、迅速的发展，加强民族团结，巩固边疆稳定，维护国家统一，具有深远的意义。他们的研究虽以立法为视角，与一般意义上的政策研究有所区别，但因其与政策基本精神和研究旨趣相同而殊途同归。因此，他们的研究为民族教育地方政策生成研究提供了经验借鉴。

4. 贵州省"民族民间文化进校园"政策研究的评价

孟立军教授、苏德教授、吴晓蓉教授等及其学生对贵州省"民族民间文化进校园"政策的实施效果进行调查，对存在的主要问题进行剖析，并提出了相应提升对策和完善建议。但他们的研究主要关注于学校教育与民族文化传承的关系、可能性、实施方法与途径，或者关注政策执行所取得的民族民间文化传承的成果和存在的问题，并就这项政策本身提出有针对性的完善建议，从而通过实施政策促进学校教育更好地传承民族民间文化的目的。总之，他们主要是就学校教育传承民族文化政策本身，或为传承民族文化问题本身而研究，缺乏以政策科学为研究视角，对民族教育地方政策生成过程的规范性、科学性的研究成果。所以我们还可以在此研究基础上从政策科学的角度做进一步的研究，利用政策过程分析理论和教育政策科学的基本理论与分析方法，以此项主要由地方政府自主制定和实施的民族教育政策为研究线索，揭示当前地方在制定、执行、调整完善适用于本地区的民族教育政策过程中所存在的问题与困难，分析其中的各种原因，进而提出民族教育地方政策生成的优化策略，为其他地区制定、执行、完善本地区民族教育政策提供参考，为国家优化民族教育政策提供基层研究的参考信息。

五、研究内容及创新点

（一）研究内容

本研究采用理论与实践相结合的方式对民族教育地方政策生成与优化策略进行研究，研究的主旨内容包括这五方面：

（1）对地方自主地制定、执行、调整完善本地区民族教育政策的主要依据进行研究，从理论、历史与现实、法律法规方面为民族教育地方政策生成寻找依据，拓展民族教育地方政策生成的理论依据。

（2）研究民族教育地方政策生成过程，对民族教育地方政策生成过程所包含的政策制定过程、政策执行过程和政策调整完善过程三个基本阶段，及其对民族教育地方政策主体进行详细的研究。并结合贵州省"民族民间文化进校园"政策，运用调查和访谈的研究方法，具体分析个案民族教育地方政策制定过程、执行过程和调整完善过程的各个活动环节，反映民族教育地方政策生成的"实然"状况，揭示民族教育地方政策生成过程所存在的问题和困难。

（3）对民族教育地方政策生成结果的含义、类型、分析思路和分析指标体系进行研究，构建民族教育地方政策生成结果分析的指标体系。通过运用调查访谈、参与观察的研究法，结合民族教育地方政策生成结果分析指标体系，对案例政策生成的积极结果和消极结果进行具体分析，由此进一步检视案例政策生成过程的整体情况，反映出民族教育地方政策生成过程存在的问题。

（4）研究民族教育地方政策生成动力系统，分析民族教育地方政策生成动力系统的动力构成要素、动力形成机理，结合案例政策分析了民族教育地方政策生成动力系统的动力缺陷现象，并且从民族教育地方政策生成动力系统运行缺陷这一角度找寻民族教育地方政策生成问题之所以出现和存在的根本原因。

（5）对民族教育地方政策生成的优化策略进行研究，从理论和实践两个层面对民族教育地方政策生成进行优化，使民族教育地方政策的制定、执行、调整完善过程尽可能地接近于理想愿望的状态，产生更多积极结果。从理念上明确民族教育地方政策生成的指导思想与基本原则，优化民族教育地方政策的价值取向，为民族教育地方政策主体在参与民族教育地方政策生成过程的具体活动提供根本遵循；从实践上，根据民族教育地方政策生成过程所存在的问题和政策生成的消极结果，探讨民族教育地方政策生成机制的优化策略，解决民族教育地方政策生成动力系统的动力缺陷问题，试图从根本上解决民族教育地方政策生成过程所存在的问题。

（二）研究创新点

1. 民族教育政策研究视角选取的创新

综观我国民族教育政策研究者的研究成果，他们聚焦于国家层面的民族教育政策内容的梳理、解释宣传、经验总结、完善对策等方面的研究，很少有研究者涉猎民族教育地方政策研究的领域，而且鲜见从政策科学角度对民族教育地方政策研究的成果。本研究站在地方内生式发展本地区民族教育的立场上，改变过度关注于国家整体性、统一性或"输血式"政策研究的倾向，关注于民族教育地方政策制定与完善，为此对民族教育地方政策生成的理论展开研究，还借助于贵州省"民族民间文化进校园"这个案例政策，来探究民族教育地方政策的制定、执行、调整完善的具体活动过程，分析民族教育地方政策结果和民族教育地方政策生成动力系统运行状况，为追求理想状态的民族教育地方政策，促进民族教育地方政策生成过程接近于理想的追求，提出了优化民族教育地方政策生成的策略，具有前瞻性和针对性，是一个新的研究视角。

2. 拓展民族教育地方政策生成之合理性与合法性的研究内容

本研究对民族教育地方政策生成进行理与法的分析，从理论、历史、现实和法律四个维度为其合理性与合法性求得依据。在理论依据研究方面采用马克思主义哲学关于事物发展的辩证观点、少数民族受教育权相关理论、文化多样性理论和内源发展理论，深入研究民族教育地方政策生成的理论内容，为地方自主制定、执行和适时完善特殊性、符合地方特点与时代需要的教育政策提供理论支撑；在历史依据研究方面，从我国思想文化一统的历史继承、因俗施教的文教政策历史实践两方面论证其合理性；在客观现实依据方面，从民族地区特殊的地理环境与人文环境、国家教育发展与改革的要求、提高我国民族教育整体发展水平的需要这三方面论证其合理性；在法律规约方面，从民族自治地方自主管理、发展民族教育和普通地方积极主动地发展本行政区域内民族教育的权力限度、保护本行政区域内少数民族受教育权的基本内容来论证了其合法性。因此，从总体上来说，本研究全面而具体地论证了民族教育地方政策生成之合理性与合法性，拓展民族教育地方政策生成之合理性与合法性的研究内容。

3. 针对民族教育地方政策生成提出了一些新的观点

本研究的主要任务是发现问题和解决问题，是对如何促进民族教育地方政策生成接近于理想状态而做出的思考和引导，因此，本研究针对民族教育地方政策生成提出了一些新的观点。

首先，在引领和规范民族教育地方政策生成过程方面有所创新，提出从理论和实践两个层面对民族教育地方政策生成进行优化，在理论上认为要运用政策科学的研究成果，结合中华民族多元一体教育理论引导民族教育地方政策生成过程，优化民族教育地方政策生成过程价值取向，提出在以国家整体利益需要为核心的基础上，同时要兼顾不同主体在教育领域的合理利益需要。在实践上强调激励制度和规范制度的建构，提出要优化民族教育地方政策生成的组织机构、监控机制和制度保障体系，保证民族教育地方政策官方主体和民族教育地方政策非官方主体在制度的规约下理性行动，实现民族教育地方政策官方主体与民族教育地方政策非官方主体在具体政策活动过程中的有效互动。

其次，对民族教育地方政策生成提出新的观点，认为国家权力认可与支持是民族教育地方政策生成的保障，民族教育地方政策只是在一定行政区域内实施的政策，它在相对较小的区域内获得了权力的认可和支持，具备了合法性和权威性，但相对于国家而言，民族教育地方政策需要国家规范性权力的呵护，去除其可能存在的地域狭隘合理性因素，赋予其在更大范围内实施的可能性"能力"，使其变得更加丰满，才能走得更远。

第一章　民族教育地方政策生成的理与法

　　民族教育地方政策生成是地方自觉、自发地制定政策、执行政策和调整完善政策的动态过程，由于民族教育地方政策生成所包含的这些政策活动过程有其特殊性，因此，首先要回答为什么要支持、鼓励、倡导地方通过自主制定、执行、调整完善本地区的民族教育政策，并由此推进本区域民族教育发展这一基本命题，为民族教育地方政策生成寻求依据。本研究认为，欲更为全面地回答好此问题，必然应将其置于理论、历史、现实和法律规约之中去证成其合理性与合法性。

第一节　民族教育地方政策生成的理论依据

一、中国特色政治制度理论

　　中国特色社会主义政治制度理论以人民性为主要价值目标，它是我们党在选择政治制度和推进政治制度建设发展的实践探索过程中发展起来的一种理论，并在我国社会主义事业建设的具体实践过程中得到不断丰富而日趋成熟和完善。在中国共产党的正确领导下，不仅团结各族人民、消除民族隔阂、凝聚各方力量，成立了新中国，而且各民族在中国共产党的领导下，在社会主义建设的实践探索过程中取得了伟大的物质文明成就，创建了具有鲜明特色的政治制度，结出具有中国特色的政治文明成果，形成了具有中国特色的政治制度理论，实践证明这样的政治制度设计与安排是符合我国实际的，已成为我国政治制度自信、政治理论自信的重要源泉。我国特色政治制度包含着根本政治制度和基本政治制度等方面的内容，我国特色政治制度理论的内涵和价值诉求来源于和体现于这些政治制度的价值意蕴之中，其中人民代表大会制度、中国共产党领导的多党合作和政治协商制度、民族区域自治制度为民族教育政策生成提供了价值引领和政治制度框架，为形成具有中国特色的民族教育政策提供了政治制度保障和政治制度理论基础。

（一）人民代表大会制度的价值意蕴及其对民族教育地方政策生成的作用

人民代表大会制度是党的几代领导集体不断进行制度创新与探索结出的重要成果，不仅为我国民主的实现提供了保障，也集中体现了我国民主的制度化和规范化，至今我国人民代表大会制度已经形成了完备的制度体系和运行机制。这一根本政治制度蕴含着重要的价值理念，其内含的价值理念和价值诉求是我国特色政治制度理论内容的构成部分，不仅对我国的政治活动产生深远影响，而且对我国各种政策决策活动具有重要的指引和规范作用。

1. 人民代表大会制度的价值意蕴

人民代表大会制度成功开辟了人类政治文明的新路径，是中国共产党领导人民进行的一个伟大创造，这一根本政治制度内含着独特的价值意蕴，体现着它的独特价值诉求。

首先，维护人民的主体地位。马克思主义政党是坚持以人民为中心的政党，因此在中国共产党领导人民取得政权之后，继续思考和探索如何从制度的设计和建构来确保权力真正地和长久地属于人民，充分保障各族人民参与经济建设和文化事业建设的权利，切实落实和维护各族人民参与国家事务管理、社会事务管理的权利，这也是中国共产党阶级属性的必然要求。为了适应我国国家政权阶级性质的这一基本需要，也就决定了中国共产党选择人民代表大会制度，并通过人民代表大会这一有效载体真正实现人民当家做主。当然，维护人民的主体地位，实现人民的利益也就成为我国政治活动、公共政策行为的基本出发点和归宿，这也反映了人民代表大会制度设计的初衷和价值诉求。

其次，坚持中国特色式民主。人民代表大会制度是中国共产党民主执政的最好制度，是由中国共产党成功开辟的人类政治文明的一条新路，它完全不同于西方式和其他国家地区的民主形式，体现出中国特色式的民主方式。人民代表大会制度的建立，是中国历史上第一次建立起允许各族人民管理国家、管理社会的制度设计和制度安排，这样一种有效的"自上而下"的政治制度落实能够有效地调动全国各族人民建设国家、管理国家的积极性，让全国各族人民通过人民代表大会这一载体和渠道"自下而上"地参与到立法、重大事项决定、监督等政治活动过程之中，从而有力地保证了全国各族人民依法参与到管理、决策、监督等政治活动中来，也确实能够极大地调动全国各族人民建设国家的积极性。通过人民代表大会这一渠道使人民意志能够上升到国家意志，而且通过一定形式将其转化为国家的行为，这样就能够真正实现党的意志、人民意志和国家意志的统一，为提高国家治理的实绩提供制度保障，彰显出中国特色式民主。因此，按照这一制度设计的基本理念和价值诉求，在人民参与政治活动的过程中以及政策制定的活动过程中，应遵循特定的程序规范，在既有的设计框架内和设置的路径上展开活动。

2. 人民代表大会制度及其价值意蕴对民族教育地方政策生成的作用

人民代表大会制度是我们党领导人民创设的一种政治制度，它既有科学的指导思想，也有严谨的制度安排和明确的价值诉求，具有指导政策实践的重要意义和作用。在党的领导下，为实现人民代表大会制度设计的价值理念，不仅创设了全国人民代表大会及其常务委员会，而且地方也设立了各级人民代表大会及其常委会，这样的制度设计及其内含的价值理念对民族教育地方政策的生成起到指引和规范作用，体现出其独特的价值。

　　首先，人民代表大会制度的价值意蕴对民族教育地方政策生成具有价值引领作用。我国是社会主义国家，一切权力来源于人民，这是我国根本政治制度设计及其建构的价值基础和不可偏离的基本理念。我国人民代表大会制度所反映出的核心理念是以人民为中心，这充分体现出了党领导人民创设人民代表大会制度的初衷和十分明确的价值诉求，所以无论是全国人民代表大会及其常务委员会，还是地方各级人民代表大会或常委会，都保持制度设计本身的价值诉求不动摇，让人民依法行使民主决策、民主管理、民主监督权。按照这一制度设计的基本理念和价值诉求，在坚持走中国特色社会主义道路的过程中，各个地方必然要注重民主建设工作，通过人民代表大会这一渠道来充分发挥作用，不仅要保障本区域内各族人民积极广泛地参与各项民族教育政策决策活动过程，尤其是一些重大民族教育政策的决策过程都要能够发扬更加广泛更加充分的民主，真正体现人民意志和汇集民智，保证民主地区教育政策的人民属性不动摇。

　　其次，人民代表大会制度的价值意蕴对民族教育地方政策生成具有程序规范指引的作用。我国的这一根本政治制度不仅是对中国共产党怎么样执政的价值理念的落实和体现，还是一种为了执好政而做出的程序性制度的精心设计和安排，体现人民参与政治活动、政策决策过程必须符合程序性规定的价值旨归，是中国特色式民主的体现和基本的实现路径。在这样的程序性规定和制度安排下，地方各级人大或常委会能够发挥作用，要按照法定程序进行民主决策、民主管理、民主监督和颁布相关的地方性法规等，保证了人民当家做主。事实上人民代表大会的程序性规定对民族教育地方政策同样具有指引和规范的作用，体现中国政策制定过程的特色式民主要求。一方面是经由人民代表大会或常委会这一路径提出的民族教育地方政策问题或新的民族教育政策的诞生都遵循人民代表大会的程序性规定要求，在人民代表大会上有来自不同地区不同领域的人大代表，他们的议案、建议经过大会审查后，可转化为具体工作任务交由本地区相应国家机构进行办理，由此可能形成具体的民族教育政策，所以重大的民族教育地方政策活动过程应遵循于这样的程序性要求，即民族教育地方政策问题提出应经过"自下而上"的逐层推进，之后确定为政策问题，形成具体的民族教育政策，再转化为"自上而下"的推动民族教育政策实施过程。另一方面是行使政策制定过程的监督权应遵循和符合人民代表大会的程序性规定的基本要求，保证经由本地区人民代表大会或常委会这一路径的民族教育政策活动过程受到合理有效的监督，规范和指引人民参与民族教育地方政策活动过程，是对这一制度程序规定与设计的遵循。

（二）共产党领导的多党合作和政治协商制度的价值意蕴及其对民族教育地方政策生成的作用

在中国共产党领导中国人民进行政治实践和政治制度的创建活动过程中，不仅创建了人民代表大会制度，而且还与其他民主党派、无党派人士等在长期奋斗的具体实践中共同创建了中国共产党领导的多党合作和政治协商制度。这是具有深厚的实践基础和中国特色的民主协商制度，它除了蕴含着与人民代表大会制度相重叠的根本价值理念之外，本身也内含着一些独特的价值理念，对我国公共政策决策活动同样具有引领价值和规范作用。

1. 共产党领导的多党合作和政治协商制度的基本价值意蕴

中国共产党领导的多党合作和政治协商制度除了与人民代表大会制度一样具有内生性、政治性、人民性、坚持党的领导等内在价值之外，它还蕴含着以下几个方面的独特价值意蕴，反映其在政治活动和决策行为中特殊的主张。

首先，领导唯一与团结协作。领导唯一就是要维护中国共产党的核心地位，突出中国共产党的领导作用。从政党组织参与政治活动或政策决策活动过程的角度来看，这一制度遵循着"共产党领导、多党派合作，共产党执政、多党派参政"的政治制度规定，因此在政治活动或政策决策活动过程中既有中国共产党的在场及领导，也有诸如各民主党派、团体等的出现和参与，这样的制度设计其实与西方多党制、两党制都存在着本质上的区别。我国的这一基本政治制度一方面虽然肯定了中国共产党与各民主党派的平等合作及其保持多元共治的积极意义以及对这一价值理念的追求，但同时也强调在主体多元中要始终保持着中国共产党的领导地位和核心地位不变。同时我国新型政党制度具有主体多元性、过程协商性和实践合作性等治理理念，以形成最大治理合力为目标。因此，维护中国共产党的领导地位、核心地位，在团结协作中形成最大合力，这也是这一基本政治制度设计的初衷和价值诉求。

其次，协商广泛与决策科学。这一制度是中国共产党领导八大民主党派、各界别政治协商的新型制度，在这一制度设计框架内的主体具有界别不同、需求多样的特点，他们所代表的利益非常的广泛。因此，在这诸多主体的不同利益表达中自然也就需要正确地处理好一致性与多样性的关系和建立一种符合实际的政治活动参与机制和决策活动规则，能够把不同的主体调动起来，使各主体切实积极有效地参与到政治活动、政策行动中来，广泛吸纳这些代表社会不同利益的多元主体参政，包容地吸纳不同的意见与建议，在尊重包容差异的基础上，找寻到最大的公约数，达到广集民智、广求良策、包容共治、利益整合的效果，为中国共产党凝聚磅礴力量、实现长期执政、完成中华民族伟大复兴历史使命提供制度支撑，克服了西方国家政治活动与政策决策活动中不同利益集团体之间争权夺利、相互倾轧的缺陷。这体现了这一制度内含着协商广泛性与决策科学性的价值意蕴，具有中国特色社会主义社会决策的民主化、科学化的特点和要求。

2. 共产党领导的多党合作和政治协商制度对民族教育地方政策生成的指引与规范价值

这一制度内含着"领导唯一与团结协作""协商广泛与决策科学"等基本价值理念。为了有效实现它的基本功能和真正体现其基本价值理念，特设置了中国人民政治协商会议作为它的重要机构，并设置有全国委员会以及省至县一层级的地方委员会，通过各级地方委员会发挥其功能，实现其价值理念。这一制度设计及其价值理念对民族教育地方政策生成同样具有重要的作用，不仅可以借助其精神实质，还可以利用其工作机制，或直接通过该制度渠道表达民族教育利益诉求，既能为新时代多民族教育地方政策活动提供其制度价值理念上的引领，而且为框定民族教育地方政策活动中的基本程序和参与规则提供依据，发挥其指引和规范作用，因此同样具有独特的价值。

首先，政治协商制度内含的"领导唯一与团结协作"价值理念对民族教育地方政策生成具有重要的价值引领作用。一方面，这一制度内含的"领导唯一"价值理念和要求对民族教育地方政策生成具有价值引领的作用，在这一理念的指引之下中国人民政治协商会议各级地方委员会在参与本行政区域内制定民族教育政策的过程中始终只有中国共产党处于领导地位和核心地位，其他民主党派发挥着"好参谋、好帮手、好同事"的作用，从而为制定出更好的民族教育政策，提高民族教育地方政策效能，促进本地区民族教育事业发展贡献力量与智慧。另一方面，"团结协作"是这一制度的价值诉求之一，在民族教育地方政策活动过程中存在着不同的教育利益主体，因此也就存在着具体不同的利益表达和多样性的诉求，同时他们应该有团结协作的基础，应该基于一定的共同思想政治基础和理想教育目标，在方向上始终能够保持一致，即提升民族教育地方政策质量和促进教育事业发展，从而吸纳代表社会不同利益的多元主体参与政策制定过程，并能够基于共同的目标而建言献策，有效克服不同教育利益主体之间相互排斥的缺陷，反映出在政策制定过程中的多样性与一致性的统一。总之，政治协商制度内含的"领导唯一与团结协作"价值理念对民族教育地方政策生成具有重要的价值引领作用，在求同存异到去异存同的协商过程中达成一致。

其次，政治协商制度内含的"协商广泛与决策科学"价值理念对民族教育地方政策生成具有重要的价值引领作用。一方面"协商广泛"是不同主体团结合作的表现形式，也是不同主体实现团结合作的基础条件，同时"协商广泛"的价值理念要求提出的意见建议的广泛性和协商的议题广泛性，在协商过程中要做到广泛参与、多元共治、求同存异、兼容并蓄，以保证民族教育地方政策助推民族地区教育质量的整体提升和受教育者全面的发展。因此在"协商广泛"这一理念的指引下，在民族教育地方政策活动过程中要调动各方面积极性，尊重人们的意愿表达和照顾人们的合理诉求，保证各教育利益主体可以进行自主调查研究或参与委托调研活动，以民族教育地方政策专项问题调查研究或联合其他社会问题的调查研究的方式进行，从而提高分析和发现民族教育地方政策问题、提高民族教育地方政策问题的能力和水平。另一方面"决策科学"是一种基于事实合理之上的价值诉求，首先它表现为提出的政策问题的真实性而非虚幻性，这是符合事实的表现，同时它也反映了重视协商和协商程序的规范。因此"决策科学"这一价值理念对民族教育政策地方政策生成具有重要的引领作用，在政策过程中各主体应有序参与，即要通过制度化、程序化、规范化的安排，形成社会利益表达和科学建言献策的工作机制，集中各种意见和建议，从而避免未议已决或久议不决的现象产生，实现决策过程的科学化和有效性。总之，这一制度内含的"协商广泛与决策科学"这一基本价值理念既能为民族教育地方政策生成提供价值引领，发挥价值导向的作用，同时其制度本身所设计的参与决策的运行机制和基本程序规则又能够为民族教育地方政策生成提供指引，实现政策过程的科学化。

（三）民族区域自治制度的价值意蕴对民族教育地方政策生成的作用

民族区域自治是解决我国民族问题和处理民族关系的基本政策和政治制度。① 它是不断推进马克思主义民族理论和民族政策的中国化、大众化、时代化的过程而发展起来并不断完善的一项基本政治制度。它的建立和实践发展不仅具有坚实的历史基础和顽强生命力，而且该制度本身内含着的丰富的价值理念，对我国民族教育地方政策生成同样具有重要的指引作用。

1. 民族区域自治制度的独特价值意蕴

自中国共产党成立以来，就开始了解决民族问题的伟大探索。民族区

---

① 金炳镐，马骁，宋全. 中国共产党民族区域自治政策的形成和发展——中国共产党民族纲领政策形成和发展研究之十［J］. 黑龙江民族丛刊，2002，（1）：42.

域自治制度作为我们党解决民族问题的基本政策，经历了一个较长的历史过程，当前已发展成为富有中国特色式的解决民族问题的方式和基本政策，并作为我国的一项基本政治制度而加以巩固和完善。该制度不仅蕴含着一些与其他政治制度相同的基本价值理念，还内含着"国家扶持与民族地区自我发展""尊重民族平等与维护民族团结"等独特的价值理念，反映其在处理民族问题过程中的一些特殊要求和主张。

首先，国家扶持与民族地区自我发展。中国共产党创造性地制定出并不断地完善民族区域自治制度，这根源于对历史上就已经形成的一个统一的多民族国家的建设和持续稳步发展必须要处理好民族关系和促进各民族各项事业发展的需要，为国家繁荣富强稳定提供基础性条件，其中非常关键和非常重要的一个方面就是要处理好中央与民族地区的关系问题，在社会主义事业建设和发展的实践过程中发挥好中央和民族地区的积极性，并在制度上加以明确规定和要求。因此，不仅通过国家行动有效帮助和扶持民族地区加速发展，同时民族地区也要充分发挥自身的积极主动性，利用好国家普惠性政策、特殊性政策，发挥自身优势解决好本地区发展过程中的一系列问题，制定和实施管理好本民族内部事务的系列有效措施，为自我发展的实现奠定基础条件。这实质上体现了民族区域自治制度设计和其制度内容包含着"国家扶持与民族地区自我发展"的价值理念，对于国家行动和民族地区作为都起到方向引领和价值导向的作用。

其次，尊重民族平等与维护民族团结。我国民族数量众多、各有特色，少数民族在区域分布上十分广泛，而且还有不少少数民族聚居于祖国的边疆或偏远地区。因此，为处理好各民族关系，凝聚共建中华民族力量，我国的民族政策既需要顾及区域性因素进行安排，也需要顾及民族性因素进行设计。事实上，我国民族区域自治制度的设计与安排已经充分顾及民族众多和不少少数民族主要分布于边远地区的基本事实，所以在民族区域自治制度里边规定了一系列涉及区域性因素与民族性因素相结合的内容，定好了各民族之间在交往和相处过程中的基调，即要求各民族之间应相互尊重、各民族之间要平等相处，追求各民族之间的团结互助，从而实现和维护整个国家的团结统一。民族区域自治这一制度的设计和安排是党领导各民族人民参与社会主义社会各项事业建设进程中各民族处于平等地位的充分肯定，以及 56 个民族生活于新中国这个大家庭中应该是一种平等关系和团结状态的积极追求，是民族区域自治制度本身内含着"尊重民族平等与维护民族团结"价值理念的具体表现，对如何解决我国民族问题、处理各民族关系具有重要的价值指引作用，这一理念也成为我国各项民族政策制定与实施的价值基础，为民族工作者的工作提供了基本遵循。

2. 民族区域自治制度对民族教育地方政策生成的指引与规范价值

民族区域自治制度内含着"国家扶持与民族地区自我发展""尊重民族平等与维护民族团结"等价值理念，对我国民族工作具有方向引领和价值导向的作用，对新时代多民族教育地方政策生成也具有方向引领和价值导向的作用，为民族教育事业的发展发挥其独特的价值。

首先，民族区域自治制度内含的"国家扶持与民族地区自我发展"的价值理念对民族教育地方政策生成具有重要价值引领作用。由于历史等多方面的原因，我国民族地区发展速度几乎都低于我国的发达地区。显然党和国家不可能让这样的状况长期存在下去，民族地区也不甘于长期处于低水平发展阶段和贫穷落后的状态，因此要实现地区教育事业发展就需要坚持"国家扶持与民族地区自我发展"的价值理念。一方面民族教育地方政策活动过程要遵循国家民族政策和教育政策的基本原则和基本精神，尤其是应用好用足国家的各项利好政策，形成完备的民族教育地方政策体系；另一方面民族地区应提升自主发展本地区教育事业的能力，提高自主发展的积极性，为民族教育地方政策生成的具体活动过程营建氛围和搭建平台，通过自身努力不断优化民族教育地方政策环境。总之，"国家扶持与民族地区自我发展"的价值理念为民族地区追赶上全国的发展水平具有重要的指引作用。

其次，民族区域自治制度内含的"尊重民族平等与维护民族团结"价值理念对民族教育地方政策生成具有重要的价值引领作用。我国是由 56 个民族组成的大家庭，是统一的多民族国家，也是一个多元民族的国家共同体。① 尊重各民族平等与维护各民族团结事关国家繁荣昌盛、社会主义事业持续健康发展，因此在坚持民族平等的基础上维护民族团结也就成为我国民族工作的重要任务。事实上，在中国共产党的领导下已经摈弃了旧中国民族歧视、大民族主义的民族政策和民族存在优劣之分的观念，坚持不论民族大小都一律平等的价值理念和民族政策原则，为民族团结奠定了伦理价值基础和提供了政治保障，同时也还从经济、文化、教育等路径促进各民族团结。因此，在民族教育地方政策生成的具体活动过程中应以尊重各民族平等为原则，在民族教育地方政策的内容上要求坚持尊重各民族平等与维护民族团结，为民族教育地方政策在执行过程，以及调整完善过程中落实这样的价值理念。由此可见，在民族教育地方政策生成的具体活动过程中，需要教育政策实现"尊重民族平等与维护民族团结"这一价值理念，使这样一种理念通过教育政策的实践而得到深化和延续，让受教育者认识到各民族平等是实现团结的基础，民族平等不是就平等而言平等，民族平等的目的还在于实现民族团结。此外，它对民族教育地方政策生成具有重要的价值指引作用，必须以尊重各民族平等和维护民族团结为价值原点，不仅制定出良策，也为本地区教育政策的执行做出良好开端。

二、中华民族多元一体教育理论

中华民族多元一体教育理论源泉是费孝通先生提出的"中华民族多元一体格局"思想。这是富有中国特点、特色的一种教育理论，对民族教育地方政策具有理论指引作用。

（一）中华民族多元一体教育理论的提出

中华民族多元一体教育理论是在民族工作实践探索与理论研究的过程中逐渐明晰和形成的，它凝聚着开拓新中国民族教育研究领域的专家、学

---

① 黄元姗. 民族区域自治制度的发展与完善——以自治州自治条例为分析对象 [D].
武汉：华中师范大学，2012：14.

者们共同努力的汗水和心血。

首先，从中华民族多元一体教育理论的渊源来看，这一教育理论来源于费孝通先生提出的"中华民族多元一体格局"思想，这一思想为我们准确把握我国民族教育提供了理解全局的钥匙，①凸显了我国民族教育的重要地位和中心任务，为凝聚人心和实现国家稳定和繁荣富强做出教育的贡献，而且我国的民族教育事业始终不能偏离"中华民族一体"这一基本点进行建设和发展。民族教育研究领域的哈经雄教授、滕星教授、王鉴教授等基于"中华民族多元一体格局"而提出中华民族多元一体教育这一理论观点，对民族教育政策制定、实施和民族教育工作开展产生了重要影响。

其次，从中华民族多元一体教育理论提出的实践探索过程来分析，这一理论主要存在两种不同的提法，代表着民族教育研究领域不同专家对同一基本理论问题各自进行研究的建构过程，体现了关注问题的侧重点略有不同，反映了理论提出主体的主观创造性，所以在外在表现上存在两种不同的名称。其一是哈经雄教授和滕星教授提出的"多元一体化教育"。他们认为，在多民族国家中，各民族之间在长期的交往中形成了文化上的多元一体格局②。其二是王鉴教授等提出了"中华民族多元一体教育理论"，他们认为在多民族国家中，各民族在交往的过程中要吸收不同民族文化和借鉴世界不同文明成果。③从他们的观点来看，虽然民族教育研究领域的专家对这一基本理论在概念名称上存有不同之处，但究其本质而言它们既有共源性，其追求的基本目的和实现构想也几乎相同。

（二）中华民族多元一体教育理论的主要价值意蕴

"中华民族多元一体教育理论"是分析和解决我国民族教育问题的基本理论，这一理论的价值意蕴在于要引导人们真正正确认识什么是"多元一体教育"，以及要引导人们正确认识怎样做好多民族国家的教育，我们

---

①　费孝通. 中华民族多元一体格局［M］. 北京：中央民族学院出版社，1989：29-33.

②　滕星. 民族教育概念新析［J］. 民族研究，1998，（2）：27-28.

③　何喜刚，王鉴. 如何理解中华民族多元一体教育［J］. 民族教育研究，1999，（3）：6.

可以从四方面认识该理论观点的价值意蕴。一是在教育的文化功能上，它倡导在教育中应传承全人类文化，既包括传承本国优秀文化，也包括传承外来优秀文化；二是从教育的对象来看，既包括对各少数民族的教育，也包括对主体民族的教育；三是从教育的内容来看，少数民族和主体民族要互相学习、了解彼此的文化；四是从教育目的来看，通过教育增进各民族的理解，增强各族学生的文化理解力，提升各族学生适应复杂社会的能力，同时在各族学生彼此理解、彼此尊重的基础上达到各民族学生团结、和睦的目的①。总之，这一民族教育理论既包含着"多元文化教育"，也包含着"中华一体教育"，"多元文化教育"和"中华一体教育"是民族教育的一体两面，它体现了对保护文化多样性重视和尊重文化差异性的客观事实，同时又要在教育的过程中增强中华民族作为一个统一体的重要性认识，通过教育让各族学生自觉维护中华民族的统一性，其实质是追求尊重差异、包容多样、汇聚共识、凝聚力量，促进和维护国家统一。

（三）中华民族多元一体教育理论对民族教育地方政策生成的作用

这一教育理论内含着鲜明价值理念，对民族教育地方政策生成具有重要的价值引领作用。一方面，这一教育理论为民族教育地方政策塑造新的灵魂，在民族教育地方政策生成的具体活动过程中，将这一理论的基本诉求根植于政策当中，即要求民族教育地方政策内容能够体现不一样的教育对象、教育目的和教育的文化功能。另一方面，这一教育理论对民族地区不同类型的教育政策产生重要影响和具有现实意义，即需要多样化的政策共同作用来实现这一理论的基本诉求，也就是说这一教育理论的价值诉求不可能通过一项政策得以实现和完成，它既需要在课程政策中体现出来，也需要在教师政策中体现教师应具备什么样的教学态度、教学能力和教育素养，以及围绕这些基本能力与素养进行有效的培训等方面的政策支持。

---

① 滕星. 民族教育概念新析 [J]. 民族研究，1998，（2）：28.

三、内源发展理论

内源式发展是学界对传统发展理论和发展行为反思而提出的发展理念和一种新的发展模式。内源发展理论是在批判现代化理论、依附理论、世界体系理论等发展社会学理论中不断丰富和发展形成的，至今已经成了一个跨学科、多领域的发展理论体系，在不同国家、不同区域乃至乡村建设中得以贯彻和实施。

（一）内源发展理论的提出

内源式发展理论起源于研究者解构传统主流发展话语的过程，自20世纪70年代以来，埃斯科巴（A. Escobar）、班努里（T. Banuri）、阿帕杜雷（A. Appadurai）、马格林（S. A. Marglin）、弗朗索瓦·佩鲁（Francois Perroux）等研究者撰文分析亚洲、非洲、拉丁美洲等发展中国家自"二战"结束以来"复制"发达资本主义国家发展模式而出现的诸多问题，他们以西方中心主义为主要批判靶子，对现代化理论、依附理论、世界体系理论等发展理论进行解构，揭露和批判了既有发展理论的缺陷，分析发展这些理念指导下的实践活动对本土发展可能性的破坏，并探索新的发展模式，内源发展理论由此应运而生。

埃斯科巴（A. Escobar）在《权力与能见性：发展与第三世界的发明与管理》一文中批判西方理性实践的发展话语，他认为西方把"第三世界"的民众说成是"还不太理性"的群体，这是西方的偏见，应该要改变西方的观念，提出要重视"第三世界"发展主体的知识和权力。班努里（T. Banuri）则直指现代化发展模式给"第三世界"造成的弊端，他认为发展理论抑制了"第三世界"内生发展的动力，从而提倡一种本土的发展。阿帕杜雷（A. Appadurai）的《印度西部农村技术与价值的再生产》和马格林（S. A. Marglin）的《农民、种子商和科学家：农业体系与知识体系》等文章详细剖析了人们在努力追求现代化的过程中，表现出热衷单纯以经济增长为目标，这样的发展方式导致发展中国家和一些地区的社会文化受到严重冲击，甚至其核心的文化价值也遭到了侵蚀，影响到个人和团体的选择机会，增加了社会的发展风险。①

1983 年，联合国教科文组织推出了弗朗索瓦·佩鲁的《新发展观》一书，对主流发展观进行批判，提出发展应关注人的价值、人的需要和人的潜力提升，他认为发展离不开与发展休戚相关的所有人的参与，而且发展要符合他们的利益，能够改善他们的生活质量。② 继此之后，人们关注发展的中心逐渐由"物"转向"人"，从关注外部世界回归到人类自身，这标志着人类对发展观质的转变。

（二）内源发展的基本含义

在解构主流发展话语的过程，有研究者从不同的角度对内源发展的内涵做出了阐释，形成了不同的学术观点，可称为内源发展理论的学术表述，与之相对应的还有联合国教科文组织的官方政策文件表述。

1. 内源发展含义的学术表述

扬·杜威·范德普勒格（Jan Douwe Vanderploeg）和诺曼·龙（Norman Long）认为内源发展是一种进步的发展模式，是一个本土动员的活动过程，通过团体组织提升本地发展主体的能力，制定符合本地的发展战略规划，使发展过程由本土控制，发展利益保留在本土。日本的鹤见和子认为，内生发展是指不同地区的人们，遵循着他们的文化传统，适应他们所赖以生存的自然生态环境，自觉而努力地探索着实现本地发展的新途径，并通过学习外来先进的科学技术知识和先进的制度，以此推进本地区向着理想的社会形态发展，培育人们逐渐养成自觉、理性的生活方式。③ 日本的宫本

---

① 邓万春. 内生或内源性发展理论 [J]. 学术论坛，2011（4）：45.
② ［法］弗朗索瓦·佩鲁. 新发展观 [M]. 张宁，丰子义，译. 北京：华夏出版社，1987. 序言. 11.
③ 王志刚，黄棋. 内生式发展模式的演进过程 [J]. 教学与研究，2009（3）：74.

宪一对内源发展的基本模式进行分析，他提出了内源发展包括"四个要点"①。罗弗里（Garofoli）认为，内源发展是一定地方基于本地区的层面进行创造性活动的能力，具体主要体现在应对外界挑战、转换其他社会经济系统、引进符合本地区的社会制度等方面的能力。②

国内学者周大鸣等结合我国西部的民族与文化问题阐述了内源发展理论的含义，在《寻求内源发展：中国西部的民族与文化》一书中认为，我国中西部地区内源式发展道路就是要立足于当地的生态和文化，倾听发展主体的声音，尊重当地发展主体的发展权和发展的自由权。他们把内源性发展理论视为是一种参与式发展理论，是一个自下而上的"赋权"过程，他还认为应该通过创制一整套行之有效的参与机制，以此来增加社区弱势群体在发展活动中的发言权和决策权，尽可能扩大当地人的参与性、主动性和创造力，发挥当地人在发展中的作用。③

2. 内源发展含义的官方文本表达

1975 年，瑞典的一个财团在联合国总会的一份报告中，正式提出了"内生式发展"概念，该报告站在个人及其人类解放和全面发展的层面来理解发展问题，并且认为要真正实现这样一种发展目的，只能从其所处社会的内部来推动。之后，联合国教科文组织编制了《1977～1982 年中期规划》，在此"规划"中提出了"以人为中心的内源发展"，这是"内源发展"首次在官方正式的政策文件中出现。认为"内源发展"就是指，任何一个社会都应找到符合其发展的模式，不能够完全简单移植其他任何一个

---

① 内源发展包括这四个要点：一是本地居民要以自身的产业、技术、文化为基础，以本地市场为主要对象，开展计划、学习、经营活动，但要区别于地方保护主义。二是在环保的前提下考虑开发，追求包含宜居、福利、文化、人权等的综合目标。三是产业开发要跨越复杂的产业领域，着力构建一种在各阶段都能使其附加值回归本土的区域产业关联。四是建立居民参与制度。参见［日］宫本宪一. 环境经济学［M］. 朴玉，译：北京，三联书店，2004：327.

② 张环宙，黄超超，周永广. 内生式发展模式研究综述［J］. 浙江大学学报（人文社科版），2007（2）：64.

③ 周大鸣，刘志扬，秦红增. 寻求内源发展：中国西部的民族与文化［M］. 广州：中山大学出版社，2006：16.

社会的发展方式，所以每一个国家都应结合于本国的实际情况，尤其要注意结合资源、文化特性、现实需求、思维结构和行动方式等方面的内在因素，真正走出适合自己的发展道路。① 这一理念也成了联合国教科文组织行动的指导思想之一。

通过以上分析可以看出，无论是学术表述还是官方文本的表达，对内源发展的含义都不尽相同，但他们的共识也是很明显的，都认为发展应主要由地区内部成员来参与和推动，利用本地力量和资源、保护本地生态环境、尊重本地文化传统、关注本地人生命的生长来探寻适合其发展的道路。

（三）内源发展理论对民族教育地方政策生成的意义

内源发展理论主要是矫正发展中国家和落后地区"复制"西方发展模式，反思依附性畸形发展的理论总结，是对发展问题深入探讨的延伸，其目的在于为发展中国家和落后地区寻找新的发展理念和实现实践的突破，这对落后地区或者后发型国家的发展都有重要的指导意义。当然，内源发展理论并不是封闭和僵化的发展理论，内源发展理论应用于教育领域是在肯定"教育现代化"的基础上，对以往那种由西方话语体系建立的教育现代化理论及其模式的反思，它不支持盲目地模仿西方发展模式，也不提倡复古守旧，更不是鼓励各地区在发展中各行其是、各自为政。

对于民族教育地方政策生成而言，内源发展理论的意义在于提供了两方面的理论支撑。一方面成为鼓励和支持地方政府做差异性政策选择的依据，不同地方政府发展民族教育并非要采取一套统一的模式或道路，而是根据民族地区文化资源、现实需要、当地的劳动力和物力所决定的，是多样化的发展道路，形成各自的特色。另一方面为地方政府鼓励地方力量广泛参与政策制定、执行、调整完善提供依据，公民、社会团体参与或者说公民自身和集体寻求发展的努力，是内源性发展的基础。因此，在国家和

---

① 联合国教科文组织. 内源发展［R］. 北京：中国对外翻译出版公司，1991：34-86.

其他地区，或者其他社会力量给予必要的外部支持的前提下，充分了解和尊重当地人民的意愿，提高他们自觉参与政策活动的意识，发挥当地资源优势，遵循本土文化经验，这有利于当地对外来教育模式加以合理地重构。

四、政策过程理论

公共政策过程理论是公共政策学的研究成果，是研究者们对政策活动和政策实践过程基本形式的揭示，是在理想化研究的过程中逐渐发展和形成的政策理论。教育政策及其民族教育政策虽然有其自身的特殊性，但是它们源于公共政策，属于公共政策的范畴，深受公共政策研究的影响，因此民族教育地方政策生成不仅体现公共政策的一些基本价值理念，也遵循政策过程的一些程序规范。

（一）基于理性主义的政策过程研究

公共政策学研究的对象和内容非常丰富，涉及政策概念、政策的本质、政策伦理、政策价值取向、政策分析、政策评估、政策过程等方面。当然公共政策学研究的对象和内容也是非常具体和深入的，就公共政策决策过程的研究而言，在长期的研究中研究者们不仅对政策决策和实施的实际过程是怎样的进行了归纳总结，而且对政策过程又应该是怎么样的进行了深入研究和探索，在实践与理论研究相结合的过程中形成了不同的政策理论流派，其中有政策研究专家采取阶段划分的方式对政策过程进行研究，我们大致可以把他们的研究划分为两种不同的分析范式。

一是较早形成的研究范式，研究者按时间先后顺序对政策过程活动进行划分，把具体的决策活动过程切割为政策制定、政策执行、政策评价、政策终结等不同的阶段，他们对政策过程进行这样细致而理想化的阶段划定不仅让我们简单明了地认识政策的整个过程，也方便人们从"静态"的角度观察政策过程中不同阶段的具体活动环节，这一研究成果为政策科学从政治学等学科中脱离出来奠定了理论基础，推进政策科学成为一个相对独立的学科。因此，这也成为政策研究中的一种广泛流行的研究理论观点，不论是西方的拉斯韦尔等政策研究学家，还是我国公共政策研究领域的陈振明等知名学者，以及我国教育政策研究领域的袁振国、孙绵涛、范国睿等专家，他们都曾运用政策过程阶段分析框架对政策过程的不同阶段和各个环节展开研究。而且我国教育政策研究专家试图推动理想的政策过程在实践中尽可能地成为现实，并总结中国教育政策决策活动过程表现出来的个性特征，由此呈现具有中国特色的教育政策过程，提炼出具有中国特色的教育政策理论，构建具有中国特色的教育政策学。

二是政策网络分析范式，研究者们对各类政策主体在政策过程中的不同阶段和各环节中的互动进行研究，它们把政策过程视为由官员、专业人士和相应的组织机构等不同政策主体的不断互动过程，分析不同主体在政策活动中的互动关系、具体活动表现以及他们在这过程中所发挥的作用，并且将政策活动的过程归结为不同利益主体的利益博弈过程。当然，在具体政策活动过程中存在着一定的程序规范，需要不同的政策主体共同遵守，按照一定的规范制度进行互动。

总之，在研究者们看来，政策过程都应坚持理想化和理性主义的价值理念而展开，即要求决策者们应依据完整而综合的信息做出理性的决策，选择最优方案和使用最好和最恰当的手段，使政策过程中的各个环节运行顺畅无阻，并因此而产生更多积极的政策效果。虽然这是理想化和理性主义的政策过程追求，但正因为这样一种理性主义政策过程模型要远高于现实而具有永恒的价值，所以理性主义政策过程模型成为备受政策研究者们推崇和致力实现的一种理论观点。

（二）理性主义政策过程的主要价值诉求

政策过程是不同政策主体在政策活动中的探索，不同政策主体总是在政策活动中践行一定的价值理念和创生新的价值理念，并且要在新一轮的政策过程活动中遵循新的合理的价值诉求，而理性主义政策过程追求政策达到理想化。

1. 政策过程的理性化

政策过程的理性化是公共政策过程的基本理念，也是一种积极的追求，期望政策过程达到理想的状态和理想的结果。政策过程的理性化就是在公共政策的过程中以科学精神为基础，合理地达到政策过程中各阶段目标的行为过程，它应经由合法的公共权力机关设定的合法程序从而使政策过程的每个阶段和各个环节的行为具有合法性和合理性。政策过程的理性化是使公共政策向"善的政策"方向发展的价值基础，保障政策不至于滑向道德伦理的底线。

2. 政策过程的专业化

政策过程的专业化是政策过程的积极追求，也是一种发展趋势。决策过程的专业化就是在政策决策过程中充分依靠与政策问题相关领域的专业技术人员和相关研究领域智库的专家学者，发挥这些专业技术人员和专家学者们熟悉和掌握本领域信息、特点等方面的专业优势和特长，为公共政策决策提供专业化的政策建议和政策设计方案。同时，发挥政府机构里设置的政策研究和咨询部门的作用，让他们能够拥有更多机会参与到政策决策的整个过程之中，对政策过程产生积极影响，获得更多积极政策效果。

3. 政策过程的科学化

政策过程的科学化也是政策过程理论的基本价值诉求和发展的基本方向，政策决策过程的科学化是与时俱进的，它也与科学技术发展密切相关，政策决策过程科学化要求在政策决策过程中要以政策科学理论为指引，要遵循设定的决策程序、对未来做出科学合理的预测和判断。同时政策决策过程科学化要求在政策制定和实施的过程中要在政策相关专业研究领域的研究人员的指导下进行，客观地对不同领域的不同政策问题进行分析。总之政策过程的科学化要求在遵循科学方法的基础上进行操作，充分利用信息化和智能化手段助力政策决策活动的科学化。

4. 政策过程的民主化

政策过程的民主化是指保障利益相关者、承担相应职责的机构和成员，以及政策研究组织能够有序参与公共政策过程。因此，要求在政策决策之前就应该广泛而全面地征求意见和建议，做到征求各部门和政策执行部门的意见和建议，在政策决策过程中对各方的建议和意见反复地研究，不断修改完善政策方案，使政策尽可能地和他们的意愿和期盼相一致。

(三) 理性主义政策过程理论对民族教育地方政策生成的作用

民族教育地方政策属于公共政策的范畴，其公共政策属性比较明显，政策过程理论对民族教育地方政策生成奠定政策科学的学理基础，因此民族教育地方政策生成的具体活动过程也应坚持公共政策过程理论的基本理念和公共政策决策过程的理想化追求。

1. 指引民族教育地方政策生成的具体活动过程趋近理性化的发展方向

理性主义政策过程理论肯定理性的价值，是政策过程中最为基础性和深层次的价值诉求，对民族教育地方政策生成提供着行动方向上的价值指引，它能够指引民族教育地方政策生成趋近理性化的发展方向。尽管做到完全的理性化不太可能，但完全理性决策模型仍然是公共政策及其民族教育地方政策永恒的追求，因为只有理性的追求和尽可能逼近理性，才能使民族教育地方政策生成的具体活动过程趋近理性，出现令人满意的政策效果，所以它对民族教育地方政策生成起到理想化的框定、发挥着总体上的价值指引作用。

2. 对民族教育地方政策生成的具体活动过程起到规范指引作用

政策过程的专业化、科学化和民主化的价值诉求对民族教育地方政策生成的具体活动过程的操作方面起到规范作用。首先，要依靠于民族地区各级各类学校的教育工作者和教育行政管理部门中的教育研究人员，发挥专业技术人员和专家学者们熟悉和掌握本地区民族教育信息、特点等优势和专业特长，为本地区民族教育政策决策提供专业化的政策建议和政策设计方案。其次，要尽可能让不同的主体在遵循科学方法的基础上广泛地参与进来，在民族教育地方政策生成的具体活动过程中要充分利用现代科学技术知识和智能化手段，使其活动过程科学化、规范化和民主化。

第二节 民族教育地方政策生成的历史依据

中国是世界多民族的文明古国之一，在漫长的历史实践中，古代中国创构了一整套完备的社会治理制度，形成了"大一统"和"因俗而制"的思想体系和具体的政策措施。回顾我国历史，在"大一统"和"因俗而制"思想观念指引下所推行的文教政策，对于推动多民族统一国家的发展，维系中华民族多元一体的格局，曾发挥着积极的作用。着眼于当下，"大一统"和"因俗而制"的思想观念指导下所推行的文教政策，也是在维护国家统一管理教育的前提下，继续赋予少数民族及其民族地区自主发展教育权利的历史依据和思想根源。

一、思想文化一统的历史继承

"大一统"思想理念源远流长，其内涵丰富，涉及政治、经济、文化、民族关系等诸多领域，反映历代统治者及其各族人民对国家疆域一统、政治一统、思想文化一统的共同愿景和政治追求，事实上"大一统"也是中国历史的常态和主流。

早在先秦时期，"大一统"的思想萌芽就已出现，夏、商、周三朝处理民族问题首要的就是实行"德治"，推崇"厚德感化、协和万邦"，从而实现各民族思想文化的"大一统"。《淮南子·原道训》有着这样的记载，禹在创立夏朝时对少数民族"施之以德，海外宾服，四夷纳职"。强调修文德以徕远人，让文明程度高的氏族部落去影响少数民族部落的风俗，使远方的少数民族产生仰慕之心，自愿归附，奠定了中华民族"大一统"的文化基础。

秦汉时期是中国封建社会的形成时期，是统一的多民族国家形成和发展时期。公元前221年，秦始皇统一六国，创建秦王朝，确立了中央集权制，实现了皇权一统、疆域一统，开创了中国历史上"大一统"的多民族国家的格局。秦朝在实现"大一统"的过程中,以及为了巩固"大一统"的皇权,采取了多方面的措施,在中央一级政府设置了"典客"和"典属国"管理少数民族事务功能的官职和机构,通过"移民实边"政策和采用法律手段移风易俗,传播华夏文化。① 为了江山永固和进一步巩固皇权,秦始皇还"一法度衡石丈尺,车同轨,书同文字",结束了六国异制的局面,创立了统一的法令制度,这也为之后"大一统"王朝的制度建设奠定了基础。汉武帝之后,面对吴楚七国之乱、匈奴侵扰等,董仲舒认为要用儒家学说来统一思想,巩固中央集权制度。汉武帝接受了董仲舒"罢黜百家,独尊儒术"的建议,由此内涵丰富的新儒学思想"大一统"地位得以确立,千百年来一直对人们潜移默化地起着教育作用。中国儒家思想不仅为历代王朝治理国家和维护国家统一的基本理论,还是全国的主导价值观念和凝聚中华民族力量的心理文化基础,更是激发民族向心力和凝聚力的回归力量,对中国历史产生了极为深刻的影响。

经过秦朝的开创、汉朝的巩固和发展,奠定了中国多民族统一的国家,而且自秦汉以来形成的"大一统"思想还受到了后来历代中央王朝的发展和巩固,形成了统一的多民族国家的格局。② 事实上,在几千年的历史发展中,"大一统"的思想观念已经根植于中国人的心灵深处,成为中华儿女的共同追求,无论是汉族的政治精英和知识精英,还是少数民族的政治精英和知识精英,他们都以一统"天下"为己任,在分治中谋求统一九州,在统一中谋求长治久安。③ 所以,不论封建王朝如何更迭,也不论是少数民族是统治民族,还是汉族是统治民族,思想和文化上的"大一统"始终没有被切断过,即便是在历史上的分治时期,地理上的"大一统"虽已遭到破坏,但思想和文化上的大一统依然存在于各分治区域之中,保持着强大的文化向心力和民族凝聚力,最终中华民族都能够以一个统一的多民族国家屹立于世。

---

① 吴明海. 中国少数民族教育史教程 [M]. 北京:中央民族大学出版社,2006:13.

② 宋才发. 中国民族自治地方政府自治权研究 [M]. 北京:人民出版社,2008:164.

③ 何星亮."大一统"理念与中华民族 [J]. 云南社会科学,2011 (5):94.

继承和发展思想文化一统的理念，对统一的多民族国家具有重要意义，其实质，在于推动国家统一、维护政治稳定、促进民族交往交流交融、实现文化发展繁荣，这是发展民族教育的理想追求和重要目的。所以，汲取历史上为发展和巩固国家"大一统"而采取的政策措施的思想精华，从正反两个方面总结经验，可以挖掘出指导当下教育实践的意义。对于国家来说，不应该排斥和否认民族教育地方政策的差异性和多样性，而应该强调将这一切和国家教育的总目标相联系起来，并使这一切的发展从属于总的教育价值目标。对于地方政府来说，要正确对待"学校究竟是谁之学校、课程究竟是谁之课程"等基本问题，在发展民族教育的过程中，通过民族教育政策具体贯彻落实，增强思想和意识形态领域的一统性，保持中华民族的凝聚力，自觉维护民族团结、国家统一，反映我国发展教育在于关注人的生命质量提升和提高整体国民科技文化素质之总目的的统一性。

二、因俗施教的文教政策实践

"多民族"与"大一统"是中国的历史特征，如何处理各民族之间的关系、解决民族问题、维护国家统一，是历代王朝关注的重要问题。我国幅员辽阔，民族众多，而且少数民族在政治、经济、文化等方面的差异及其与内地发展的差距较大。所以，不论是汉族建立的中央王朝，还是某一少数民族建立的中央王朝，他们出于其统治长治久安的需要，都考虑民族与地域因素的现实，十分注重协调民族关系，强调和谐与追求统一，在"大一统"的前提下，坚持给予少数民族一定的"自治"权，采用"因俗而治""分而治之"的民族政策。在少数民族教育方面，因俗施教的文教政策体现在这三方面：一是在中央和地方设置专门管理少数民族文教事业的部门和官职，共同推动少数民族文教事业发展；二是在民族地区推行儒学教育的同时，在教育内容上允许保留少数民族的传统习俗文化、生产生活等方面的内容，在教育方式方法上采用生动形象的方式教化少数民族，促进民间文化的双向交流；三是根据少数民族地区经济文化落后的现实，对少数民族子弟给予名额优惠和经济资助。

在我国历史上，自商朝以来就已设置专门管理少数民族事业的部门和官职。商朝中央政府设置"宾"的官职，周朝设立"小行人""像胥""掌客"和"职方氏"等官职，主要负责少数民族事务，尤其是文教事务。① 秦朝是我国历史上第一个统一的多民族封建制国家，重视少数民族事务管理，在中央设置典客和典属国专门掌管少数民族事务的官职和机构，根据不同的民族聚居区的特点，因地制宜地设置地方管理体制，有的民族聚居区设置郡道制，相当于县级地方政府机构，"道"在其管辖的内保留氏族、部落、部落联盟，借助于酋长势力行使管辖权；有的民族聚居区和内地一样设置郡县制，如在"南取百越之地"后设置了南海郡、桂林郡、闽中郡、会稽郡等。汉朝建立之后汉承秦制，西汉初年在中央机构设置典客和属国为管理少数民族的机构，汉景帝改典客为大行令，汉武帝又更名为大鸿胪，汉成帝将典属国所辖职务并入大鸿胪。在地方上，汉朝还根据少数民族地区各自不同的特点设置道、属国和边郡，给予少数民族自主处理内部事务的权利，而且可保持民风民俗不变。魏晋南北朝时期，基本上沿袭汉朝的制度，各朝在中央设置大鸿胪管理少数民族事务。在地方民族事务管理中有两种机构，一是在民族聚居区设置中央派出机构，负责监督边疆民族事务。另外是因俗、因地制宜，设立民族自治地方政权。② 如设置左郡、左县、俚郡、俚县、僚郡、僚县。《宋书》州郡志记载有左郡3、左县16；《南齐书》州郡志记载左郡65、左县138、僚郡5、僚县4、俚郡8、俚郡23。这些郡县都是当地少数民族首领为郡首县令，③ 中央给予他们自治权，基本保持他们原有的社会组织形式、统治机构及风俗习惯。

隋唐是自秦汉统一的多民族国家形成以来的第一个高峰期和大发展时期，对少数民族的管理，基本沿袭了秦汉以来的制度，但也有很大的丰富

---

① 吴明海. 中国少数民族教育史教程［M］. 北京：中央民族大学出版社，2006：9.

② 吴明海. 中国少数民族教育史教程［M］. 北京：中央民族大学出版社，2006：18.

③ 邹敏. 论民族区域自治的源与流［M］. 北京：中央民族大学出版社，2009：40.

和发展。隋朝对归降的少数民族实行抚慰、和亲等怀柔政策和尊俗政策。唐朝初年设鸿胪寺"掌管宾客及凶仪",设典客署专门管理民族工作,在少数民族地区设置羁縻府州制,任命少数民族首领为羁縻府州首领,在维护国家统一的前提下,少数民族管理内部事务,中央政府不干涉当地的风俗习惯,而且重用少数民族人才,实行少数民族子弟接受学校教育政策①,鼓励学习儒家经典,促进民族地区文化交流发展,提升少数民族管理内部事务的能力。宋朝基本上沿用唐朝制度,在中央设置鸿胪寺掌管国内所属少数民族事务,在地方则发展了羁縻政策,对西南、西北少数民族地区实行羁縻州、县、洞,任命当地少数民族首领管理行政区内事务,尊重当地风俗,认为"不可尽以中国教法绳之"。

元明清时期,元朝的建立结束了自唐朝灭亡以来的分裂动荡局面,在中国历史上形成了第一个由少数民族统一全国的多民族国家。为了有效地管理民族事务工作,元朝建立了统一的行政组织机构,将所征服的少数民族地区统归各行省管辖,在距离省较远的少数民族的路、府、州、县内设置宣尉司都元帅府,在西南民族地区建立土官制度,设置宣尉司、宣抚使、招讨使、蛮夷长官司长官、路总管土官、府土官、州土官、县土官等,并一般委任当地民族首领为政权机构的长官。元朝吸取两宋、辽、金的经验,重视新建学校培养人才,在京师设有国子学、蒙古国子学、回回国子学三种中央官学,在地方按路、府、州、县的行政区划,设置地方官学,有路学、府学、州学、县学、小学和社学。社学是设在农村地区,利用农闲时间以农家子弟为对象的初等教育形式,这是元朝在教育形式上的创新,对发展农村教育有一定意义。② 除此以外,还开设了体现民族特色的蒙古字学,具有科技教育性质的医学、阴阳学。元朝建立从中央到地方的学校教育体系,既强调全国的统一性,也考虑到民族的差异性问题,具有进步的意义,但从根本上来说,元朝统治者实行的蒙古大民族主义政策,激化和扩大了民族矛盾。明朝建立后,恢复了鸿胪寺,设立"九并通

---

① 徐杰舜,韦日科. 中国民族政策史鉴 [M]. 南宁:广西人民出版社,1992:195.
② 孙培青. 中国教育史 [M]. 上海:华东师范大学出版社,2008:212.

事""外夷能事"等官掌管少数民族事务，在地方继承元朝开创的土司制度，又保留有唐宋的羁縻州府制，在西北、北方和东北的民族地区设置羁縻性的卫所，以藏、蒙古等民族的首领管理民族事务；在西南和南方少数民族地区继续实行土司制度，土司土官以当地少数民族首领担任，保持本民族的一套制度，只要土官不危害朝廷的利益，朝廷一般不干涉其内部事务。① 明朝统治者重视少数民族教育问题，结合少数民族教育落后的现实，采取优惠政策，优惠少数民族子弟进入国子监学习，在民族地区广泛设立儒学，推进了民族地区学校教育事业的发展。清朝在中央设立理藩院，专门掌管全国少数民族事务，在地方则根据"满洲根本"和"从宜从俗"的原则，针对不同的民族地区制定不同的少数民族政策。例如，在东北少数民族地区实行八旗制度，在蒙古地区实行盟旗札萨克制度，在西南地区仍然推行土司制度，从雍正年间开始在广西、贵州、云南等地区大规模开展"改土归流"运动，到清末大部分少数民族地区已设流官。清政府除了对不同民族地区采取不同的行政管理制度之外，在少数民族地区积极推行灵活多样的民族教育政策，如边疆府学、州学、县学、卫学给予少数民族土司贵族子弟优先入学机会，在云南、贵州、广西、广东等少数民族地区为苗族、黎族、瑶族等贫寒子弟设置社学、义学，在云南边疆地区还设立了井学，在科举考试选拔人才方面，对少数民族子弟给予名额优惠和经济资助。②

从历史上来看，我国历代统治者在处理多民族与大一统问题的时候，一般都将"大一统"与"因俗而制"相结合，在少数民族承认中央政权权威的前提下，赋予少数民族管理包括文教事务在内的一定"自治权"，强调"修其教不易其俗，齐其政不易其宜"等"文化多元"和包容差异性的文教政策。因此，对促进民族地区教育发展，保持各民族间和睦相处、共生共存，维护社会秩序稳定等发挥了重要作用。当然，在旧中国历代封建统治者的民族政策和统治制度中，不可能具有现代意义上的民族文化平等

---

① 韦庆远，柏桦. 中国政治制度史［M］. 北京：中国人民大学出版社，2005：298.

② 吴明海. 中国少数民族教育史教程［M］. 北京：中央民族大学出版社，2006：38.

的特征，具有其历史的局限性和阶级局限性。但其中所含的合理性因素已被我国现代民族区域自治制度所吸收，国家保障在民族地区实施差异性和特殊性的文教政策，是古代文教制度走向现代制度的体现，深受思想文化一统和因俗施教的传统治理理念和方式的影响，表现出一定的历史继承性和创新性。历史实践证明，正确处理和看待"大一统"与"因俗而制"之间的辩证关系，有利于国家的稳定和发展，多种文化、语言、风俗兼容并存和不同文化的交流，促进文化发展繁荣。所以，思想文化一统与因俗施教相结合的历史传统发展模式，对我国实施多元一体教育，鼓励和支持民族地区自主发展本地区民族教育，实施差异性和多样性的教育政策，改变少数民族地区单一的教育发展模式具有现实意义。

第三节　民族教育地方政策生成的现实依据

一、民族地区特殊的地理环境与人文环境

地理环境与文化之间存在着密切的关系。在西方，古代希腊哲学家希波格拉底在其著作《论空气、水和地方》中，专门论述了自然环境与人类文化的相互关系，强调了自然地理环境对文化发展的影响作用；亚里士多德在其《政治学》中分析了地理环境与民族性格的关系；法国启蒙思想家孟德斯鸠继承和发展了古希腊的地理环境与人文关系的观点，在其著作《论法的精神》中指出"法律应该与国家的政体的性质和原则有关系……和国家的自然状态有关系；和农、猎、牧各种人民的生活方式有关系。法律应该和政治制度所能容忍的自由程度有关系，和居民的宗教、性癖、财富、人口、贸易、风俗、习惯相适应。①"在孟德斯鸠看来，国家法律制度受到政体性质、自然地理及人文环境的影响，国家法律制度、民族精神系

---

① ［法］孟德斯鸠. 论法的精神（上册）　［M］. 张雁深，译. 北京：商务印书馆，2004：7-8.

于气候与土地的本性。在中国，先秦时期各种人地关系的思想已经萌芽，成书于战国时期的《礼记·王制》中记载"凡居民材，必因天地寒暖燥湿，广谷大川异制，民生其间者异俗……"；《管子》记载"沃土之民不材，瘠土之民向义"。这些著述实际都表达了上述观点，人们的生产方式、生活习俗、民族性格都会受到特定的地理环境的影响。总的来说，传统的观点反映出当时人们对地理环境与人文之间关系已经有初步的认识，具有一定的积极意义，对后来的研究和实践也产生深远的影响。正确认识地理环境对人类社会发展的作用，地理环境与人文环境之间的关系，有助于指导我们的实践活动。我们不能夸大地理环境对人类生产生活的决定作用，也不能做地理环境虚无主义者，主张无视地理环境和特殊的人文环境，随心所欲地践踏地理环境。客观地说，文化是特定地理环境下形成和发展的，不同的地理环境孕育出不同的文化，呈现出文化的多样性，而文化一经形成，又会作为一种"无形的物质与能量"反作用于地理环境，对地理环境起到积极的或消极的作用，最终又会影响到人本身，由此可见文化与地理环境处于动态的双向同构关系。

从我国的国情出发，我国幅员辽阔、民族众多，民族地区的特殊自然地理环境和特殊的人文环境表现较为突出，使民族地区的学校必然要适应特殊的地理环境和人文环境。因此，要正确地看待民族地区特殊的地理环境与教育之间的关系、特殊的人文环境与教育的关系，一方面要注意特殊的自然因素和条件限制，使教育适应特殊的地理环境，在教学点的布置、教学时间的安排、办学规模和重点等方面要尊重其客观性，体现了民族教育地方政策的差异性和特殊性。另一方面，还应注意到民族地区地理环境孕育了多姿多彩的文化，形成了特殊的人文环境，教育应体现民族地区文化特点和现代社会发展的特点，把民族地区的课程置于更加广泛的社会政治、经济、文化等背景之中，深入思考和探讨如何通过民族教育地方政策的引导，更新教育技术手段、教学方法，挖掘地方课程资源，使学校教学内容更有利于各民族的理解，符合学生的成长需要，促进学生个体身心的完善和技能的增长，从而实现民族文化的自我更新与健康发展。

二、国家教育改革的要求

（一）国家教育管理体制的改革

新中国成立以来，我国曾对教育管理体制进行过几次较大的调整，教育管理体制改革也曾出现过一些反复。但自改革开放以来，教育管理体制改革步伐总体趋于平稳，教育管理体制改革随着计划经济向市场经济的转轨而逐步深化。其首要特征表现在教育管理分权上，逐步扩大了地方各级政府对本地区教育管理的权限，呈现出从高重心向低重心的转移，改变过去中央"集中统一领导"的教育管理体制，基本上形成了一种新型的教育管理体制，即在国务院的统一领导下，实行地方分级管理，强调地方管理教育的职责和担当，给予地方政府和学校更多发展本地区、本学校教育的管理权。例如，2010 年发布的《国家中长期教育改革和发展规划纲要（2010—2020 年）》，提出了健全统筹有力、权责明确的教育管理体制，强调以转变政府职能和简政放权为工作重点，逐步推进中央向地方放权、政府向学校放权，并且要求应明确各级政府责任，规范学校办学行为，形成政事分开、权责明确、统筹协调、规范有序的教育管理体制。对《国家中长期教育改革和发展规划纲要（2010—2020 年）》分析不难看出我国教育管理体制改革的发展趋势，一方面重在放权和进一步放权，同时强调规范各级教育管理部门履行职责，推进统筹管理和服务水平的提升。[1] 在我国教育管理体制改革与转变的过程中，地方政府及其教育相关管理部门逐渐成为具有独立利益和决策权力的主体，成了地方发展教育的主要责任承担者。因此，地方政府加强区域内部的改革与创新，特别是要通过具体教育政策的管理和调控促进民族地区教育发展，加强完善跨区域协作机制，这是我国民族教育发展的一大趋势和必然要求。

---

[1]　杨润勇. 新背景下我国教育管理体制政策调整问题研究［J］. 教育研究，2011（3）：27.

（二）我国课程的改革

课程是学校教育的基本要素之一，它是教师的教与学生的学得以建立起来的基本纽带。当然，课程内容的设置体现了人们对知识的选择，其中隐藏着人们对现有知识体系的事实判断和价值判断，事实判断也就是基于这样的认识，即认为在某一学习阶段学习者应该接受这样的知识与技能的教育，通过学习，学习者能够达到其要求和期待的水平，掌握相应的知识与技能，表现为对受教育者身心发展与接受知识技能相符的规律性认识；而价值判断则基于某一学习阶段的学习者应该要学习什么内容以及所学内容隐含的价值取向，表现为所选取的知识符合于社会需要，或认为所选取的知识技能更加具有社会价值，所以受教育者就应该把更多的时间和精力用于要求学习的内容之上，这偏向于对受教育者给予更多自认为的关怀，或出于特定的目的而给予特定的价值引导，因此具有更加浓厚的主观色彩。总的来看，课程不仅是教和学什么知识与技能的问题，也是通过系列课程学习引导学生向什么方向发展的问题，因此当今世界任何一个国家或地区都比以往更加重视课程改革。例如，美国自"二战"结束以来就不断调整课程内容，在"二战"结束后他们开始探讨在中小学如何调整课程内容，提倡中小学课程以多样化、趣味性和实用性为主要特征；1958年国会通过了《国防教育法》启动国家课程开发模式，反对地方和学校课程开发；二十世纪七十年代中后期，由于布鲁纳领导的国家课程开发已宣告失败，所以校本课程开发在美国流行起来，要求赋予学校更大的办学自主权，要求下放课程开发权；1994年的《2000年：美国教育法》建立了全国范围内的课程标准，将课程控制权逐渐集中到州与联邦。

课程改革集中体现在课程内容选择权的控制和对课程内容的不断更新两方面。新中国成立以来，我国课程改革也是持续不断地进行，从课程内容选择权的角度来看，我国课程内容选择权正处于放权给地方的过程。例如，1985年中央出台了《中共中央关于教育体制改革的决定》，此"决定"对我国基础教育课程管理体制进行了调整，在中小学除了有国家层面的课程开发与管理权之外，还允许地方层面通过开发本地区的一些教育资源，开始实施了两级课程管理体制；1996 年在《关于深化教育改革全面推进素质教育的决定》中在"两级管理"体制的基础上明确要实施三级课程①；2010 年《国家中长期教育改革和发展规划纲要（2010—2020）》中针对少数民族地区教育发展现状，明确要把支持民族地区教育发展作为一项重要任务来抓，重视学校开展民族文化教育。

当前我们正处于社会竞争日趋激烈的时代，人类知识更新速度因社会快速发展及社会竞争激烈而空前提高。因此，我国民族地区应在国家课程开发控制权下放的时代背景下，充分发挥民族地区的积极主动性，承担地方开发本地区课程资源的责任，为本地区民族文化的发展繁荣和满足于本地区学生发展的需求，通过完善本地区教育政策进而有效地将这些教育资源整合进地方课程或校本课程之中，在一定程度上改变民族文化与学校教育疏离的现实。此外，因时代迅速发展某些知识领域更新速度加快，因此民族地区课程开发应注意陷入闭门造车的困境，民族地区课程内容就不能简单地追求地方文化和民族文化的原汁原味，要注意民族地区课程体系要真正反映出时代性与地方性、民族性的互补，使受教育者在学习的过程中符合时代需要、顺应时代发展。因此，在民族教育地方政策生成的具体活动过程中要反映和体现国家课程改革的需要，符合国家课程改革的要求。

三、提高我国民族教育整体发展水平的需要

民族教育是我国教育的重要组成部分，在我国教育体系中占有十分重要的位置，没有民族教育事业的发展，就没有我国教育事业的发展。② 新中国成立之前，由于受历史、地理、文化等诸多因素的制约，大部分民族地区生产力发展水平较低、经济社会发展缓慢，有的地方甚至没有现代意

---

① 代建军. 课程监控机制的组织设计 [J]. 教育研究与实验, 2012, (4): 43-46.

② 孟立军. 历史性跨越——民族教育超常规发展与民族地区发展研究 [M]. 南宁: 广西民族出版社, 2013: 216.

义的学校教育。新中国成立后，特别是改革开放以来，党和政府高度重视发展民族教育事业，在党和政府的坚强领导下，通过全国各族人民的艰苦奋斗，我国民族教育状况发生了根本性变化，取得了巨大发展成就。一是少数民族基础教育和学前教育发展迅速，保障了少数民族学龄儿童能入园入学，促进教育基本平等。据 2010 年统计数据，全国共有幼儿园 15.04 万所，在园幼儿（包括学前班）2976.67 万人，幼儿园园长和教师共 130.53 万人，学前教育毛入园率达到 56.6%；全国已全部实现"两基"，"两基"人口覆盖率达到了 100%，即便在广袤的民族地区都已经实现普及九年义务教育和基本扫除青壮年文盲的目标，而且当前有的民族地区已经由"能上学"走向了"上好学"，缩小了少数民族地区与发达地区之间的教育差距。二是开辟了少数民族学生升入更高层次学校学习的专门通道，从 2006 年开始，国家实施"少数民族高层次骨干人才研究生招生计划"，招生实行"定向招生、定向培养、定向就业"和"自愿报考、统一考试、适当降分、单独统一划线"的原则，专门对少数民族和在民族地区工作的在职人员招生，至 2015 年历时 10 年，一共招博士研究生 9000 人，招硕士研究生 36100 人，培养了一大批少数民族高层次人才，为民族地区发展提供了人才支撑。三是民族师资队伍不断壮大。据统计显示，截至 2008 年年底，全国各级各类学校教师、教职工共有 148.52 万人，已基本形成一支地方化、民族化、专业化、结构合理、相对稳定的师资队伍，各级各类学校中少数民族专任教师数不断增长。① 在这一段历史时期，民族地区教师培训、科技文化素质和教学能力得到了前所未有的重视。四是学校传承少数民族文化不断推进，借助现代信息技术教育手段传承民族文化，在少数民族语言文字、少数民族艺术、少数民族医药、少数民族建筑、少数民族体育等方面取得了较好的效果。

然而，当我们看到民族教育取得巨大成就的同时，也不可忽视这样的事实。一是民族教育整体发展水平的相对滞后性，即少数民族教育总体上

---

① 陈立鹏，等. 我国民族教育 60 年：回顾与思考 [J]. 民族教育研究，2010（1）：7.

还落后于全国教育的平均发展水平。二是民族地区教育发展的非均衡性，民族地区教育内部结构并不合理、教育资源分布不均，在民族地区，不论是幼儿教育、基础教育、职业技术教育，还是普通高等教育，其发展都未能满足社会现实需求；三是随着民族地区城市化发展、撤点并校等工作的推进，民族地区随之出现了一些新的教育问题；四是学校教育与民族地区生产生活文化背景的疏离。面对民族教育发展中存在的问题，既要中央政策的扶持发展和统筹协调，更需要地方政府积极应对、迎难而上、科学决策，依靠地方政策进行调控，抓住时代发展的契机，在实践中探索教育发展新路，继续保持民族教育事业跨越式发展的势头。

四、新时代育新人的使命与发展战略要求

教育具有永恒性和时代性。在新的时代，国家必然要面对整个世界发展形势的变化和国家内部发展情形的变化而做出新的战略安排，因此不仅有新的教育使命，而且还有新的教育发展要求。这对我国民族教育政策产生着重要的影响，民族地区必然要通过调整本地区教育政策、完善本地区教育政策反映其精神要求，而且在某些特殊的方面因民族地区具有不可替代性，还需要民族地区进行先行先试的教育政策实践探索。

（一）新时代人才培养的使命

在新时代党和国家领导人不仅从治国理政的需要和建设社会主义强国的需要的高度来论述和强调教育的重要性和重要地位。习近平总书记明确提出了要"培养担当民族复兴大任的时代新人"的要求，对"培养社会主义建设者和接班人"这一根本教育任务赋予了了新时代的内涵，为各级各类学校应怎样实施教育指明了方向。在民族教育地方政策生成的具体活动过程中，各政策主体应坚持这一新的育人要求。

（二）新时代国家发展战略的教育要求

2013 年我国提出了"一带一路"① 倡议，这是我国发展战略，它推动着世界经贸、生态环境、文化教育等多方面的合作，同时也赋予了我国西北边疆地区和东南方向边疆地区以及毗连区域新的战略意义，对我国边境民族地区教育发展产生重大影响，边境民族地区教育因此而成为边境地区民族团结和社会稳定的战略性、关键性问题。② 随着我国"一带一路"倡议的进一步推进，许多民族地区成了发展的前沿阵地，有的民族地区注重抓住这一发展机遇，积极探索加强与邻国或周边地区不同国家进行教育交流与合作，在合作中提高民族地区教育的办学影响力，不断积累民族地区国际教育合作与人才培养的经验，为"一带一路"倡议的进一步实施创造一个文明和谐的社会环境提供人才支撑。③ 因此，在这样的时代背景下，需要民族地区积极主动探索，及时制定和实施相应的教育政策，为国家积累教育政策经验。

五、新时代铸牢中华民族共同体意识的现实需要

进入新时代以来，我党明确提出了"铸牢中华民族共同体意识"这一命题，这是党为顺应时代发展而明确提出的理念和新任务，目前这一命题

---

① "一带一路"（The Belt and Road，缩写 B&R）是"丝绸之路经济带"和"21 世纪海上丝绸之路"的简称，是中国国家主席习近平于 2013 年 9 月、10 月分别提出的合作倡议。其贯穿亚欧非大陆，会员覆盖 136 个国家或地区，陆上依托国际大通道，海上以重点港口为节它将充分依靠中国与有关国家既有的双多边机制，借助既有的、行之有效的区域合作平台，积极发展与沿线国家的经济合作伙伴关系，共同打造政治互信、经济融合、文化包容的利益共同体、命运共同体和责任共同体。

② 刘复兴. 做好与"一带一路"战略相适应的教育政策规划研究 [J]. 比较教育研究，2015，（6）：8.

③ 王鉴. "一带一路"与民族教育发展的新机遇 [J]. 中国民族教育，2017，（1）：37.

已成为民族问题研究和民族教育研究领域的重点和热点之一。党的十八大以来，习近平总书记对"铸牢中华民族共同体意识"的相关问题作了系列重要论述。"铸牢中华民族共同体意识"的明确提出顺应了我国民族工作的时代发展，符合民族工作应遵循的一般规律，反映出建成一个更加强大而又具有更强的凝聚力、向心力的中华民族共同体的理想追求和工作要求，成为我国民族事业发展的指导思想。① 它的提出蕴藏着独特的意义，这充分体现了党中央新时代民族工作的新内涵和重大历史使命，② 反映出我国民族团结教育的话语时代变化与时代新要求，开辟了新时代民族团结教育思想的新境界，巩固和提升了民族团结教育的地位，突出了民族团结教育的时代性特征，确立民族团结教育内容的新重心，对我国民族团结教育具有重要意义。因此，要引导学生正确认识铸牢中华民族共同体意识的重要意义，将中央铸牢中华民族共同体意识的精神要求转化成为民族教育地方政策内容，在民族教育地方政策生成的具体活动中落实其精神要求，为培育出能够自觉担当起"铸牢中华民族共同体意识"的时代新人，使一代代学子成为"铸牢中华民族共同体意识"的促进者、维护者，为"铸牢中华民族共同体意识"贡献力量。

---

① 刘灿. 新时代铸牢中华民族共同体意识的借鉴——《教育与族群认同：贵州石门坎苗族的个案研究》述评及启示 [J]. 民族高等教育研究，2020（02）：39.
② 王延中. 铸牢中华民族共同体意识建设中华民族共同体 [J]. 民族研究，2018（01）：4.

第四节 民族教育地方政策生成的法律依据

我国《宪法》①《民族区域自治法》② 等有关法律法规已经做出了支持、允许和鼓励地方管理和发展本地区民族教育事业的规定，因此民族地区应该基于国家现有的法律法规来制定、执行、调整完善本地区的教育政策，更好地保障本地区少数民族学生的受教育权和持续推进民族地区文教事业繁荣发展，更好地承担自我发展教育的责任，推动民族教育事业发展。

一、管理和发展本行政区域内民族教育的权力限度

（一）允许民族地区依法制定和实施教育政策法规

首先，民族地区根据法律规定行使自治权而制定民族自治条例或单行条例。我国《宪法》第一百一十六条做出了这样的规定，即民族自治地方

---

① 《中华人民共和国宪法》第一百一十九条："民族自治地方的自治机关自主地管理本地方的教育、科学、文化、卫生、体育事业，保护和整理民族的文化遗产，发展和繁荣民族文化。"

② 《中华人民共和国民族区域自治法》第三十六条："民族自治地方的自治机关根据国家的教育方针，依照法律规定，决定本地方的教育规划，各级各类学校的设置、学制、办学形式、教学内容、教学用语和招生办法。"《中华人民共和国民族区域自治法》第37条："民族自治地方的自治机关自主地发展民族教育，扫除文盲，举办各类学校，普及九年义务教育，采取多种形式发展普通高级中等教育和中等职业技术教育，根据条件和需要发展高等教育，培养各少数民族专业人才。民族自治地方的自治机关为少数民族牧区和经济困难、居住分散的少数民族山区，设立以寄宿为主和助学金为主的公办民族小学和民族中学，保障就读学生完成义务教育阶段的学业。办学经费和助学金由当地财政解决，当地财政困难的，上级财政应当给予补助。招收少数民族学生为主的学校（班级）和其他教育机构，有条件的应当采用少数民族文字的课本，并用少数民族语言讲课；根据情况从小学低年级或者高年级起开设汉语文课程，推广全国通用的普通话和规范汉字。各级人民政府要在财政方面扶持少数民族文字的教材和出版物的编译和出版工作。"

的人民代表大会可以根据本地区民族的政治、经济以及文化特点制定自治
条例和单行条例，并按照法律规定的程序和要求报相应权力机关的常设机
关批准后生效，其中自治州、自治县制定的自治条例和单行条例还需报最
高权力机关的常设机关备案。① 此外，从《民族区域自治法》第十九条②
的内容来看，它做出了与《宪法》第一百一十六条相同的规定。因此，我
国民族地区可以依据《宪法》和《民族区域自治法》相应的条款，结合本
地区实际而依法制定民族自治条例，并在民族自治条例中规定和反映本地
区教育发展与规划的内容，或者依法直接制定出民族教育单行条例。

　　其次，民族地区根据相关法律规定而制定适用与本地区的地方性法规
或规章。《地方各级人民代表大会和地方各级人民政府组织法》第 10 条允
许省、自治区、直辖市的人民代表大会常务委员会，在不同宪法、法律、
行政法规相抵触的前提下，可以依法制定和颁布地方性法规，并按照法律
规定的程序和要求报相应权力机关的常设机关和行政机关备案；设区的市
的人民代表大会常务委员会，也可以根据具体情况和实际需要，在不同宪
法、法律、行政法规和本省、自治区的地方性法规相抵触的前提下，依法
制定地方性法规，并按照法律规定的程序和要求报相应权力机关的常设机
关批准后实施，而且要依照法律规定的程序和要求报规定的权力机关的常

①　《中华人民共和国宪法》第一百一十六条："民族自治地方的人民代表大会有权依照
当地民族的政治、经济和文化的特点，制定自治条例和单行条例。自治区的自治条
例和单行条例，报全国人民代表大会常务委员会批准后生效。自治州、自治县的自
治条例和单行条例，报省或者自治区的人民代表大会常务委员会批准后生效，并报
全国人民代表大会常务委员会备案。"

②　《中华人民共和国民族区域自治法》第十九条："民族自治地方的人民代表大会有权
依照当地民族的政治、经济和文化的特点，制定自治条例和单行条例。自治区的自
治条例和单行条例，报全国人民代表大会常务委员会批准后生效。自治州、自治县
的自治条例和单行条例报省、自治区、直辖市的人民代表大会常务委员会批准后生
效，并报全国人民代表大会常务委员会和国务院备案。"

设机关和行政机关备案。① 《地方各级人民代表大会和地方各级人民政府组织法》第七十四条做出了对地方人民政府可以依法制定规章的规定，即允许省、自治区、直辖市的人民政府可以依法制定规章，并按照法律规定的程序和要求报相应行政机关和权力机关的常设机关备案；设区的市的人民政府也可以依法制定规章，并按照法律规定的程序和要求报相应行政机关和权力机关的常设机关备案。② 所以民族地区除了根据法律规定在行使自治权的过程中制定在本地区实施的教育政策法规，还可以根据法律赋予地方的权利，依照法定程序制定在本区域内实施的教育政策法规，这是法律赋予民族地区发展教育权利的又一体现。

（二）民族地区可依法变通或补充国家教育政策与法律法规

首先，自治条例和单行条例可依法对法律、行政法规的规定作出变通规定。我国《中华人民共和国立法法》第七十五条、第九十条做出规定，即允许民族自治地方在依法制定自治条例和单行条例的过程中，按照法律规定的程序要求，在不违背法律限制性规定的条件下，可以依照当地民族

---

① 《中华人民共和国地方各级人民代表大会和地方各级人民政府组织法》第十条："第十条 省、自治区、直辖市的人民代表大会根据本行政区域的具体情况和实际需要，在不同宪法、法律、行政法规相抵触的前提下，可以制定和颁布地方性法规，报全国人民代表大会常务委员会和国务院备案。设区的市、自治州的人民代表大会根据本行政区域的具体情况和实际需要，在不同宪法、法律、行政法规和本省、自治区的地方性法规相抵触的前提下，可以依照法律规定的权限制定地方性法规，报省、自治区的人民代表大会常务委员会批准后施行，并由省、自治区的人民代表大会常务委员会报全国人民代表大会常务委员会和国务院备案。省、自治区、直辖市以及设区的市、自治州的人民代表大会根据区域协调发展的需要，可以开展协同立法。"

② 《中华人民共和国地方各级人民代表大会和地方各级人民政府组织法》第七十四条："省、自治区、直辖市的人民政府可以根据法律、行政法规和本省、自治区、直辖市的地方性法规，制定规章，报国务院和本级人民代表大会常务委员会备案。设区的市、自治州的人民政府可以根据法律、行政法规和本省、自治区的地方性法规，依照法律规定的权限制定规章，报国务院和省、自治区的人民代表大会常务委员会、人民政府以及本级人民代表大会常务委员会备案。依照前款规定制定规章，须经各该级政府常务会议或者全体会议讨论决定。"

的特点，对法律和行政法规的规定做出变通规定，并在本地区适用。① 从我国有关法律规定的内容来看，民族自治地方在制定自治条例和单行条例的过程中，可以依法对法律、行政法规、地方性法规作变通规定，使其更加符合于本地区的现实需要和实际情况，有助于法律、行政法规、地方性法规中有关教育规划发展的内容在本地区得以贯彻落实，为有效推进本地区教育事业发展提供保障。

其次，民族自治地方根据本地区实际情况和现实需要可依照法律规定对有关事项制定补充规定和具体的办法。如在我国《民族区域自治法》第33条就做出了这样的规定，即允许民族自治地方的自治机关在不违背国家规定的原则的前提条件下，结合本地区的具体实际情况，对涉及本地区各项开支标准、定员、定额的事项做出补充规定和制定具体办法，自治区制定的补充规定和具体办法需按照法律规定的程序和要求报最高行政机关备案，自治州、自治县制定的补充规定和具体办法则须报省级行政机关批准。②《民族区域自治法》的这一规定，为民族地区制定实施经费保障等教育政策提供了法律依据，为民族地区教育事业发展提供保障。

---

① 《中华人民共和国立法法》第七十五条："民族自治地方的人民代表大会有权依照当地民族的政治、经济和文化的特点，制定自治条例和单行条例。自治区的自治条例和单行条例，报全国人民代表大会常务委员会批准后生效。自治州、自治县的自治条例和单行条例，报省、自治区、直辖市的人民代表大会常务委员会批准后生效。自治条例和单行条例可以依照当地民族的特点，对法律和行政法规的规定作出变通规定，但不得违背法律或者行政法规的基本原则，不得对宪法和民族区域自治法的规定以及其他有关法律、行政法规专门就民族自治地方所作的规定作出变通规定。"
《中华人民共和国立法法》第九十条："自治条例和单行条例依法对法律、行政法规、地方性法规作变通规定的，在本自治地方适用自治条例和单行条例的规定。"
《中华人民共和国立法法》第八十七条："宪法具有最高的法律效力，一切法律、行政法规、地方性法规、自治条例和单行条例、规章都不得同宪法相抵触。"
② 《中华人民共和国民族区域自治法》第三十三条："民族自治地方的自治机关对本地方的各项开支标准、定员、定额，根据国家规定的原则，结合本地方的实际情况，可以制定补充规定和具体办法。自治区制定的补充规定和具体办法，报国务院备案；自治州、自治县制定的补充规定和具体办法，须报省、自治区、直辖市人民政府批准。"

二、民族地区学生公平接受教育的权利保障

我国不仅重视给予民族地区自我发展教育的权力，而且还针对民族地区和少数民族的特殊情况而实施特别的保护措施和优惠的政策，给予少数民族受教育权的特别保护。① 从我国民族地区教育发展的角度分析，它存在着两方面的特殊性需要给予特别的保护：一方面是在长期的历史发展过程中，民族地区始终处于发展的薄弱地带，即便从当今社会来看民族地区也还是人才严重流失之地，所以仍然需要对民族地区实施倾斜政策，弥补其发展的先天不足，促进民族地区学生公平地接受教育；另一方面是民族地区人文地理环境的特点，因此在发展教育的过程中承认和适当保护民族地区地理环境的特殊性和已经形成的民族传统或民族语言、信仰等方面的差异性，并采取特殊性和差异性的教育政策，从而保障民族地区学生平等地接受教育。因此，民族地区在落实国家保障少数民族受教育权已有政策的同时，还可以通过完善本地区的教育政策法规，加大对民族地区学生受教育权的保护力度。

（一）对民族地区实施保障性政策

在党和国家的大力支持下，虽然民族地区教育的硬件设施已基本跟上了现代化、信息化的时代要求，但民族地区发展还是相对滞后，这不仅表现在文化教育与现代科技教育的滞后，而且在经济发展上也滞后于发达地区，因此造成了教育经费的投入不足，而且这些问题还将会长期存在。正是基于这样的现实，国家一边持续加大对民族地区的扶持，并采取了系列保障性政策措施，而且强调民族地区也要保障教育经费的投入。

首先，持续加大对民族地区教育经费的投入，并且国家在法律法规和教育发展规划中予以明确的规定。例如，《中华人民共和国民族区域自治法》《关于加快发展民族教育的决定》都强调加大对民族地区的教育投入。

---

① 周勇. 少数人权利的法理 ［M］. 北京：社会科学文献出版社，2002：18.

而且为缓解民族地区教育发展的经费压力，中央不仅直接加大了教育经费投入，还采取转移支付的方式化解学校债务，民族地区取得了跨越式的发展，教育基础设施、校园环境规划建设等方面提升到全国教育发展的平均水平。

其次，持续加大对民族地区的人才培养和充实民族地区的师资力量。长期以来国家非常重视对少数民族干部和民族地区专业技术人才的培养，并采取了灵活多样的人才选拔和培养方式，在民族地区招生方面实施了少数民族骨干计划，在对少数民族招生方面则实施预科教育政策和加分政策，而且对在校就读的少数民族学生同样采取助学金、奖学金、生活补助的措施，给予少数民族学生生活上的特别照顾，为他们顺利完成学业提供条件保障[1]。在充实民族地区师资力量方面，国家重视民族地区师资队伍的发展壮大，注重提高民族地区教师的教学能力，加大对民族地区教师培训，选拔优秀毕业生、重点师范大学毕业的免费师范生到民族地区从事教育教学工作。

当前，民族地区应抓住国家对少数民族学生及民族地区人才培养、师资培养培训等保障性政策，落实政策措施，并制定配套政策，为民族地区教育发展跃上新的台阶贡献应有的力量。

（二）采取特殊性政策

党和国家为促进民族教育事业发展，除了对民族地区采取一些优惠性政策，还采取了特殊性政策，为民族地区学生公平接受教育的权利提供保

---

[1] 《民族区域自治法》规定："民族自治地方的自治机关自主地发展民族教育，扫除文盲，举办各类学校，普及九年义务教育，采取多种形式发展普通高级中等教育和中等职业技术教育，根据条件和需要发展高等教育，培养各少数民族专业人才。各级人民政府和学校应当采取多种措施帮助家庭经济困难的少数民族学生完成学业。民族自治地方的自治机关为少数民族牧区和经济困难、居住分散的少数民族山区，设立以寄宿为主和助学金为主的公办民族小学和民族中学，保障就读学生完成义务教育阶段的学业。办学经费和助学金由当地财政解决，当地财政困难的，上级财政应当给予补助。"

障：一方面是注重加强对民族教育的管理，明确民族地区各级政府是本地区教育发展的责任主体，建立健全的民族教育的协调工作机制，进一步推动民族地区教育的跨区域协作能力的提升，提高本地区民族教育的发展能力；另一方面创办各级各类民族学校，《中华人民共和国宪法》表明允许民族地区存在一定差异的办学方式，而且还支持民族地区结合本地区特点建立不同类型的教学单位，采取灵活多样的办学形式，满足民族地区不同学生的学习需要，提高民族地区中小学的入学率。此外，要求深化课程改革和教学改革，支持加强民族教材建设，将民族文化融入学校教育教学的内容之中。例如，《民族区域自治法》《教育法》等法律法规明确规定要保障少数民族自由地使用本民族语言文字，在保障汉语言文字为学校教育的基本语言文字的前提条件下，少数民族集中的学校可选择采用少数民族文字课本，以及教师在开展教学活动的过程中可以使用本地区的少数民族语言，这样不仅兼顾各少数民族学生的文化背景，也更加有助于少数民族学生顺利地学习和掌握老师所教的学习内容，还为学生接触不同文化知识提供了机会。[1]

本章小结

本章主要研究和探讨民族教育地方政策生成的依据问题，分别从理论、历史、现实和法律规约四方面详细展开论述，较为全面地回答了为什么要支持、鼓励、倡导地方通过自主制定、执行、调整完善本地区的民族教育政策来推进本地区民族教育发展这一基本命题。在上述内容中，不论是理论上的探讨，还是对其历史发展逻辑和现实需要的阐述，以及对国家法律法规内容的归纳，其旨趣在于为民族教育地方政策生成的合理性与合法性找寻依据和意义，从而能够达成更为广泛的共识，获得更多的支持和

---

[1]　熊文钊. 少数民族受教育权保护研究 [M]. 北京：中央民族大学出版社，2010：63.

肯定，提高对民族教育地方政策生成的重视程度，同时还能够在一定程度上对民族教育地方政策生成提供价值引领，使民族教育地方政策在工具理性与价值理性中趋于平衡，更好地保护少数民族的受教育权，进一步推进民族教育事业发展。

诚然，我国已把地方管理和发展本地区民族教育的权力和职责上升为国家意志，并通过法律法规的形式予以明确，强调地方的主体性，并负有发展本地区少数民族教育的权利和职责，为少数民族平等地接受教育提供了法律依据。但值得注意的是"法律对基本权利的承认，可能只是提供了行使权利的形式机会，并不是实际的机会"。① 这也就给人们一个警醒，即法律上的权利能否行使及其实现的程度，还会或多或少地受到法律以外的因素影响和制约，从而有可能会出现教育不公平现象。所以，我们更要关注实践中是否兑现少数民族受教育权的实质平等，发挥地方政府在教育政策活动中的主导作用，民族自治地方不仅要细化落实国家法律法规给予少数民族特别的保护措施，因地制宜地制定、执行和不断调整完善本地区民族教育政策，而且要根据国家赋予民族地区的自主发展教育权，科学合理地组织制定、执行和调整完善本地区民族教育政策，充分运用政策的灵活性特点，切实维护少数民族平等地接受教育，促进本地区教育事业发展。

---

① ［美］E·博登海默. 法理学——法哲学及其方法 ［M］. 邓正来，译. 北京：华夏出版社，1987：283.

第二章　民族教育地方政策生成过程

政策过程是由一系列活动环节所构成的，这已成为公共政策学界的共识，但政策研究者们对政策过程研究的关注点各有侧重，对于政策过程具体包括哪些活动环节亦存在不同的观点。从政策实践的现实角度来说，任何一项有研究意义的政策都必然包含政策制定、政策执行、政策调整完善这三个基本阶段，而且政策执行与政策调整完善通常是一个循环互动的过程，直至政策问题解决。所以本章运用公共政策过程分析理论，把民族教育地方政策生成过程切割为政策制定过程、政策执行过程和政策调整完善过程这三个阶段，对参与政策活动过程中的主体在政策生成过程的作用进行具体的分析，并结合具体案例政策，分别对案例政策制定过程、政策执行过程和政策调整完善过程加以研究，呈现民族教育地方政策生成过程的真实情景，反映民族教育地方政策生成过程中存在的问题和困难。

第一节　民族教育地方政策主体的构成

在政策的话语中，那些参与政策过程的人士、组织和群体被称为政策主体。① 政策生成过程的每一阶段都有不同的主体参与其中，他们直接或

---

① ［美］弗朗西斯·C. 福勒. 教育政策学导论［M］. 许庆豫译. 南京：江苏教育出版社，2007：129.

间接地参与政策的每一个阶段活动，彼此之间通过政治互动，对政策发挥不同的作用。民族教育地方政策生成，是民族地区自主、自觉地组织领导制定、执行和调整完善本地区教育政策的过程，在政策生成过程中存在不同的政策主体，他们对政策生成产生不同的影响。根据公共政策研究的不同观点把政策主体分为不同的类型，例如西方政策研究者安德森从政策主体身份性质划分为官方决策者和非官方决策者两大类。① 还有的研究者根据政策主体在政策活动过程中的不同的地位、作用及其影响，划分为直接的政策主体和间接的政策主体。本研究主要借鉴胡象明教授、范国睿教授等的研究观点，结合我国民族教育地方政策生成过程，把民族教育地方政策主体划分为民族教育地方政策官方主体和民族教育地方政策非官方主体而具体加以分析。

一、民族教育地方政策官方主体

民族教育地方政策官方主体掌握着地方权力资源，是民族教育地方政策决策的核心力量，对民族教育地方政策生成发挥主导作用。根据我国机构设置和职能的划分，我们认为它主要包括政党地方组织、地方政权组织和人民团体的地方组织。

（一）政党地方组织

现代国家的政治统治本质上是政党政治，政党的政策功能贯穿政策过程始终，成为政策主体中的核心因素之一。目前，世界上的国家大致存在一党制、多党制和一党领导下的多党合作制三种政党组织结构，② 但无论是哪一种政党结构，国家或政府的政策都可看作是政党政策的一种反映。我国的政党组织结构是中国共产党领导下的多党合作制，在这样的政党结

---

① ［美］詹姆斯·E·安德森. 公共政策［M］. 谢明，唐亮，译. 北京：华夏出版社，1990：44-58.

② 胡象明. 地方政策分析：体制、文化与过程［M］. 武汉：武汉大学出版社，1994：51-52.

构中，政策活动过程中除了有执政党共产党外，还有其他各民主党派，中国共产党不仅对国家和政府机关处于领导地位和主导地位，而且其他民主党派处于被领导的地位和从属地位。当然，中国共产党在整个政党组织体系中的核心领导地位，也就决定了中国共产党的地方党委在民族教育地方政策生成过程中处于核心领导地位，其他民主党派的地方组织都有权利参与政策活动，并且是民族教育地方政策主体中的组成部分，他们通常不是以反对的角色出现，而是以参与、合作、提供建议和意见的角色出现，不过在民族教育地方政策生成过程中必须接受党委领导。具体而言，中国共产党地方党委和其他参政党团的地方组织在民族教育地方政策生成中会各自发挥什么样的作用呢？结合现实制度的规定来看，不同的政党地方组织应该可以发挥以下不同的作用。

1. 中国共产党地方党委对民族教育地方政策生成的作用

中国共产党地方党委在民族教育地方政策生成过程的作用应体现在三方面。一是根据中央、上级党委和上级地方政权机关的政策，尤其是民族政策、教育政策和民族教育政策的精神和要求，结合本行政区域内实际情况，行使教育管理和决策的领导权，组织领导有关本地区民族教育事业发展的重大事项，对本地区重大的民族教育政策的制定、执行和调整完善过程进行指导。二是在民族教育地方政策的整个过程中自始至终贯穿着地方党委的统一领导和统筹协调，本级地方国家政权机关制定和实施民族教育政策都要以中央和中国共产党地方党委的宏观政策为依据，而且重大的民族教育地方政策在正式通过之前都要报请中国共产党地方党委批准。三是中国共产党地方党委直接或间接地监督同级地方行政机关和下级地方党委的政策活动。我国行政机关是国家权力机关的执行机关，就党政关系而言，党组织是领导机关，行政机关是被领导机关，地方党政关系亦是如此。① 所以，地方行政机关在执行上级行政机关的指示、同级地方党委的决策和同级地方人大的决议的时候，要接受地方党委的监督。而且，下级

---

① 胡象明. 地方政策分析：体制、文化与过程［M］. 武汉：武汉大学出版社，1994：56-57.

地方党委受到上级地方党委的领导和监督，即下级地方党委对本区域内的民族教育发展做出重大决策之时必须向上级党委请示或报告，必要时须征得上级党委同意才能做出最终决定。

2. 参政党地方组织对民族教育地方政策生成的作用

我国是中国共产党领导下的多党合作政党制度，中国共产党与其他各民主党派是一种领导与合作、执政与参政议政的关系，其他各民主党派有参政与议政的权利。① 此外，各民主党派还具有监督行政机关行使权力活动的权利，或对行政机关的决策提供建议。因此，各民主党派的地方组织自然有权利参与地方的重大决策活动，发挥其参政议政的作用，为地方行政机关行使权力、做出决策提供建议，其中对民族教育地方政策生成的作用也是显而易见的，可简要概括为两方面。一是议政建言的作用，各民主党派基于调查研究而为地方党委、地方权力机关和地方行政机关提出政策建议，监督本区域内民族教育地方政策的执行情况，发挥民主党派"智库"作用，为调整完善本地区民族教育政策提供建议，促使本地区的民族教育政策更加科学规范。二是发挥民主协商的作用，虽然中国共产党地方党委处于地方领导的核心地位，但中国共产党地方党委在进行地方重大决策的时候，并不是一党说了算，而是通常在做出决策的过程中召集各民主党派的负责人参与座谈讨论，或通过政协这种政治形式和组织形式参与协商，广泛听取各方意见，各民族党派对其中不合理的地方进行批评或提出反对意见，并提出改进和完善的建议。当然，在民族教育地方政策生成过程中亦是如此。

（二）地方政权组织

地方政权机关是为了确保国家政策得到有效贯彻实施，对本地区的政治、经济、社会事务进行有效的管理而设置的地方国家机构，承担着对本地区物质文明、精神文明、政治文明、生态文明建设的职责。所以，地方

---

① 胡象明. 地方政策分析：体制、文化与过程 [M]. 武汉：武汉大学出版社，1994：61-62.

政权机关根据国家政策要求，结合本地区客观实际，对本地区内部事务进行管理和决策，具体地组织实施国家政策。根据我国政权机关组织结构，可以将我国地方政权机关划分为地方权力机关、地方行政机关和地方司法机关。

1. 地方权力机关对民族教育地方政策生成的作用

我国地方权力机关，也就是地方人民代表大会，在地方政权组织体系中处于核心地位，发挥着把地方的民族教育政策法律化等方面的作用，当然能够对民族教育地方政策生成产生重要的影响，具体体现为以下三方面。一是地方人民代表大会及其常务委员会有提出政策法律化议程的权力。在地方各级人大举行会议期间，主席团、常委会、各专门委员会可以向本级人大提出属于本级人大职权范围内的议案，并由主席团决定提交人大会议审议，或者提交有关的专门委员会审议、提出报告，再由主席团审议决定提交大会表决，在有关机关或人大代表所提交的这些提案中，凡是涉及民族教育的内容，其实质都是民族教育地方政策法律化的议程，有可能启动政策法律化的程序。二是对本级人大各专门委员会独立完成的草案以及地方政府、其他部门或其他机关的政策草案进行审议、修改、通过和颁布，所以事关地方民族教育重要事项的法律要经由地方人大审议通过和公布。三是行使政策监督权，保证民族教育政策与法律法规得以有效地实施。

2. 地方行政机关对民族教育地方政策生成的作用

行政机关即狭义上的政府，是管理国家公共事务、执掌国家行政权的机关。[1] 美国政策科学研究专家詹姆斯·E. 安德森认为，在以行政为中心的时代，不仅在政策制定的过程，而且在政策执行的过程，从根本上来说，政府效能的高低应取决于行政领导。[2] 这种观点虽有夸大之嫌，但却反映出行政机关特别是行政首长在众多政策主体中的地位和作用正日益凸

---

[1] 范国睿. 教育政策的理论与实践 [M]. 上海：上海教育出版社，2011：50.

[2] [美] 詹姆斯·E·安德森. 公共政策 [M]. 谢明，唐亮，译. 北京：华夏出版社，1990：49.

显。在我国的《宪法》中有这样的规定，地方各级人民政府是地方各级国家行政机关，是地方各级国家权力机关的执行机关。因此，我国地方行政机关在政策制定、执行和调整完善的过程中发挥着重要的作用。总体来看，在民族教育地方政策生成过程中，地方行政机关的作用应体现在这三方面。一是地方行政机关在行政管理过程中，有权制定民族教育地方政策规章和其他规范性文件，对民族教育地方行政部门提出的民族教育政策进行审议，而且从我国地方政治实践来看，地方行政首长处于地方党委书记之后的二号人物，因此地方行政机关在重大决策中发挥着重要作用，它是地方重大决策中不可或缺的主体之一，它有权参与研究、讨论、决定本行政区内有关民族教育发展的重大事项。二是执行上级和本级地方人大的有关民族教育政策，地方行政机关是中央或上级行政机关的下属机关，又是地方同级权力机关的执行机关，因此地方行政机关要把观念形态的政策转化为现实形态的政策，建立政策执行领导协调机构，形成政策方案，落实政策任务分解，提供政策资源保障，高效、及时、准确地完成政策任务。三是监督民族教育政策执行，各级地方行政机关拥有对民族教育管理部门和下级行政机关进行监督政策执行的权力，确保政策贯彻执行，同时可以针对民族教育地方政策在执行中出现的问题予以指导，为政策调整完善提出建议。

3. 地方司法机关对民族教育地方政策生成的作用

我国的司法机关即审判机关和法律监督机关，主要包括法院和检察院两个机构，各级司法机关主要行使审判权和法律监督权，从这个角度来看，各级司法机关在教育政策生成过程中并不直接产生影响或发挥作用，而且从我国司法实践活动来分析，也没有像英美法系国家那样，司法判例被援引直接构成公共政策。不过，这也并不是说地方司法机关就没有参与地方教育政策活动过程的权利。事实上，我国地方司法机关从属于地方国家权力机关，可以直接参与地方的重大事项决策过程，也就是说，地方重大政策的制定过程特别是政策法律化的过程必须有司法机关的参与。此外，地方司法机关具有监督地方行政机关的职能，可以监督地方教育行政管理部门在制定政策、执行政策和调整完善政策中是否有违国家法律，监督其行使教育行政管理权是否合法，并且通过地方行政案件的审判活动或法律监督来维护教育法律法规的权威和教育利益相关者的利益。

（三）人民团体地方组织

国内人民团体属于群众组织，它们在中国共产党的领导下有组织、有纪律地进行公益性活动或参与社会事务管理活动，发挥其独特的社会作用，在一定程度上起到联系官方与民间的桥梁与纽带作用。其中中国共产主义青年团、工会、妇女联合会等人民团体是"官方性质"的组织，它们分布是在民族地区的地方性组织，与当地的党委和政府联系紧密，长期关注本地区特定群体的利益和民生发展等社会问题。从它们的主要职能来看，它们对民族教育地方政策的作用主要表现在两方面。一是当所关注的社会问题涉及本地区特殊群体教育利益问题的时候，它们可以进行调查并向地方党委或政府反映真实详情，提出解决问题的建议，为进一步完善本地区民族教育政策提供参考建议。二是当教育政策涉及所关心关注群体利益的时候，人民团体地方组织可以将它们所知悉的信息传递给教育利益相关者，并可以组织它们联系的群众学习教育政策的有关信息，让群众了解和熟悉教育政策。

二、民族教育地方政策非官方主体

教育政策非官方主体来源也比较广泛，指那些虽然没有明文规定要让它们在教育政策活动中承担法定责任的个体、团体组织或群体。在民族教育地方政策生成的具体活动过程中，它们也能够凭借自身优势发挥作用，从而促进教育政策官方主体更加积极合理地履行职责。教育政策非官方主体主要包括大众传媒、人民群众、民族教育地方政策专业咨询机构等。

（一）大众传媒

大众传媒以印刷、无线传媒、有线服务、在线服务和互联网等媒介形式参与社会文化、政治和经济活动。大众传媒具有传播信息量大、传播速度快、传播方式多样、传播面广等特点和优势，对政策活动过程的各个环节都能够产生影响。

1. 提高公众和决策者对政策问题的认知度

在政策的制定过程中，媒体可以持续地讨论某一个几乎不被公众和决策者察觉或关注的问题，由此形成一定的政策舆论导向，提高公众对政策问题的认知程度，从而使媒体所关注的一些问题容易成为公众和决策者们所关注的问题，使社会问题被列为政策问题范围而加以考虑和研究。

2. 解释宣传政策的作用

在政策制定之后，借助媒体信息传播优势，向广大公众宣传政策内容，营造有利的舆论氛围，使公众及时了解政策。而且媒体可以跟踪宣传报道政策的执行过程，对政策成果进行宣传报道，提高政策公众知晓度，促进公众的广泛参与。

3. 监督政策的作用

媒体的监督作用贯穿于政策过程的每一个活动环节，媒体的公开报道增加了政策制定过程的透明度，可以及时有效地纠正或阻止政策制定过程中可能出现的违规行为。而且媒体对政策执行过程的监督，可以提高政策执行力度和效能，揭露和纠正政策执行偏差，规范地方官员政策执行行为，使政策在地方真正得到落实。此外，媒体监督还可以暴露政策环境可能存在的问题，发现政策本身的缺陷，分析政策执行的阻滞因素，集中反映政策对象的利益诉求，对政策的调整完善提供有价值的参考建议。

综上所述，大众传媒对政策能够产生积极的作用，在网络数字化、信息化时代，也充当了教育政策主体中的重要角色。所以，大众传媒参与民族教育地方政策生成过程是未来的一种趋势，科学和民主的决策需要大众传媒助力。

（二）人民群众

我们国家的权力来源于人民，我们的发展是为了人民，而且发展要依靠于人民。因此，人民群众是我国社会主义社会各项事业建设的依靠力量，我国各项事业建设活动都存在着人民群众的身影，当然国家各项社会事业的发展最终也是为了惠及人民群众。从民族教育地方政策主体构成来看，人民群众是民族教育地方政策主体之中一个比较特殊的存在，它不仅来源广泛，而且还有可能是政策直接作用的对象，他们当中的部分成员与政策中包含的利益诉求也紧密地联系在一起。从我国政治制度的要求来看，应当让人民群众中的代表参与到民族教育地方政策过程的具体活动之中，人民群众代表通过一定的组织方式和程序，可以直接或间接地参与到民族教育地方政策生成过程中，反映自身教育利益诉求，发挥监督作用和建言献策作用，影响和作用于民族教育地方政策决策机关的行动。

（三）民族教育地方政策专业咨询机构

民族教育地方政策专业咨询机构是指独立于地方政府之外的专门从事教育政策研究的机构和学术团体。一般来说，民族教育地方政策专业咨询机构主要是设置于高等院校、科学研究部门的政策研究机构或学术组织，它们具有独立研究、忠于学术和客观事实的特性。民族教育政策专业咨询机构在本地区内有针对性地开展长期性的民族教育政策专题研究，或短期急需解决的民族教育政策专题研究，参与民族教育政策制定、执行和调整完善过程，为民族教育地方政策的科学性和有效性贡献专业智慧。

从上面的分析来看，参与民族教育地方政策的主体是多元的，且来源广泛，不同主体在民族教育地方政策生成过程中能够发挥不同的作用。从理想愿望的角度来说，不同的民族教育地方政策主体都应该能够基于促进本地区民族教育发展、满足受教育者在教育领域的利益诉求、维护民族团结而做出行为选择，在民族教育地方政策生成过程中遵循政策活动的程序和按照政策科学规律采取行动，保证政策活动的理性和有序进行。

第二节 民族教育地方政策制定过程

教育政策是一个动态的过程,是整个政策动态过程的逻辑起点,它有自身的运行程序,其中内含着一系列的过程性和动态性活动。不同政策研究者对政策制定过程具体包括哪些程序活动可谓是仁者见仁智者见智,但在政策制定过程的基本问题上又有共同的认识。本研究依据政策制定活动过程所发生的先后顺序,把民族教育地方政策制定过程细分为政策问题确认、政策方案设计与选择、政策合法化三个阶段,并以"应然"的民族教育地方政策制定过程和"实然"的政策制定过程相结合的分析方式,具体分析案例政策制定过程的各个阶段,呈现个案政策的真实状况,反映民族教育地方政策制定过程的一些基本问题。

一、民族教育地方政策问题确认

教育政策问题的确认是教育政策制定的前提,是政策制定的第一步,那么教育政策问题是因何而产生的呢?辩证唯物主义观点认为,矛盾无时不在、无时不有,矛盾是事物发展的动力和原因,每个社会都会有这样或那样的问题,在教育领域里亦是如此,教育领域问题的存在,也是教育事业向前发展的基本动力。可以说,只要有教育活动现象存在,就会存在教育问题,自然就会存在教育政策问题。从教育政策的本质上来说,教育政策以解决教育问题或实现教育价值诉求为根本目的。然而,在教育领域里所存在的诸多问题中,并非所有的问题都能成为教育政策问题,那么哪些教育问题会被纳入教育政策范畴,成为教育政策问题呢?正如美国政策研究专家查尔斯·林德布洛姆所言,"决策者所面对的并不是一个既定的问题,相反,决策者必须首先认定他们真正面对的问题及其产生的原因。"①

---

① [美] 查尔斯·林德布洛姆. 决策过程 [M]. 竺乾威,胡君芳,译. 上海:上海译文出版社,1988:49.

也就是说，只有那些被地方民族教育决策机关察觉到、感受到和认同的，并将要解决的问题才能称为民族教育地方政策问题，由此可见，民族教育地方政策问题的提出或确认暗含着决策机关的主观判断和价值选择。

（一）民族教育地方政策问题的来源

民族教育地方政策问题是指各级地方的教育决策机关对本区域内已认知到并试图要解决的客观存在的民族教育问题，这些政策问题影响的地域主要涉及国家一定的民族地区。具体而言，民族教育地方政策问题来源于这三方面：一是中央或上级教育政策的调整变化，从而引起新的民族教育地方政策问题；二是民族地区执行上级或中央教育政策不力，从而引起新的教育政策问题；三是民族地区经济社会发展变化，导致新的教育问题产生。可见民族教育地方政策问题的来源是非常广泛的，当然不论民族教育地方政策问题源于何处，都需要教育决策者主动地发现政策问题、提出政策问题，认真解决，这也是民族教育地方政策制定过程能顺利推进的基础。

（二）民族教育地方政策问题的提出

民族教育地方政策问题的提出是民族教育地方政策决策者对客观存在的教育问题进行主观判断和选择的结果，是把这些教育问题上升为教育政策问题的过程，一般情况下可以通过以下途径提出民族教育政策问题。

1. 通过对民族地区进行调查研究而提出教育政策问题

调查研究是发现教育政策问题的最有效的途径，关于调查在工作中的重要性，毛泽东早就说过，"没有调查就没有发言权"。教育家晏阳初在二十世纪三四十年代通过深入细致的社会调查，针对当时中国农村普遍存在的弊病，提出了"生机教育以救贫，文艺教育以救愚，卫生教育以救弱，公民教育以救私"的对策，掀起了一场"乡村教育"运动。当前对民族地区教育进行调查是提出民族教育地方政策问题不可或缺的一个途径，也是实践中所采取的基本方法，具体来说有以下四种调查方式。一是由民族教育地方政策官方主体到本地区的各级各类学校、各级地方人民政府及其所属的教育行政管理部门展开工作检查、专题调研,在调查研究的过程中可以要求接受工作检查和调查研究的单位做工作汇报,或者召集人员展开访谈,或者参与调查研究的成员通过自己的仔细观察等方式发现教育政策运行中出现的问题,以及民族地区还存在着的其他与教育相关的问题。二是由民族教育地方政策官方主体中的教育行政部门动员组织其他主体展开调查研究,尤其是民族教育地方政策专业咨询机构的成员从专业的角度对民族教育地方政策问题展开调查。三是由民族教育地方政策官方主体中的人民代表、政协委员等对民族教育地方政策问题展开调查研究。四是由民族教育地方政策非官方主体对本地区教育政策问题进行调查研究,例如,民族地区教师代表、学生代表等主动向本地区教育行政部门汇报反映出现于本地区、本校的一些突出的教育政策问题现象,以引起教育行政部门的重视,提出教育政策问题。

2. 通过预测分析而提出民族教育地方政策问题

"凡事预则立,不预则废。"预测有助于对客观事物进行科学分析,预测分析是提出教育政策问题和正确做出教育决策必不可少的基础工作。对于民族教育地方决策而言,一方面需要对国家的教育改革进行预测,对国家教育发展改革政策的基本方向和要求进行判断,通过地方教育科学研究机构搜集和分析信息,掌握国际和国内教育发展动态,为未来本区域内教育发展做好应对准备。另一方面要对本区域内,特别是本区域内的民族地区的经济社会、文化建设、科技发展、人口数量及结构等方面的基本情况和发展趋势做好分析和预判。总之,社会是动态发展的,而且教育事业发展不是孤立的,它处于社会发展的整个网络结构体系之中,与社会中的其他系统紧密相连,在全球化和信息化的时代背景下,地方的民族教育事业发展更需要具备国际视野,关注国家教育发展改革基本信息,了解民族地区各方面发展的基本信息,预测分析发展动态,把握教育发展方向,提出具有代表性的民族教育地方政策问题。

二、民族教育地方政策方案设计与选择

针对具体的教育政策问题，教育决策者通常会设计出不同的政策备选方案以供选择，尽可能地保证教育政策的科学性。教育政策方案选择是教育决策机关对各种方案进行讨论、修改之后所做出的最终决定，也就是通常所说的"拍板"。教育政策方案是教育政策制定者用于解决教育政策问题、达成教育政策目标的手段、措施或办法。① 在多个备选方案中要结合实际选择或综合出一个最优方案，这是一个相当困难的过程，更是一个需要谨慎对待的过程，因为这不仅涉及对政策方案科学性、合理性与可行性的分析和判断，而且直接影响到政策的执行，乃至事关千家万户切身利益。所以，教育政策决策者也不能随心所欲地做出选择，要反复权衡利弊，要尽可能地提高领导决策的民主化程度，采取决策者群体讨论方式做出选择，更好地保证教育政策的科学性和合理性。

在民族教育地方政策决策中，地方党委掌握最高决策权力，这体现了党委领导下的行政负责制。通常情况下，具体的政策方案基本都是由民族教育行政部门设计和提出，如由省（直辖市、自治区）教育厅、市（州）、县（市、旗、区）的民族教育管理处科室与民委管理民族教育事务的相应处科室联合提出政策方案，上报同级地方党委、地方行政机关和人大政协领导。如果是涉及本区域内重大的民族教育问题，可能召开由"四大班子"领导组成的讨论会，还要广泛地听取包括决策机关以外的各种建议，对方案反复论证，达成共识，形成一个意见统一的方案；如果是一般性民族教育政策问题，则主要由地方民族教育行政部门内部协商，提出设计方案，内部决策，同时将决策事项和情况上报同级地方党委、地方行政机关和人大政协领导。但无论是重大的民族教育地方政策问题还是一般性的民族教育地方政策问题，地方党委都是处于决策的核心和中心地位，把握着政策的基本方向，而省（直辖市、自治区）教育厅、省（直辖市、自治

---

① 范国睿. 教育政策的理论与实践 ［M］. 上海：上海教育出版社，2011：104.

区）民委及其下属的各级民族教育管理工作部门都应当充当政策问题的调查研究者、问题解决方案设计者的角色，在解决地方的民族教育问题中发挥其关键作用。

三、民族教育地方政策合法化

对于政策制定过程来说，选择或整合政策方案之后，并不意味着政策制定过程的终结，还有一个政策合法化的过程或环节。政策合法化是政策执行和实施的基本前提，这个过程或环节就是要赋予所选择的政策方案以合法地位，保证政策的权威性，使其得到社会大众的认可和接受，从而使政策有效地发挥规范作用和指导作用。关于政策合法化，有不同的理解，可分为广义的政策合法化和狭义的政策合法化①。范国睿教授认为教育政策合法化是法定主体依照法定权限和程序，对经过选定的教育政策方案进行审查核定，并以签署发布等形式将方案转化为正式的教育政策的过程。政策合法化不是简单的有领导签署或颁布一个文件的过程，教育政策合法化需要具备一定的条件，即合格的教育政策制定主体、合法的政策制定程序以及合法的教育政策内容。

任何政策都有合法化的过程，民族教育地方政策作为地方的一种公共政策，也必须要经过合法化的程序。从现实需要来看，民族教育地方政策合法化过程可以表现出不同的形式，其形式因政策重要程度不同和政策制定者不同而有所不同。民族教育地方政策的行政层次越低，或政策问题相对不是那么重要，其政策合法化过程通常就会相对简化，政策决策过程和政策合法化过程可同时进行，而且审查核定的主体与政策制定者可相重叠，或形式性审查重于实质性审查，往往由责任领导签发后印发"红头文件"即取得合法性，获得权威，开始在本区域教育系统内实施。

---

① 广义的政策合法化既包括政策本身的合法化，还包括其合法化的基本前提，即政治系统统治合法化的过程。而所谓狭义的政策合法化，一般是指政策方案获得合法地位，被公众接收、认可、遵从和推行的过程。参见范国睿. 教育政策的理论与实践［M］. 上海：上海教育出版社，2011：116.

四、民族教育地方政策制定过程的调查分析

贵州省"民族民间文化进校园"政策起源于黔东南州民族聚居区自发的教育实践活动行为，是贵州省教育厅和省民宗委对黔东南州实施的"民族民间文化进校园"活动的提升和规范。从此案例政策产生的路径来看，该政策经过了"自下而上"的促进路径，然后再经过"自上而下"地在全省各级各类学校推行和实施的过程。贵州省"民族民间文化进校园"政策的制定，有其偶然性因素，但又符合历史的必然性要求。从历史角度客观地分析，20 世纪 80 年代，国际社会提出了学校教育保护民族文化的倡议，保护民族优秀文化便已开始萌动。而且自 20 世纪 80 年代以来，我国从尊重和充分保障少数民族在文化教育方面的平等权利的角度，进一步明确提出了改革民族地区教学课程内容和教学方法，指出要从各民族地区学校教育的实际出发，可以采用不同于汉族地区和一般学校的办学方法和特殊措施。但黔东南州处于我国西南地区大山深处，在当时的历史条件下其交通和信息较为闭塞，显然未知国际社会保护民族文化之发展动向，而且在当时以升学考试为追求目的的学校教育中，主流文化和现代科技知识为学习教育的中心，所以鲜见将少数民族优秀传统文化融入学校教育的实践活动。但为什么该案例政策在民族地区基层实践一段时间之后能够提升为一项在全省范围内实施的民族教育政策呢？还原其历史真相，除了该政策存在客观合理性，符合民族地区受教育者文化心理需求之外，最终之所以能够成为省一级的地方民族教育政策，其实还是与国际社会文化保护政策和我国文教政策改革力度增强密切相关的，特别是少数民族文化保护与开发政策的力度不断加强，对其案例政策的调整完善产生了重要影响。透过案例政策制定的历史过程，再现历史真实情境，不仅可以看到政策制定的背景和政策形成的历史发展轨迹，还可以窥见民族教育地方政策制定过程的一般特征，发现民族教育地方政策制定过程中存在的问题和困难，检视现实的民族教育地方政策与理想的民族教育地方政策之间的差距。

（一）个案政策制定背景透视

毋庸讳言，任何政策的提出都有其特定的时代背景，都是针对社会一定的问题而提出的，并需要通过政策这一手段加以解决。我们知道，自人类进入工业化社会以来，现代化与全球化浪潮无远弗届，越来越多的优秀传统民族文化，特别是少数民族的优秀传统文化在现代化浪潮中不断被消解，许多优秀传统民族文化在不同程度地走向衰落甚至消逝。这一问题在20世纪就引起了国际组织及其我国政府的注意和重视，各方一直试图借助于教育传承文化的功能，保护和传承各民族优秀传统文化，促进人类文化多样性的延绵。

1. 国际背景

自20世纪70年代以来，联合国教科文组织逐渐加强在世界范围内展开文化调查，相继出台具体的保护措施，呼吁各国参与保护行动。1972年通过了《保护世界文化和自然遗产公约》，规定了文化和自然遗产的国家保护和国际保护措施；1989年提出了《保护传统文化和民俗的建议》，建议各国保护民族传统文化；2001年通过了《世界文化多样性宣言》，强调文化多样性就像保护生物多样性和维持生物平衡一样重要；2003年通过了《保护非物质文化遗产公约》，这是人类历史上第一个专门保护非物质文化遗产的国际性公约；2005年通过了《保护和促进文化表现形式多样性公约》，明确提出文化多样性是人类的基本特征之一，文化多样性是人类的共同遗产，重申教育在保护和促进文化表现形式多样性中的重要作用。从国际社会的实践探索来看，联合国教科文组织毫无疑问是实施文化多样性保护战略的主导力量，联合国教科文组织有关人类文化多样性的保护理念和保护措施成为诸多多民族国家制定文化保护政策的依据，推动了世界多民族国家保护各民族文化的实践发展。①

---

① 陈孝凯. 学校保护民族文化多样性问题的思考 ［J］. 教育评论，2016，（3）：26.

2. 国内民族文化教育政策改革背景

就我国而言，既有"海纳百川""和而不同"的优秀文化基因，又有中国共产党坚持的各民族不分大小一律平等的马克思主义民族理论作为实践的指导思想，二者为我国优秀民族传统文化保护实践提供了最基本的条件和价值引领。自20世纪80年代以来，我国大陆掀起了加快文化研究的热潮，进一步推动民族文化保护的具体落实，支持和鼓励地方性文化资源的开发，以及将少数民族优秀传统文化纳入学校课程内容，不断深化实施"中华民族多元一体化教育"，在《关于加强民族教育工作的意见》（1980年）、《国务院关于基础教育改革与发展的决定》（国发〔2001〕21号）、《中华人民共和国非物质文化遗产法》（2011年）、《教育部文化和旅游部国家民委关于推进职业院校民族文化传承与创新工作的意见》（教职成〔2013〕2号）等中央文教政策改革背景下，各地方依靠中央政策支持，结合地方实际，加快改革步伐，实施学校课程改革与文化保护相结合的政策，促进我国民族文化繁荣发展。在这个时期，我国文教政策目的发生了一个重大的历史转变，即由过去学习少数民族文化是为了辅助少数民族学生学习先进文化为目的，转向了传承弘扬少数民族优秀传统文化与学习其他先进文化并行为目的。①

（二）个案政策制定过程分析

我们对案例政策制定过程进行两方面的探究：一方面，对案例政策进行历史回顾，从而梳理出该案例政策产生和形成的两个不同的发展阶段；另一方面，在回顾该政策制定历史过程的基础上，探究和分析该政策制定过程的真实情景，尽可能地还原其动态的历史场景和过程真相。

1. 政策制定的历史回顾

贵州是一个多民族共居的省份，各民族创造了独具特色的文化，构成了绚丽多彩的贵州文化画卷。但由于受经济全球化及现代学校教育的影

---

① 陈孝凯. 学校保护民族文化多样性问题的思考［J］. 教育评论，2016，（3）：26.

响，民族民间文化被排斥于学习者的学习与生活之外，因而民族文化日渐式微。根据调查和访谈证实，在 20 世纪 80 年代，贵州省民族地区的文化工作者对少数民族文化出现衰败和消逝的危险已有察觉，他们就此开展尝试性的保护工作。例如，在 1983 年的时候，贵州省榕江县文化馆组织工作人员对全县民族文化展开普查，在两个月的普查工作中，他们发现少数民族学生有许多都不会唱本民族的歌，为了把本民族音乐传承下去，由此产生了将民族音乐引进课堂的构想。1984 年，榕江县文化馆时任馆长张勇根据他搜集、整理的侗族少儿歌曲汇编成《长大要当好歌手》，之后又组织音乐专业干部到车民小学试教，受到学校师生欢迎，榕江县民族音乐进课堂的实验性活动由此正式开展。1985 年暑假，省民委到榕江选拔民族小歌手参加培训，之后部分学员出席了在上海举行的全国第二届"民族杯"小歌手邀请赛，她们弹唱的侗族琵琶歌《侗家娃娃歌声美》获演唱一等奖，这大大鼓舞了民族文化工作人员的信心，也为获得上级更大的支持增长了加分点。1985 年 11 月，榕江县文化馆征得车民小学领导的同意，在该校组建了"金蝉侗族少儿合唱队"，后改名为"金蝉侗族少儿艺术团"。"金蝉侗族少儿艺术团"的成立说明了"民族民间文化进校园"受到了学校欢迎，并得到了县教领导的认可。之后，由县教育局牵头和负责，在全县少数民族聚居区的中小学校开展"民族民间文化进校园"的实验和推广工作。

　　20 世纪 90 年代初，国家民委和中国社会科学院组织领导干部和专家学者到黔东南州检查工作，对民族语言、侗歌进校园的科学性和可行性进行论证①。在这次调研中，国家民委和国家社会科学院调研组对黔东南州根据少数民族聚居区的教育特征开展民族文化教育的做法，及其所取得的成绩表示赞赏和肯定，并针对存在的问题提出了建议。此后，黔东南州民

———————

　　①　根据笔者到黔东南州民委调查访谈得知，在 20 世纪 90 年代，黔东南州内已经有几十所学校开展少数民族文化进校园活动，也正是在这一时期国家民委和中国社会科学院组织领导干部和专家学者到黔东南州检查工作，对民族语言、侗歌进校园的科学性和可行性进行论证。

委、州教育局根据专家建议，改进工作方式，扩大了少数民族文化进校园的实施范围。

进入 2000 年以来，"民族民间文化进校园"问题成了贵州省教育厅和省民委所关注的民族教育问题，并视其为发展贵州特色教育的重要突破口，将其纳入了省教育厅和省民委决策之议题，开始着手统一规划在全省范围内开展"民族民间文化进校园"的实践探索。2002 年 10 月，贵州省教育厅、贵州省民委以《贵州省民族民间文化保护条例》（2002 年）为依据，联合印发了《关于在我省各级各类学校开展民族民间文化教育的实施意见》（黔教发〔2002〕16 号）。这标志着贵州省真正意义上的"民族民间文化进校园"政策的出台，并在全省范围内的各级各类学校实施。

通过以上内容，我们回顾了该案例政策制定的历史过程，可以把该政策的制定过程划分为两个方向不同的历史阶段：第一个历史阶段是起始于 20 世纪 80 年代初期在贵州省黔东南苗族侗族自治州内的基层实践阶段，也就是由基层"自下而上"的层层推进阶段；另一个阶段是 21 世纪初期在贵州省全省范围内的各级各类学校实施民族文化教育的阶段，也就是由省教育厅和省民宗委联合推动的"自上而下"的贯彻落实阶段。

2. 政策制定过程情景再现

在贵州省内，"民族民间文化进校园"政策经由了"自下而上"到"自上而下"的两个不同阶段，对该项政策制定过程的分析，主要是为了探明在这两个不同的阶段都有谁参与了政策制定过程，政策制定经过了哪些程序，他们是如何制定政策的，通过再现案例政策制定过程的情景，呈现和揭示民族教育地方政策制定过程的一般特征。

（1）"自下而上"阶段的政策制定过程

通过调查黔东南民族聚居区自发组织"民族民间文化进校园"的实践行为，回顾榕江县开展"民族民间文化进校园"活动的全部历史过程，可以发现政策制定大致历经了政策问题提出与推进、政策方案的初步规划与设计、政策合法化这几个过程，虽然没有像政策制定理性模式那样逻辑严密、阶段性明显，但却真实地反映了基层民族教育地方政策制定的历史情景。在政策制定过程中，榕江县文化馆在政策问题的调查研究、提出政策问题、政策方案设计等方面做了具体而细致的工作，可以说他们是基层历史实践的剧作者和剧中人。

首先，政策问题的提出与推进。当时主要是榕江县文化馆组织工作人员在本县域内开展调查研究，1983 年经过两个多月的文化普查活动，基本摸清了全县民族文化的历史与现状，掌握了全县民族民间文化的基本情况，发现了少数民族聚居区的文化衰败和消逝的问题，就此提出政策问题。参与当年调研的一位受访者说："当时我们深入民族村寨和民族聚居区的中小学学校调查，想了解民族民间文化传承的基本情况，搜集和整理民族民间音乐。在那个时候，少数民族学生普遍存在文化自卑的心理，他们在学校不愿意穿自己的民族服装，也不唱本民族音乐。那个时候不像现在这样，那时候在多数人的心里觉得少数民族文化是落后的，现在好了，中央和地方政府都重视民族文化，注重打民族文化牌来发展民族地方经济，所以少数民族文化由包袱成为地方发展的可开发性资源。因此，现在我们很多少数民族以有自己独特的文化而自豪，越是民族文化特色鲜明的，就越能取得政府重视，就越有优先发展的机会哟！其实，我们当时在车江、乐里等地调查，就有这样一种感觉，如果再像那样下去，到学校读书的年轻人都不学本民族的东西，民族音乐传承肯定会后继无人的，作为少数民族感觉到如果自己的民族文化就这样消失、流逝了，还是很遗憾的，于是就萌生了向学校提出教一点侗族音乐的想法。"

其次，政策方案的初步规划与设计。县文化馆组织工作人员研究如何把民族文化融入学校教育活动之中，设计了教学内容和教学目标，确定开发民族民间音乐教学资源，把民族音乐引入课堂，在学校的音乐课中增加一点民族音乐内容，其教学目标是让学生学会唱家乡的歌和本民族歌曲。一位受访者说："把民族文化引入课堂，我们当时面临着一些困难，比如学校和教育局会不会同意我们这样子做，我们去教什么才能让学生接受，而且要想办法取得一点效果和成绩才能继续下去，所以我们选择了车江这个侗族民族文化浓郁厚重的地方，设计着把侗族音乐加到车民小学的音乐课堂里。"

再次，争取政策合法化的过程。县文化馆工作人员与学校领导沟通，试图取得学校支持，争取教育局和县领导的同意。在当时，学校只开设有国家统一安排的课程，学校教育以提高升学率为追求目标，所以要取得学校的支持以及教育局和县领导的批准同意并非易事。一位受访者说："说真的，在那个时候，要想取得学校和教育局的同意还是不容易的啊，担心他们不太愿意在学校做这种事（把民族文化引入课堂），他们害怕影响学校正常的教学工作，所以还是我们主动去找熟人慢慢地说清楚我们的目的和我们的设想，先是和学校联系，然后再去争取教育局的同意。"同时，他们还借助于省民委选拔民族小歌手到上海等地举行的全国民族杯小歌手邀请赛或演出所取得的成绩，争取领导关注和支持，增加对"民族民间文化进校园"的重视程度。他又说："当时我们选派的学生到上海等大城市参加比赛获奖后，真是引起了社会的关注，那真可以说是墙内开花墙外香呀！原来我们自己瞧不起的民族音乐，到外面参赛还能够拿奖回来，这对我们也是很大的鼓舞呀！我们觉得我们做对了，这坚定了我们的信心，因为参赛选手到外面获了奖励，县领导也重视了，我们去争取他们的同意就容易多了。"之后，县领导的批准同意由县教育局会同其他部门进一步调查研究，设计政策方案，制定政策文件并下发到各相关学校，在全县少数民族聚居区的中小学校开展"民族民间文化进校园"的实验和推广工作，县教育局因此成了政策制定的核心部门，这也标志着"民族民间文化进校园"实践行为在榕江县域内取得了合法性地位。

在这一阶段，也就是基层自发的民族教育政策实践阶段，"民族民间文化进校园"政策问题研究、政策问题提出、政策方案设计基本都是由县文化馆工作人员完成的，但县教育局作为政府负责统筹全县教育管理的职能部门，它有权决定是否把"民族民间文化进校园"活动方案列入会议议题，对县文化馆提出的政策问题进行讨论、调查研究后，再由领导最后定夺。可以说县教育局决定了政策的形成与通过，县委县政府领导的同意，类似于政策制定过程中的合法化。

在访谈中，黔东南州民宗委的一名长期负责民族教育管理的干部说："我们民宗委很重视'民族民间文化进校园'活动这项工作，刚开始的时候确实是由我们民宗委来推进的，但毕竟这项工作是在人家教育领域里开展，那是人家（教育局）的主阵地，他们来负责更有利于工作开展，所以后来主要由他们（教育局）来做，他们教育局也联合我们民宗委一起做（这里指政策制定过程中的问题研究），然后向州领导汇报和请示。"黔东南州民宗委组织人员开展调查研究，对榕江县"民族民间文化进校园"政策实践经验进行总结，在此基础上，黔东南州民宗委联合黔东南州教育局制定政策方案，经请示州领导批准同意后政策即取得权威性和合法性，推动了"民族民间文化进校园"在黔东南州内更为广泛的地域实施。相比较而言，黔东南州民宗委联合黔东南州教育局启动"民族民间文化进校园"政策的制定程序，因为有了基层政策实践的成功效应，而且是在总结县级政策实践经验基础之上试图来推行的，所以他们相对榕江县"势单力薄"的少数民族知识分子的争取过程要容易和顺利得多。

（2）"自上而下"阶段的政策制定过程

2002 年 7 月 30 日，贵州省人大常务委员会通过了《贵州省民族民间文化保护条例》，要求把优秀的民族民间文化融入中小学教育，并作为素质教育的内容，鼓励有条件的高等院校培养和造就民族民间文化的专业人才，支持少数民族聚居区的学校用少数民族语言文字进行双语教学，开设民族民间文化课程。2002 年 10 月，贵州省教育厅和省民委以《贵州省民族民间文化保护条例》的精神要求为依据，联合印发了《关于在我省各级各类学校开展民族民间文化教育的实施意见》（黔教发〔2002〕16 号）。至此，"民族民间文化进校园"成为贵州教育厅和省民宗委联合实施的一项民族教育地方政策。

在"自上而下"这个阶段的政策制定过程，实质上是对基层政策实践的规范和提升，它主要的任务和主要的障碍不在于政策问题的提出，因为经过多年的基层政策实践和《贵州省民族民间文化保护条例》的颁布，实际上关于学校传承和保护民族民间文化的必要性和现实意义在文化界与教育界的权力精英和知识精英群体中已有了一定的共识。其中最为关键的，也是争论较多的是政策方案设计，为此省民宗委和省教育厅做了大量的调查研究。省教育厅民族教育处一名干部说："制定出一个好的政策并不容易，特别是面向全省的教育政策，不好把握和难以照顾各个地区的特点。当时为了推动我省各级各类学校开展民族民间文化教育，省教育厅和省民宗委等单位组织专家到民族地区调查研究，反复地座谈讨论，最后确定了这几个基本的问题。一是确定各级教育行政部门和民族事务部门为主要责任单位，挖掘、筛选、整理本地有代表而又适合在中小学教学的民族民间文化项目，指导学校教学活动；二是明确各级各类学校积极参与民族文化保护，要求中小学特别是民族地区的中小学应把当地喜闻乐见的民族民间文化融入学校教育之中，把它作为素质教育的内容，有条件的高等院校要培养民族民间文化的专门人才；三是可以采取灵活多样的教育形式，鼓励开发地方课程和校本课程，采取课堂教学和课外综合实践活动相结合。"

在"自上而下"的这一阶段，政策合法化主要由省教育厅和省民宗委对政策的合理性、合法性及其可行性进行审查，请示上级领导批准印发《关于在我省各级各类学校开展民族民间文化教育的实施意见》（黔教发〔2002〕16号）文件后即已经完成政策制定，政策就获得了权威性和执行力。自此，该案例政策经由了"自下而上"到"自上而下"，再到"上下合作互动"的活动过程。

（三）个案政策制定的特征透析

政策制定特征指某一国家、某一地区的政策或某一具体的政策制定过程所表现出的特点和特性。政策制定特征可以从多个维度进行分析，本研究主要从政策制定行为、政策制定目的、政策制定模式三个维度透视贵州省"民族民间文化进校园"政策制定过程，揭示民族教育地方政策制定的特征。

1. 政策制定行为与政策制定的目的特征

（1）政策制定行为的典型性

目前国内制定的有关"民族民间文化进校园"的政策主要有：2011 年全国人民代表大会常务委员会通过的《中华人民共和国非物质文化遗产法》，2013 年教育部、文化部和旅游部、国家民委联合印发的《教育部文化部国家民委关于推进职业院校民族文化传承与创新工作的意见》（教职成〔2013〕2 号）。此外，吉林省朝鲜族自治州①、云南省②、贵州省③、福建省④、广西壮族自治区⑤、湖北省恩施土家族苗族自治州⑥、湖南省湘西土家族苗族自治州⑦、新疆维吾尔自治区⑧、四川省（凉山彝族自治州、阿坝藏族羌族自治州、甘孜藏族自治州）⑨ 等省、自治区、自治州先后制定和实施了有关民族民间文化保护的条例，通过对以上法律法规的分析可以发现，虽然基本上都规定了民族民间文化学校传承的内容，但由于只是整个法律法规众多条文中的一两条，因此只可作为民族民间文化进校园的

① 1989 年延边朝鲜族自治州人大会议通过的《延边朝鲜族自治州朝鲜族文化工作条例》（2005 年吉林省人大常委会批准了《延边朝鲜族自治州人民代表大会关于修改〈延边朝鲜族自治州朝鲜族文化工作条例〉的决定》第 2 次修正。

② 2000 年云南省第九届人民代表大会常务委员会通过的《云南省民族民间传统文化保护条例》。

③ 2002 年 7 月 30 日贵州省第九届人民代表大会常务委员会第二十九次会议通过的《贵州省民族民间文化保护条例》。

④ 2004 年福建省十届人大常委会通过的《福建省民族民间文化保护条例》。

⑤ 2005 年广西壮族自治区第十届人民代表大会常务委员会通过的《广西壮族自治区民族民间传统文化保护条例》。

⑥ 2005 年恩施土家族苗族自治州第五届人民代表大会通过的《湖北恩施土家族苗族自治州民族文化遗产保护条例》。

⑦ 2006 年湘西土家族苗族自治州人民代表大会通过的《湘西土家族苗族自治州民族民间文化遗产保护条例》。

⑧ 2008 年新疆维吾尔自治区人大常委会通过的《新疆维吾尔自治区非物质文化遗产保护条例》。

⑨ 2010 年凉山彝族自治州人民代表大会通过的《凉山彝族自治州非物质文化遗产保护条例》，2011 年阿坝藏族羌族自治州人民代表大会通过的《阿坝藏族羌族自治州非物质文化遗产保护条例》，2013 年甘孜藏族自治州人大常委会通过的《甘孜藏族自治州非物质文化遗产条例》。

依据或方向指导，缺乏实际操作价值。而 2002 年贵州省教育厅、省民委联合印发的《关于在我省各级各类学校开展民族民间文化教育的实施意见》（黔教发〔2002〕16 号），是贵州省把民族民间文化正式纳入学校教育内容计划的专项指导性和规范性文件，标志着贵州省民族民间文化在学校传承取得了合法性地位，形成了家庭、民族社区、民族地区学校三个场域共同传承民族民间文化的模式。在全国范围内进行比较分析，贵州省民族民间文化进校园活动从民间实践走向获得地方官方专项政策支持都是走在前列的，因此它具有一定代表性和典型性。

（2）政策制定的多重目的性

任何一项政策都是为解决问题而产生的，政策制定是决策者有目的的实践活动，决策者基于社会问题的事实判断和价值判断之后确立政策目标，论证和选择政策方案，使政策方案合法化。分析贵州省"民族民间文化进校园"政策，可以发现政策具有多目的交叉重叠性。一是传承民族文化的目的。随着经济全球化发展和我国现代化进程的推进，许多优秀民族民间文化濒临消逝和失传，民族民间文化正受到前所未有的冲击，保护和传承优秀民族民间文化成为全社会共同的责任。因此政策规定，各级教育、民族事务部门和各级各类学校都负有重要责任，继承和弘扬民族优秀传统文化，加强对民族民间文化的保护。二是促进民族地区教育特色化发展的目的。提出了把民族民间文化融入于学校教育，逐步构建具有贵州味、民族色的教育。三是促进民族地区经济发展的目的。在实施西部大开发战略背景下，贵州省在全面推进各民族经济、文化、教育事业发展的同时，强调开发民族文化旅游资源，为促进贵州民族风情与旅游大省的建设提供服务。因此要求各级人民政府应当结合本地实际，确实采取有效措施，充分发掘和利用好本地区民族民间文化资源，将自然风光与民族民间文化相结合，促进传统民族民间文化产品的开发，推进旅游经济的发展。让民族民间文化教育的开展，为"多彩贵州"文化产业发展提供智力支撑。四是提升受教育者的生命价值的目的。通过在各级各类学校开展民族民间文化教育，不仅可以丰富教育内容，而且灵活多样的教学活动形式有利于增强教学的吸引力，增强学生的动手能力，使学生了解和热爱本民族文化，培养出更多既能够熟练运用优秀民族文化，又掌握现代科学文化知识的建设者和接班人。

2. 政策制定模式特征

民族教育地方政策制定模式不仅受到国家政治体制、传统治理文化、经济发展水平等因素的影响，而且与民族教育地方政策主体参与程度和广度有很大关系。通过对贵州省"民族民间文化进校园"政策制定者的分析，可以反映出我国民族教育地方政策制定模式的一些普遍性特征，具体表现为以下三点。

（1）政策主体"一与多"的统一性

根据前部分内容，我们知道民族教育地方政策主体是广泛而多元的，既有政策官方主体，也有政策非官方主体。那么不同地方民族政策主体在政策制定过程中，他们彼此之间的行为及其行为关系是怎样的特征呢？通过对贵州省"民族民间文化进校园"政策制定过程的调查研究可以发现，无论是省一级的民族教育政策制定活动过程，还是州县一级的民族教育政策制定活动过程，都体现出政策主体"一与多"的统一性特点。

一方面，从民族教育地方政策制定的组织领导来说，体现了政策制定者"一与多"的统一性。民族教育地方政策官方主体主要包括地方政党组织和地方政权组织，由于我国政党制度是中国共产党领导下的多党合作制，而且中国共产党是中国特色社会主义事业的领导核心，这也就决定了中国共产党地方党委在地方的领导核心地位。虽然中国共产党地方党委没有直接地参与到每一项民族教育地方政策制定过程的具体环节，或者它也没有承担民族教育地方政策制定的某一具体工作任务，但中国共产党地方党委在本级地方政党组织体系和地方社会事业建设中处于领导核心地位，所以其实质上都是在中国共产党地方党委领导下，其他政策主体参与民族教育地方政策制定过程，表现出"一与多"相统一的特点。

另一方面，从民族教育地方政策制定过程的具体事务承担来说，也体现了政策制定者"一与多"的统一性。省教育厅和省民宗委及其下属的各级教育行政部门和民族事务管理部门代表与之相应的地方政府在行使民族教育管理权时，地方各级教育行政部门和各级民族事务管理部门在民族教育地方政策制定过程中自然成了主要的政策主体，尤其是地方各级教育行政部门和各级民族事务管理部门内设的民族教育管理处和科室，他们承担着政策问题调查研究、政策方案设计等政策制定的具体繁杂事务，在政策制定的过程中处于特殊且重要的位置，他们在民族教育地方政策制定过程中掌握了相当大的决定权，其他政策制定者则配合他们共同完成政策制定的相关事务，这也体现了"一与多"的统一性。

（2）政策问题研究者与政策方案确定者的一致性

民族教育地方政策制定过程，是一个动态的活动过程，包含了对政策问题确认、政策方案选择和政策合法化这些环节。虽然地方党委和地方行政机关总揽地方社会事务发展全局，对地方教育政策决策处于领导核心的地位，也有权对民族教育地方政策问题进行调查研究，对政策方案设计内容的合理性与合法性进行审查，掌握对选定的政策方案做出是否批准同意的"把关"大权，以及调动本级财政、人事、编制等部门参与和配合的权力。但从案例政策现实情况来看，地方党委和地方行政机关工作千头万绪，本地区民族教育事业也只是地方社会事务的一个部分，所以不可能对每一项政策制定做到"事必躬亲"的指导。地方各级教育行政部门和各级民族事务管理部门，代表地方行政机关行使民族教育管理权，对政策制定和政策执行负有行政主体责任。因此，在民族教育地方政策制定过程中，他们不仅承担了政策问题调查研究、政策方案设计等具体而繁杂的事务，而且要求对政策方案设计内容的合理性与合法性进行实质性审查，并承担主体责任。这反映了在民族教育地方政策制定过程中，政策问题研究者与政策方案确定者的一致性，民族教育地方政策制定过程往往是一个"自谋自断"的行为过程。

（3）政策制定过程以"集中"为主的特点

毛泽东曾提出，"没有民主，就不可能有正确的集中，要在集中正确意见的基础上，做到统一认识，统一政策，统一行动，叫作集中统一……

没有民主，意见不是从群众中来，就不可能制定出好的路线、方针、政策"。① 这说明了政策制定过程应该包括民主和集中两个阶段，先民主后集中，最后达到这种民主和集中的统一。在民族教育地方政策制定过程中，所谓民主，就是指民族教育地方政策制定中的"拍板决策者"要广泛听取各下级民族教育行政主管部门及其相关学校领导、老师、学生、学生家长代表的意见和建议；所谓集中，就是在听取他们的意见和建议后，把这些意见和建议统一起来，产生政策共识。但从案例政策制定过程来看，"自下而上"地推进阶段的政策制定过程表现为民族地区"能人"推动的过程，而且以向上"请示""汇报"为主，当然民间的意见是通过县文化馆的领导和工作人员表达出来，但县文化馆的"请示""汇报"却没有上级基于调查的答复；而"自上而下"地贯彻落实阶段的政策制定过程，最初还是表现为"国家公职人员"与"国家公职人员"、"机关"与"机关"之间的互动为主，相对缺乏更广泛的调查研究过程和论证过程。所以，从案例政策制定过程可见，民族教育地方政策制定过程表现出以"集中"为主的特点。

（四）个案政策催生的问题思考

从再现案例政策制定过程的情景到对案例政策制定过程所表现特征的详细分析，我们可以进一步思考民族教育地方政策制定过程的普遍性问题和存在的不足。

1. 民族教育地方政策非官方主体缺乏积极性与能动性

通过再现案例政策制定过程的情景可以发现，在基层"自下而上"地推进阶段的政策制定过程，主要是由榕江县文化馆的领导干部和工作人员在为政策的制定而做工作，这主要反映了基层少数民族知识分子和少数民族干部对传承本民族文化的期盼，以及帮助少数民族学生尽快融入学校学习生活的积极追求，此外也反映出他们的社会责任担当，以及对做出一定

---

① 转引自胡象明. 地方政策分析：体制、文化与过程［M］. 武汉：武汉大学出版社，1994：206；毛泽东著作选读：下册［M］. 北京：人民出版社，1986：819-820.

成绩的积极追求。因为在 20 世纪 80 年代初期，由于榕江处于民族地区的边远山区，交通还十分不便，信息闭塞，集中体现了民族贫困地区的落后特点，所以当时学校教育教学内容是以培养所有的学生能够走出大山、走出家乡为荣，学校所教的内容自然是为了学生考高分或能为学生未来考高分而设置，其他与升学考试相关不大的知识自然要被学校排斥，而且若有学生学习非主流的知识文化肯定要被世人瞧不起而难以找到自身的存在价值，影响自己在学校乃至民族社区的评价。因此，在教育领域无人意识到民族文化具有社会价值的社会条件下，只有一小部分教育领域之外的知识分子发现了这一问题，并为了获得上级领导的同意不惧孤军奋斗，最终通过他们个人的力量在本地区内实现了传承"民族文化"与学校教育的联姻，推动"民族文化进校园"政策得以在民族地区更大的范围内推广。但是这也折射出民族教育地方政策制定过程中存在的一些不足，例如，民族教育地方政策制定过程中既缺乏基层民众的参与，也缺乏学校教师的参与，更没有基层教育政策研究人员、教研人员的参与，而是由非常有限的政策官方主体在包办一切，其原因在于，长期以来基层民众缺乏正常反映和表达教育利益要求的训练，因此缺乏反映教育问题的经验和能力，而大部分教师更是忠诚地坚守自己的岗位职责，全心全意、勤勤恳恳地把书本知识教给学生，他们也长期习惯于服从组织或领导的工作安排，所以对学校规定之外的事不再多作思考。事实上，这也反映出目前还难以形成依靠于民族地区教育行政管理部门、知识分子、基层民众和其他社会力量来共同推动民族地区教育改革的工作机制，仍然需要激励支持各教育政策主体积极主动地加入本地区教育政策制定过程的具体活动之中。

2. 政策制定过程中基层教育部门相对缺乏民族教育政策问题意识

通过对案例政策制定过程的分析，我们发现不仅存在民族教育地方政策非官方主体被边缘化的问题与不足，而且对于基层教育行政管理部门而言，同样也存在着相对缺乏民族教育政策问题意识的问题。从该案例政策来看，事实上该政策在基层"自下而上"地推进的过程中，县文化馆的领导和工作人员是主要的推动者，然而处于教育阵地中的学校和教育行政部门都失去了对这一教育政策问题和现象的发现力，这反映出民族地区教育行政管理部门和学校长期以来都专注于执行上级的教育政策，而没有认真去思考和发现自己脚下的现实教育问题。毛泽东主席曾指出：不结合于现实情况而一味盲目地执行上级指示，其实不是真正在执行上级的指示。①我们中国之大，不仅不同的地区之间存在着差异，而且不同的民族之间也还存在着很大的差别，我国的民族教育发展也还很不平衡。因此，即便正确的中央民族教育政策也难以考虑到各个地区的特殊情形，还需要地方教育行政管理部门和学校发现和提出民族教育政策问题，积极主动地推进本地区教育政策创新，更好地保障本地区受教育者的利益，促进本地区教育事业发展。

3. 民族教育地方政策制定的制度安排不够完善

通过再现案例政策制定过程的情景，我们揭示了该政策制定过程中的政策主体本身所存在的一些问题和不足，但之所以还存在这些问题与不足不仅与政策主体自身有关，而且还与推进民族教育地方政策制定的制度设计不够完善存在着关系。案例政策制定过程本身并不是容易的事情，不仅表现为缺乏政策主体合力推进，还表现为要取得上级部门同意也并非容易之事，这说明了鼓励和支持民族教育地方政策制定的内部激励机制与规范制度的不健全，而且从国家层面而言，仍然需要不断完善民族教育地方政策制定的鼓励和规范措施。事实上，从国家制度设计的角度来看，无论是民族地区自发地推进本地区教育政策创新，还是民族地区自发地完善本地区现有教育政策，都需要获得国家权力认可和承认的过程，这非常有必要。但值得注意的另一个方面的问题是，当前尤其是在民族地区的基层还缺乏鼓励支持本地区教育政策创新等体现激发内生动力的激励与规范制度，所以由民族地区基层自发组织的活动能否获得上级认可或承认，从而取得国家权力的保护，这不完全取决于其创造性活动本身是否具有合理性、正当性和可行性，而是更多地受到本地区内部制度约束下的社会现实

---

① 转引自胡象明. 地方政策分析：体制、文化与过程 [M]. 武汉：武汉大学出版社，1994：144-145. 毛泽东选集：第 1 卷 [M]. 北京：人民出版社，1991：111.

条件所制约，实质上在民族地区自发地推进教育政策创新或完善本地区教育政策能否持续进行基本上取决于领导是否开明。但从长远发展来看，这不利于民族地区教育事业发展，因此，更有利于民族教育地方政策发展的社会条件应该是既要有开明的领导，更要在民族地区建立健全包容、鼓励和支持教育政策创新的制度，以避免陷入现有制度约束人的想象、限制人的创造的发展困局。

4. 民族教育地方政策难以与基层教育问题相契合

行政层级越高的政策所覆盖的行政区域和涉及的面就越广泛，政策环境也就越复杂，往往更容易出现政策与基层问题难以适切的困难和问题，因此对政策的质量要求也就越高。通过对案例政策制定过程的分析不难发现也存在着这样的问题，当该案例政策处于"自下而上"的推进阶段的时候，是基层自发组织的创造性活动行为，政策制定主体对民族文化教育的学校选择具有较为充分的考虑，他们考虑到车江民族小学所处的侗族文化场域特点，观察到侗族小学生在学校存在一个跨文化学习的事实，因而对母语有亲切感，也考虑到因车江是侗族文化发源地而具有相对容易做出成绩的优势。所以，既能够满足小学生适应学校学习的需要，又因为该地方具有传承本民族文化的历史传统而大大地降低了学生家长阻止、学校老师反对、学生反感的可能，也就表现为该教育政策与基层教育需要的高度契合，能在人们的内心自然达成默契。此外，从政策主体的行为表现而言，这是县文化馆的领导和工作人员自发的行为，是他们自愿和积极的追求，所以在他们的内心没有压迫感，即使在没有劳务报酬的情况下，他们也愿意克服外在的压力而争取做出成绩，因此案例政策在基层"自下而上"的推进阶段表现出非常强的适切性。可是当案例政策转向到"自上而下"地贯彻落实这一阶段的时候，该政策涉及全省的各级各类学校，其覆盖的权力空间与地理范围已经大大增加，因此政策执行的环境已经变得更加复杂，出现了一些学校所处之地没有民族传统文化优势而被安排"民族文化进校园"的现象，以及有的学校为了获得"民族文化进校园"特色项目学校而忽视学生的现实需求等现象。而事实上，在政策制定的过程中总是难以兼顾到所有基层的特殊性和现实需求，因此出现政策难以与基层教育问题相适切的问题。所以，在民族教育地方政策制定的过程中应尽可能地做好原则和方向的引导，鼓励基层结合本地区实际对教育政策进行再制定，弥补其中的不足，而且应注重对政策执行过程的跟踪观测，对发现的类似问题及时反馈，为适时调整政策做好准备，使民族教育地方政策与基层教育问题更加富有适切性。

第三节 民族教育地方政策执行过程

民族教育地方政策制定之后必然要进入政策执行这一阶段。民族教育地方政策执行过程是整个政策过程中的一个重要环节，它是动态的发展过程。本部分从理论上把民族教育地方政策执行过程区分为政策宣传解释、政策资源整合和政策具体组织实施三个阶段，并以贵州"民族文化进校园"政策的执行过程为调查研究对象，通过对此案例政策执行过程所包含不同阶段进行具体分析，反映民族教育地方政策执行过程的真实情形。

一、民族教育地方政策宣传解释

一项政策合法化之后，就意味着进入了政策执行阶段。但"徒善不足以为政，徒法不能以自行"，可见任何一项政策被制定出来之后并不能自动地执行，也难以自发地被人们接受，而且政策是以文本的形式出现，其政策内容一般是比较原则性的。所以，某级地方政府或教育行政主管部门及相关学校要把这些观念的理想的民族教育政策文本内容、目标、精神要求领会，自然需要通过组织宣传、解释政策。通过层层传达宣传、组织学习政策，甚至反复地宣传解释，广泛向政策执行者和社会各方面宣传政策的合法性、合理性、必要性和重要性。① 这对于政策顺利执行是必然的和

---

① 孙绵涛. 教育政策学［M］. 北京：中国人民大学出版社，2009：179.

必要的，它有助于取得各方对政策的认同和理解，形成有利于政策执行的舆论氛围和实施环境，减少对政策的误解和抵触。①

在政策执行过程中，政策宣传解释的方式是多样的，可以通过网络报刊等媒体宣传报道、培训进修、召开动员会议等不同方式对政策宣传解释，引导教育政策执行者和广大教师了解政策目标任务。就民族教育地方政策宣传解释而言，会因政策制定机关的行政层级及其政策问题受重视程度而有所不同，而且民族教育地方政策宣传解释的范围仅限于本区域或一校之内，所以宣传解释的力度要弱一些，宣传解释可选择的方式要少一些。

二、民族教育地方政策资源整合

通过政策宣传解释，教育政策执行者知道了尽管为什么要制定和执行政策，以及将如何实现政策的有效执行。但政策执行还需要人力、物力、财力资源作为保障，才能解决好如何去执行政策的问题。所以，对权力资源、人力资源、财力资源、物质资源进行整合是政策执行的必然要求。首先要按照政策目标组织领导机构，配置领导干部和工作人员，使之各负其责、各司其职，做到权责明确、权责统一；其次要制定相应规章制度，使人财物得到合理配置，政策得以有效执行最为关键的因素在于政策执行者的素质，所以增加培训经费配置，使政策执行者和广大教师学习并掌握落实政策所需要的技术、方法，这对于提高政策执行力来说是很有必要的。政策资源整合是任何一项政策得以顺利执行的保障条件，直接影响政策执行效能，民族教育地方政策执行过程亦是如此。

三、民族教育地方政策执行的具体组织实施

根据相应的地方行政层级，可以把民族教育地方政策划分为省（直辖市、自治区）级地方民族教育政策、市（州）级地方民族教育政策和县

---

① 范国睿. 教育政策的理论与实践 [M]. 上海：上海教育出版社，2011：138.

（市、旗、区）级地方民族教育政策。县级以上的教育行政部门一般不会直接执行某一项具体的政策，而是往往通过下发文件或组成工作领导小组的形式，指导和督促县级行政机关及其所属的教育行政职能部门和相关教学单位具体实施。其中民族教育地方政策的具体组织实施主体主要是县级行政机关及其所属的教育行政职能部门和相关教学单位，民族教育地方政策的具体组织实施是政策执行过程中的末端环节，它要把已经组织、整合的资源落到实处，通常情况下，这一阶段的具体事务主要包括三方面：一是获得财政上的支持，落实好政策所需经费，做好经费分配使用预算；二是提供必要的物质支持，购置所需的设备；三是组织动员政策对象按照政策方案开展实践活动。

四、民族教育地方政策执行过程的调查分析

贵州省"民族民间文化进校园"政策源于基层政策实践，是由基层少数知识分子发起的民族文化学校传承行为，是一场静悄悄的尝试性实验。在地方政府还没有重视民族民间文化学校传承并制定相应政策之前，黔东南榕江县等民族聚居地的一些民族学校就已经开始把当地少数民族喜闻乐见的民族民间文化引入课堂，之后政府将这种非制度性的行为上升到政府行为，各级政府出台相应的政策，"民族民间文化进校园"成了"自上而下"的运动。[①] 根据民族教育政策执行过程分析理论，并通过对贵州省"民族民间文化进校园"政策执行过程的调查，以及对政策利益相关者的访谈，发现在政策宣传解释、政策资源整合、政策的具体组织实施过程中确实还存在较为突出的问题。

（一）个案政策执行过程简述

根据前述部分对民族教育地方政策执行过程的理论分析，贵州省"民族民间文化进校园"政策与其他政策执行过程一样，可以划分为政策宣传

[①] 苏德. 民族基础教育质量保障的政策研究 [M]. 北京：教育科学出版社，2013：437.

解释、政策资源整合和政策的具体组织实施等几个活动环节。在政策执行过程中的每一个活动环节，都是通过各级教育行政职能部门利用其行政手段和经济手段来实现政策任务的落实，具体表现为省、市（州）、县（市、区）三级垂直行政管理层级，具体组织实施的机构设置在各级地方民族教育行政职能部门，承担政策执行的具体事务和向上级反馈政策执行中的信息，由民族民间文化教育项目学校具体落实开展民族民间文化教育教学科研活动。目前，贵州省内承担民族民间文化教育科学研究活动的主要有三大实体，称为民族民间文化教育项目学校，一是基础教育学校，二是中等、高等职业技术教育学校，三是普通高等院校。

贵州省教育厅和贵州省民宗委通过行使国家和省委、省政府授予的民族教育行政管理权，对全省开展民族民间文化教育活动进行统一管理、统筹协调、统一指导、统一考核，总体负责政策的宣传解释工作，提高贵州省"民族民间文化进校园"政策的知晓度，为政策执行营造舆论氛围，同时凭借自身的资源优势，通过中央电视台、贵州电视台、《贵州日报》《贵州民族报》等大众传媒和贵州省教育厅、省民宗委等门户网站及时宣传各市（州）、县（市、区）执行政策的情况和各级各类民族民间文化教育项目学校取得的教学成果。

省教育厅和省民宗委从民族教育经费中列支专项预算，划拨一定经费到各市（州）、县（市、区）教育行政职能部门，同时在各市（州）、县（市、区）行政机关的民族教育经费预算中，专列民族民间文化教育经费投入，为开展民族民间文化教育提供经费支撑。例如，根据凯里市民宗局统计资料显示，自2013年以来，凯里市委、市政府连续把民族文化进课堂经费列入财政预算，每年单列50万元经费投入民族文化进校园工作，在很大程度上保证了民族民间文化教育的经费问题。此外，在省属高校贵州民族大学、贵州师范大学及其他民族地区各高等院校设立了民族民间文化师资教育培训基地，培育民族民间文化教育师资队伍，并组织人员编写民族民间文化教育教材。实现人力与物力资源的整合，一定程度上缓解民族民间文化教育资源紧张的问题，为政策执行的具体组织实施奠定了基础条件。

（二）个案政策执行过程的问题描述

1. 政策宣传解释中的问题

首先，政策宣传解释方式单一，宣传政策执行成果的内容多，经验交流总结和揭露问题的内容少。在基层自发组织实践阶段和县、州级民族教育行政职能部门制定和实施政策阶段，主要通过学校会议、地方民族教育行政职能部门会议、教师培训、选送学生外出参加比赛等方式来解释和宣传政策，以此提高人们对基层政策的认知度并扩大政策的影响力，由此我们也可以看出，"自下而上"阶段的政策宣传解释形式是比较单一的。当"民族民间文化进校园"政策上升为省一级的地方民族教育政策之后，其权威性大大增强，通过各级地方行政机关及其所属民族教育行政职能部门，利用行政手段和经济手段增强了政策执行力度，由各级各类学校具体落实。因此，他们借助自身行政资源优势，使政策解释与宣传方式有所改变，其力度得到了增强。一是通过学校会议、地方民族教育行政职能部门会议、教师集中培训、师生参加各类比赛等方式来解释和宣传政策；二是通过"民族民间文化进校园"成果展演、展示，评选民族民间教育项目学校等活动方式达到检查政策执行成效和解释宣传政策的目的；三是利用《贵州日报》《贵州民族报》等大众传媒和贵州省教育厅、省民宗委等门户网站宣传解释政策。由此可见，自政策上升为省级地方政策之后，政策解释宣传力度得到增强，为政策执行营造了舆论氛围。但政策宣传表现出"报喜不报忧"，即对宣传政策成果的内容多，对经验总结的内容少等问题。

其次，政策宣传解释中的信息失真。政策通过"自上而下"的宣传解释过程，需要通过多个层次的接力传递，政策精神才能到达学校层面，所以在逐级理解上级文件的过程中，就可能对政策的理解出现偏差，或对政策的理解只是停留在表面上，导致政策执行出现问题。例如，在某民族小学调研中，校长很热情地向我们介绍"民族民间文化进校园"的成功经验，并饶有兴致地细述各级领导对其取得的成绩给予了嘉奖。但随着调研的深入，发现这所学校是运动式地开展活动，为了抓好此项工作校领导甚至有不惜损害师生利益之嫌，要求全校师生全员参与，所以在时间安排上难免与师生休息、学习时间产生较大冲突，长期如此这般折腾，老师和学生已是心有怨气，不少师生也感觉是被动和应付的。①

再次，政策宣传解释中信息衰减。政策的精神要求在"自上而下"宣传解释的过程中，容易产生"信号衰减"，甚至出现"歪曲"或与之相悖的情形，所以学校在政策执行中出现各吹各的调、走调变味等现象就不足为奇了。在调研中，我们和很多老师进行了面对面的探讨与交流。部分老师认为，民族文化在全球一体化进程中自生自灭，是顺应时代发展潮流。因此，不必刻意对其进行保护，也不需要将民族民间文化搬到学校传承。例如在某县一中学，有位领导很坦率地说道："少数民族文化不需要也不应该像现在这样刻意地去保护，社会在发展进步，先进的东西取代落后的东西是很自然正常不过的，如果刻意地去保护，就如同我们花了很多钱去抢救一个生命垂危者，也许能将他的命保住，但他已成为躺在病床上的植物人，那又有什么意义？"听了这一席话，深深感到当政策传递到学校这个层面的时候，不同的人对政策的理解确实还存在很大的分歧，这势必会对政策执行产生阻碍。②

2. 政策资源整合中的问题

政策执行可以利用的资源通常包括权力资源、信息资源、财政资源和物资资源。资源整合是政策得以具体贯彻和落实的保障，关系到政策目标是否能够实现。因此要在建立健全执行政策的组织领导机构基础之上，实现人力资源的整合和物力财力资源的整合。目前，在民族教育地方政策执行过程中，政策执行的资源整合还存在这样一些问题。

首先，政策执行组织领导机构建制不够健全。政策执行组织领导机构

① 陈孝凯，孟立军，王国超. 贵州民族文化价值的认识局限与超越［J］. 贵州民族研究，2014，（4）：35.

② 陈孝凯，孟立军，王国超. 贵州民族文化价值的认识局限与超越［J］. 贵州民族研究，2014，（4）：35.

是一个权力系统，它代表政策决策组织来分配和执行任务，并及时地反馈政策执行过程中的相关信息，健全政策执行组织领导机构，配齐工作人员，是政策执行的关键。但在黔东南州、黔南州、铜仁市、黔西南州等地区实地调查过程中发现，地方民族教育行政职能部门工作人员配备不齐、工作人员被外调借用情况较为普遍。其中有一位长期从事民族教育管理的干部自嘲地说："你看，这里就我一个光杆司令，既是科长，也是兵。我们科室（民族教育管理科）编制上是不止我一个人，但实际工作人员总数也不多，而且为配合和支持州里的工作，年轻的干部还经常被其他单位借调出去，所以大小的事情都是我在做了，你看我头发全白了，我叫自己是白头翁（笑）！其实，我2005年到这个部门（民族教育管理科，负责民族文化教育等工作事务）十多年了，长期搞这项工作，我对民族文化教育还是很有感情的，我也是少数民族，是苗族，我也曾想着还做其他一些工作，例如我想做一个双语师范教育工作。但你看我们单位只内设三个科室，而省民宗委内设有八个处室，所以工作难以一一对应，你看就好像他们好几个人在不停地发球，而我一个人要接住他们所发出的每一个球。当我们把上级部门（省民宗委）和州里的事务完成之后，基本没时间做其他的事了，至今也只能把它（双语师范教育工作）暂放一边了。"此外，还有的科室由多个职能部门组成，"兼任"多项政策的落实机构，例如，在调研中发现，有的民族自治州教育局把"基础教育"和"民族教育"合并为一个科室，即"基础教育和民族教育科"，实际上基础教育还不能涵盖民族教育，可能会增加工作人员负担，削弱民族教育的职能，影响政策执行。所以，在政策执行中，要做好人力资源整合，配齐政策执行组织领导机构的领导和普通工作人员，使之各负其责、各司其职，但做到权责明确、权责统一还是难以实现。

其次，政策执行获得财力和物力资源支持渠道有限。财力资源和物力资源是任何一项政策的执行都离不开的资源，也是最为基本的资源。当前，民族地区经济发展整体水平不高，地方财力薄弱，投入于教育的经费不多，同时社会资助资金不多，主要还是依赖于国家投入。而且民族地区教育债台高筑现象较为普遍，在贵州省某少数民族自治州调研得知，全州40所普通高中学校共计负债8.6亿元。① 在一些民族地区，教育运行成本很高，加上缺乏稳定的财力支持，维持教育系统的正常运行仍然捉襟见肘，所以"民族民间文化进校园"政策执行，只能由部分学校和部分县市自行开展，制约了民族民间文化教育的质量，限制民族民间文化教学资源开发，影响区域间民族民间文化教育交流发展。

再次，政策执行组织领导机构功能错位。政策执行组织领导机构功能错位，是指政策执行组织领导机构被迫从事与本职能无关的事项，影响其组织领导机构正常功能的发挥，使政策执行受到很大的局限。从调查研究情况来看，当前县级地方教育行政职能部门都非常繁忙，工作任务十分繁重，因而所有的事情都得排出个轻重缓急，像负责民族民间文化教育的组织领导机构、教育督导机构、政策研究室、教学研究室等部门经常要服务于教育行政部门的大局，放下本组织领导机构的工作任务，去从事与本部门职能无关的事务。例如，县教育督导机构本应该承担对教育政策执行情况的监测和评估工作，但经常成为协助应对和迎接上级教育工作检查的机构，或在工作中只发挥"督"的功能，而忽视了"导"的功能发挥；政策研究室没有正常从事民族教育地方政策问题研究，教学研究室未能正常从事教育科学研究工作，要服务于领导工作汇报材料起草，协助会议组的其他工作安排。政策执行组织机构功能错位，影响"民族民间文化进校园"政策执行，导致其他教育政策处于低效率的运行状态，从而陷入政策执行的恶性循环。

3. 政策具体组织实施中的问题

在政策的具体组织实施中，地方民族教育行政职能部门与其他相关部门之间缺乏制度性的沟通协调，上下级之间缺乏有效联动，因而政策在执行过程中出现了一些问题。

首先，各部门之间没有建立起统一的政策执行督导办法，容易导致各

---

① "××州民族教育调研报告"，这是在贵州省某自治州教育局调研获得的内部保存资料。

部门之间检查工作的方式，随意性地，或走马观花式地看一看，打乱正常教学秩序，影响老师、学生的积极性。在调研中，某县民族中学一位年轻的音乐教师（非物质文化传承人）曾反复地说："我已经很厌倦被上级部门安排的演出，他们很多人不理解其文化内涵，所以也不尊重演出师生的辛勤付出，他们往往还没看完师生表演的一个节目就已经离席而去，到别的地方检查工作，教育行政部门很多时候只不过把学校民族文化表演视为应付上级检查的工具。"诸如这样的行为，既反映了不尊重老师学生们的辛勤劳动成果，也要求我们有一个评价指标体系，对政策执行过程进行跟踪监测，避免不同部门随意性的工作检查。[①]

其次，教育、财政、人事、文化等部门之间在政策执行中还没有建立起上下互动与左右联动的工作机制，导致财政支持力度不够，经费拨付困难，经费使用紧张或经费使用没有落实到具体工作之上，被挪作他用。而且教育与人事、编制等部门之间协调不够，对民族文化教育专任教师的录用、考核考评制度尚未健全，缺乏升学就业政策的有效链接，难以调动教师和学生的积极性，学生学习动力不足、学习目标模糊，很多老师和学生感觉是"被政策执行"。从政策执行的角度分析，地方民族教育政策的顺利执行和推广，更需要诸如管理制度、人事制度、财政制度、督导评估制度、问责制度等制度加以约束、激励和保障。[②] 所以在政策执行中要建立起多部门联动工作机制，加强统筹协调，争取财政上的支持，做好经费分配使用预算，增强经费使用监督与管理，确保专款专用，做好"民族民间文化教育"政策与国家考试升学相协调配套的制度安排，把民族民间文化纳入省内的中小学素质教育内容和大中专院校的相应专业教育之中。

（三）个案政策执行过程面临的困难与问题思考

民族教育地方政策执行过程中遭遇何种困境？需要注意什么问题？思

---

① 陈孝凯，孟立军，王国超. 贵州民族文化价值的认识局限与超越 [J]. 贵州民族研究，2014，（4）：35.

② 范国睿. 教育政策的理论与实践 [M]. 上海：上海教育出版社，2011：141.

考和探究这一问题之于防止政策执行过程中出现偏差，避免出现与政策目标追求相背道而驰的结果都是有积极意义的。结合具体政策实践分析认为，在民族教育地方政策的执行过程中，应该客观分析和思考以下三方面的问题，只有认清一些基本的问题，做出形势判断，才能尽量减小政策执行的阻力，防止政策执行出现偏差、走样，争取更多积极结果。

1. 政策执行过程中难以避免之制约因素

民族教育地方政策执行不仅受到客观因素的制约，也会受到人的因素影响。为此，应客观分析制约政策执行的因素。

（1）政策资源的承载能力

民族教育地方政策执行本身是一个不断地消耗资源的过程。因此，政策执行过程事实上必然要受制于本地区的资源限制和约束，尤其是容易受到本地区经济资源的承载能力的约束。正是基于客观条件的理性分析，在民族教育地方政策执行过程中需要注意出现"巧妇难为无米之炊"的现象，而且也需要注意把"好钢用在刀刃上"，要在有限的政策资源条件下尽最大可能地出成果。例如，当前该案例政策已经成为省级层次的民族教育政策，很多学校已在申请成为民族文化教育项目学校，从一个方面来看，这表明不同类型的学校在积极响应民族教育行政管理部门的号召，这是好的一面，但同时太多学校参与进来，这当中有的学校可能只是想沾一点该案例政策的利益，而其他学校则是真正为了传承民族优秀传统文化，但过多的学校参与进来必然会导致摊子铺得过大的问题，反而使有限的经费投入被分散了，这不利于在政策执行过程中培育出民族文化的精品，影响政策执行。

（2）政策执行中领导的重视程度

有教育政策研究者认为，政策是利益的再分配，任何政策的执行过程都会不同程度地涉及社会各系统间的利益分配关系。[①] 也有研究者提出，理性和非政治的因素并不是教育决策和教育政策的唯一决定因素。相反，

---

① 袁振国. 教育政策学［M］. 南京：江苏教育出版社，2005：93.

教育政策制定和教育政策执行在很大程度上受到情感和政治因素的影响，反映了决策者自己的价值观和政治信仰以及各利益团体利益斗争等多种力量互动的结果。还有的研究者指出，政策运行过程即是将政策具体化、操作化的过程，因此必然涉及资源的再分配过程，必然会有利益上的博弈。① 那么究竟在民族教育地方政策执行过程中谁对资源的分配发挥主导性作用呢？在调研中，很明显地感受到这样的问题：不管是在不同的民族地区还是同一民族地区，同一项政策，因教育行政职能部门和领导对政策的重视程度不一样，理解程度不一样，导致政策执行的力度也不一样，其结果也就不一样。这印证了政策执行力度大小是受到人的认识能力、情感偏好等因素影响的观点，尤其是受到地方领导的影响更大，甚至有时候领导起到决定性的作用。因为，地方领导不仅是简单的个体，当领导个体以集体身份形象做决策之时，在多大程度上支持政策执行，往往会体现领导本人对政策的基本态度，领导越重视就使政策执行获得更多的资源，特别是经济资源的支持。例如，之所以黔东南州推动民族民间文化教育力度相对贵州省内其他地区要大，取得的成果更多、影响更广。其实除了黔东南州民族文化资源浓郁、底蕴丰厚之外，更与黔东南州委州政府高度重视民族文化保护传承，推动民族文化旅游产业发展战略紧密相关。可以说，黔东南州委州政府领导的高度重视，为"民族民间文化进校园"政策在该州的实施提供了重要保障。近些年来，为加强民族民间文化发展繁荣，推进学校传承和保护民族民间文化，黔东南州教育局联合州民委先后出台了《关于加强中小学民族音乐民族舞蹈教学的通知》《关于进一步做好黔东南州民族民间文化教育的意见》《关于学校开展民族文化教育的实施方案》等一系列政策措施，助推民族民间文化教育有效开展。所以，在民族教育地方政策执行的过程中，争取得到领导的理解与支持是十分重要的工作，地方领导主导着本行政区域内有限资源的分配权。

---

① 敖俊梅. 民族教育政策文化分析：以民族预科教育政策为线 [M]. 北京：教育科学出版社，2013：162.

（3）民族教育地方政策执行主体的能力限度

民族教育地方政策作为地方发展民族教育的一种工具，需要专门工作人员组织实施，因此这些执行政策的人员被称为政策执行者。民族教育地方政策主体是指某一具体政策组织实施机构中的领导、成员及相关学校的领导。在调研中发现，在同一民族地区，就同一项教育政策而言，政策的执行水平、教育政策目标的实现程度，直接受到民族教育地方政策执行主体的政策理解能力、政策执行能力等因素的影响，尤其是相关学校领导的能力，在资源争取、开发教学资源、组织教师学习讨论、方案制定、落实方案计划、调动教师参与和沟通交流等方面的能力直接地影响着政策执行效率和实际结果。

2. 政策执行中"一哄而上"之困

民族教育地方政策执行过程中出现"一哄而上"的问题主要是基层政策主体盲目逐利所致。民族教育地方政策执行过程出现的"一哄而上"的现象可能会因为表面的热闹场面掩盖了问题的本质，最终可能出现事与愿违的结果，由此困惑着人们因此需要特别注意"一哄而上"问题的出现。就贵州省在全省范围内各级各类学校开展"民族民间文化进校园"活动这项政策而言，它是在省教育厅和省民宗委把基层自发的政策实践提升、规范之后，在全省范围内各级各类学校推广的地方性民族教育政策，并且由"自下而上"的政策阶段进入了"自上而下"的政策执行阶段。当贵州省教育厅和贵州省民宗委联合印发了《关于在我省各级各类学校开展民族民间文化教育的实施意见》（黔教发〔2002〕16 号）文件之后，该政策就已经在各级各类学校取得了权威性，而且当某个学校获得民族民间文化教育项目称号后，除了获得传承民族文化的教育利益之外，还能获得政策负载的经济利益、荣誉等。由此也就有可能出现倾向于从某一学校、某一地区自身利益角度来对政策做出回应，而非来自对传承和保护民族文化和培养人才的目的。执行"民族民间文化进校园"这样的政策需要结合所在学校地区的文化特点和学校发展特点而进行的，这需要具备相应的民族文化资源条件才能教学，各学校应本着实事求是的精神来申报民族民间文化教育项目，若盲目跟风，"一哄而上"，反而影响自身的正常教学工作，失去了自身的办学优势与特色。而对于民族民间文化项目申报审核部门，则要严格把关，对确实有文化资源条件、有能力实施民族民间文化教育的学校，或确实需要通过民族文化教育提升少数民族学生文化自信，逐步使学生适应现代社会和外来文化的民族地区学校，进行重点扶持和支持。

3. 政策执行中的务实之难

政策执行的最终目的是要解决政策问题，所以在政策执行过程中一定要有务实的精神，而不是做表面文章，如果在民族教育地方政策执行过程中不讲求务实精神，其表里不一的行为必然产生诸多危害，不仅投入的资源都耗尽也难以实现政策目标，甚至还有可能对受教育者的身心造成危害。结合案例政策的实地调查研究，可以发现有不少学校在贯彻落实"民族民间文化进校园"政策的时候做出一些表里不一的举动。例如，有的学校为了在接受上级部门检查工作或迎接上级考评的过程中能够顺利过关，学校领导和教师不惜与学生合作起来一起说谎，其中一个小学老师说："学校排有两个不同的课表，一个是'真实'的课表，那是没有贴在教室墙上的，由老师安排，另一个是'备用'的课表，也就是贴在墙上的课表，那是给别人来看的，应付上级检查用的。"他们还反映："当有领导要来检查，或者要参加县里面、市里面组织的活动的时候，也就让学生和教民族文化课的老师集中排练一段时间，以应付上级检查或争取在参加活动中获得领导肯定或表彰，而且音乐、体育、美术这些'副科'都被放一边了，这样才能把时间和精力都放在学习文化课程上。"当然，有的学校选择这样一些"上有政策下有对策"的应付策略，这反映出在执行政策的过程中确实存在务虚不务实的现象和问题，这还需要加以改进。

第四节　民族教育地方政策调整完善过程

从政策运行过程来看，民族教育地方政策调整完善是进入政策执行阶段之后，因政策在执行过程中遇到的困难和出现的问题，即产生了政策障碍，所以需要根据客观实际，由民族教育地方政策制定机关对政策做出局部修正、调适、补充和拓展。民族教育地方政策自我调整完善是必然的，也是必要的，是地方发展本地区民族教育事业的内在要求，有助于地方更好地解决本区域内的民族教育问题。

一、"政策再制定"与"政策调整完善"之关系辨析

政策自我调整完善过程，是对原有政策拾遗补漏，或因客观情境变化而对其做出修正、调适和补充，是对原有政策的继承发展，它与"政策再制定"有一定的相似性，即实质上都没有产生完全崭新的一项政策，都是根据客观现实的需要，基于已经存在的某一政策做内容上的增减或使原来的政策更加具体化，配套政策更完善，政策的基本目标没有发生方向性或根本性的改变，都属于教育政策的实践活动，也都反映了地方发展民族教育的积极性、能动性和创造性。

但地方教育政策自我调整完善与"政策再制定"存在明显的区别，主要体现在行为主体是否具备一致性。"政策再制定"是地方政府为贯彻落实中央某项教育政策，结合本区域内的实际情况而制定的具体政策，或者下级地方政府对上级地方政府所制定的教育政策做出具体的实施方案，这些属于"政策再制定"，反映出"政策制定"与"政策再制定"的主体不具备一致性。然而，"政策调整完善"主体与"政策制定"主体是同一主体，"政策调整完善"强调原来制定政策的地方政府对其制定的某一政策做内容上的增减或使原来的政策更加具体化，政策内容变得更加丰满或适宜于时代发展需要。事实上，民族教育"政策再制定"与"民族教育地方政策调整完善"经常发生在政策实践中，对巩固政策成果，实现政策目标，总结政策经验都是至关重要的。

二、民族教育地方政策调整完善的原因

由于教育活动与公众教育需求的不断变化，因此教育政策的运行必须

以教育活动和公众教育需求为中心，并适时做出调整和完善。和其他教育政策一样，民族教育地方政策也要适时进行调整完善，其原因是显而易见的，是主观因素与客观因素的相互交织，集中表现在人的认识能力的有限性与客观事物发展变化的无限性之间的矛盾存在，这也就决定了政策需要调整完善。具体而言，其原因主要包括政策本身存在缺陷、政策环境变化和政策执行人员出现偏差等方面。

（一）民族教育地方政策自身可能存在缺陷

教育政策制定归根到底是人们在某一特定的历史时期内的实践活动，是以政府为主导，对教育问题的分析和求解。在教育政策制定初期，虽然经过专门机构、专业团队和专家的反复讨论和斟酌修改，但由于受到各种客观和主观因素的制约，教育政策难以做到尽善尽美，本身难免也会存在缺陷，不可能做到完全符合现实需求，一劳永逸地解决各类教育问题。① 马克思曾说，"如果事物的表现形式和事物的本质会直接合而为一，一切科学就成为多余的了。"② 同样，如果我们所制定的民族教育政策的主观目的与社会问题、教育问题的本质直接合而为一的话，也就不可能有教育政策失误或新的教育问题产生。当然，对这种在实践中难以克服和无法避免的问题，也只能放到新的实践中去求解。可以说，无论是中央制定的民族教育政策，抑或是地方制定的民族教育政策，都有可能只是解决了民族地区的部分教育问题，而且民族教育政策执行还可能再生教育问题或其他社会问题。这些在教育发展中余留的问题或再生的问题向研究者和实践操作者不断发出挑战，当然，不论是对教育政策制定，还是对政策自我调整完善，这都产生了新的空间。

（二）民族教育地方政策环境变化

政策环境主要包括自然环境、社会经济环境、体制制度条件、政治文

---

① 苏德. 民族教育政策：行动反思与理论分析 [M]. 北京：教育科学出版社，2013：5.
② 马克思恩格斯全集（第25卷）[M]. 北京：人民出版社，1974：923.

化和国际环境等多种因素，民族教育地方政策的执行与这些政策环境中的任何因素都紧密相关，这些政策环境因素的变化，都可能导致问题的变化，或对本地区民族教育政策执行的条件和政策资源产生消极或积极的影响。正如哈耶克所说："我们并不是全知全能的……我们不可能根据一项前定的详尽计划……去安排我们自己的生活并使之有序。"① 所以当民族教育地方政策环境变化还没影响原有政策解决本地区民族教育问题的时候，可以保持原有民族教育政策不变，当这种影响超出一定限度时，就必须要对该项政策进行调整。

（三）民族教育地方政策执行人员的过错与能力限度

民族教育地方政策执行的成效很大程度上与政策执行人员相关，在一些地方，民族教育地方政策执行人员出于局部利益的考虑，可能会不顾客观实际情况，进行政策对抗，扩大政策使用范围等。诸如此类行为，就会导致民族教育地方政策执行偏差现象，阻碍政策的正确贯彻执行。此外，由于民族教育地方政策执行人员对政策理解错误，导致政策的错误执行，难以圆满地解决教育问题，造成教育资源浪费。凡此种种出现在政策活动过程中的过错，有必要适时做出调整，或调整政策执行手段，或完善政策监督机制，或调整政策执行人员。

三、民族教育地方政策调整完善的逻辑路径

只要有政策执行，就会有新的问题产生，既然有了新的问题出现，必然应当采取完善措施。民族教育地方政策调整完善，是原政策制定机关通过一定程序，针对政策执行过程中发现的问题，基于原定政策做出内容增减和改变，发布新的政策文件，或完善相关配套政策的过程，是解决政策执行过程出现的问题的实践过程，是政策顺利而有效继续执行的重要保证。民族教育地方政策调整完善过程与政策制定过程在程序上有很大的共

---

① [英]冯·哈耶克. 哈耶克论文集 [M]. 邓正来，译，北京：首都经贸大学出版社，2001：213.

同之处，民族教育地方政策调整完善主要有两条逻辑路径，经过自下而上的信息反馈和自上而下的问题"诊断"之后，进入政策方案设计与选择和政策合法化阶段。

（一）自下而上的信息反馈

自下而上的信息反馈过程，是民族地区基层政策执行人员、政策目标群体以及公众反映政策执行成果与问题的过程。在基层教育行政官员主动向上级汇报工作的时候，不应该只报喜不报忧，而是应该认真剖析政策执行中存在的不足或政策本身存在的一些问题。此外，政策目标群体和公众还可以借助媒体、邮件、电话以及上访等方式向领导或上级教育行政部门反映政策执行过程中存在的问题和困难。

（二）自上而下的问题"诊断"

一是通过上级教育行政部门到民族地区政策执行的一线教育行政部门或相关学校调查研究，主动向政策执行人员、政策目标群体、广大公众了解情况，掌握民族教育地方政策执行动态，发现政策执行中的问题，为有针对性地提出解决问题的措施奠定信息基础。二是通过建立教育政策监测和教育政策评估工作机制，对民族教育地方政策执行进行专业化的分析，从而得出全面的分析结论，为民族教育地方政策调整完善提供较为客观的依据。

四、民族教育地方政策调整完善过程的调查分析

从案例政策来看，自贵州省人大常委会颁布《贵州省民族民间文化保护条例》（2002年）以来，为贯彻落实《贵州省民族民间文化保护条例》中有关学校保护、弘扬民族民间文化的要求，2002年，贵州省教育厅、贵州省民宗委联合印发了《关于在我省各级各类学校开展民族民间文化教育的实施意见》（黔教发〔2002〕16号）。时隔6年之后，于2008年，贵州省教育厅、贵州省民宗委又联合印发了《关于大力推进各级各类学校民族民间文化教育的意见》（黔教民发〔2008〕216号）；2016年，贵州省民宗委、省教育厅、省文化厅三个单位联合印发了《关于全面推进各级各类学校民族文化进校园工作的实施方案》。这三个政策文件，成为贵州省各级各类学校开展民族民间文化教育的基本遵循。当然，这前后三个政策文件的制定与实施，也反映了随着政策的实践发展，政策决策者对问题的认识也在不断地深化。根据前部分对民族教育地方政策调整完善过程的理论分析，民族教育地方政策调整完善主要通过自下而上的信息反馈和自上而下的问题"诊断"，并针对政策执行中出现和发现的问题启动政策议程，修改、补充政策内容，促进政策修改方案的合法化。下文将根据民族教育地方政策调整完善过程的活动环节划分，结合调查研究，可以再现个案政策调整完善的具体过程，归纳政策调整完善的内容，探讨当前民族教育地方政策调整完善所面临的困难和存在的问题。

（一）个案政策调整完善过程的展现

民族教育地方政策的调整完善是一个调查研究的过程，是利弊权衡的过程，更是争取政策资源的过程。政策调整完善大致经过了政策执行过程中的信息搜集与问题"诊断"、政策调整完善的提出、政策调整完善的程序启动与方案讨论和"新"政策出炉几个阶段。

1. 政策执行过程中的信息搜集与问题"诊断"

2002年10月，贵州省教育厅、贵州省民宗委联合印发了《关于在我省各级各类学校开展民族民间文化教育的实施意见》（黔教发〔2002〕16号），贵州省正式在全省范围内实施民族民间文化教育，省教育厅和省民宗委对政策执行进行监测、督导，听取各个市（州、地）、县教育行政部门和民族事务部门开展民族民间文化教育的情况，了解民族民间文化教育形式、具体措施、工作绩效、存在的困难以及对未来的工作思考。在访谈中，省民宗委一位干部说："我们对政策执行过程中的动态情况还是定期或不定期地进行了解，主要是通过组织人员到基层、学校检查工作，或组织专家开展民族民间文化调查研究，及时了解学校开展民族民间文化进校园的情况，对他们开展工作的问题和困难进行了解。当然，有时候下面的领导到我们这开会，也会主动地向我们反映这方面的工作问题，这些都是不定期地了解政策执行情况的方式。还有，我们和教育厅那边联合定期开展民族民间文化教育成果展，展示和交流学校工作开展的成果和经验，在这个过程中我们也会及时地总结经验和分析现实中的问题，为政策调整准备基本的工作，把这些情况如实向领导汇报。"

从中可以看出，地方民族教育行政职能部门对政策执行的信息搜集是以定期和不定期的形式进行的，信息来源的渠道相对来说也不算多，主要是"官"与"官"的信息交流，这一过程的工作主要由民族教育地方政策执行组织领导机构来完成。当他们把政策执行情况和问题向领导汇报后，领导就问题进行"诊断"并提出处理性或指导性的意见或解决办法，决定是否启动政策调整完善的议程。

2. 政策调整完善建议的提出

政策调整完善建议的提出，主要是省教育厅和省民宗委根据所搜集的政策执行过程中的信息，对出现的问题进行"诊断"分析，并结合原政策自身存在的缺陷提出完善政策建议。省民宗委那位干部说："2002年省教育厅、省民宗委联合印发了《关于在我省各级各类学校开展民族民间文化教育的实施意见》之后，于2008年省教育厅、省民宗委联合出台了《关于大力推进各级各类学校民族民间文化教育的意见》，2016年贵州省民宗委、省教育厅、省文化厅三个单位联合印发了《关于全面推进各级各类学校民族文化进校园工作的实施方案》。从这三个文件先后顺序看，前一个文件与后一个文件都相隔好几年时间了，为什么要经过好几年的时间呢？我们注意到政策要稳定，而且对实践中出现的问题需要深入观察、调查，才能提出有针对性和可行性的建议，这样也好向领导汇报政策执行过程中实际存在的问题，让领导更加清楚民族民间文化教育的一些比较具体的问题，引起领导重视，这样有助于有关调整政策的建议被采纳。"

3. 政策调整完善的程序启动与方案讨论

领导采纳政策调整完善的建议后，具体的问题还需要进一步研究。省教育厅和省民宗委对于民族教育地方政策调整完善的程序启动和方案设计。省民宗委的干部说："我们对政策的调整和完善比较谨慎，要考虑政策的稳定性，一项政策不能朝令夕改。而且我们的工作任务也很多了，我们对政策执行中的问题也要有一个基本的判断，才能启动政策调整的工作。当时（2008 年）国家对文化遗产的保护已经开始重视，国家提出了课程改革，这些对政策调整完善还是有促动作用的。但具体怎么做，我们却是'摸着石头过河'了，包括我们的领导也在思考该怎么办，政策该怎样设计等。当有了解决问题的思路和较成熟的想法后，就要开会讨论，大家来说怎么调整，还反复地讨论，特别是工作人员要对方案进行修改，所以工作人员付出了很多。最后经领导同意，才能印发文件。"

对民族教育地方政策调整完善程序的启动虽然没有原政策制定那么复杂和困难，但是也不是轻易就启动的，它需要对原政策执行一段时间内出现的问题进行研究，更需要考虑政策的相对稳定性，结合政策环境的变化进行综合性分析，最终才能决定是否适宜做出政策调整。

4. "新政策"出炉

"新政策"出炉是政策方案经过反复讨论和修订的结果。贵州省教育厅和省民宗委通过组织工作人员、相关专家对政策方案进行讨论后，大家达成一个统一的意见，然后由工作人员制作出新的文件文本，再呈请领导批准，这也就意味着政策方案通过了。2008 年 7 月 2 日，贵州省教育厅、省民宗委联合印发了《关于大力推进各级各类学校民族民间文化教育的意见》（黔教民发〔2008〕216 号），对于之前的政策文件而言这就是"新"的政策出炉，"新政策"因此取得了合法性和权威性，成为指导贵州省民族民间文化教育的一个具体而重要的文件。继此之后，2016 年贵州省民宗委、省教育厅、省文化厅三个单位联合印发了《关于全面推进各级各类学校民族文化进校园工作的实施方案》，此文件的正式印发即已取得合法性和权威性，也意味着在将来的一段时间里主要根据这一文件指导和规范各教育行政部门、民族事务管理部门、文化管理部门和各级各类学校开展民族民间文化教育。

（二）个案政策调整完善的情况对照

前面已经对案例政策调整的具体活动过程及产生的三个骨架政策进行了梳理，但并没有对三个骨架政策文本内含的精神和主要内容进行详细的分析。因此，本部分通过表格（表2-1贵州省"民族民间文化进校园"政策调整完善情况对照表）对比分析2002年、2008年和2016年的三个骨架政策文件，呈现该案例政策调整过程表现出的内容与形式的发展变化，总结案例政策调整完善过程得出的基本经验，同时也为正确地反映民族教育地方政策调整完善过程的一般特点提供事实依据。

表2-1　贵州省"民族民间文化进校园"政策调整完善情况对照表

文件名称 / 内容要点	《关于在我省各级各类学校开展民族民间文化教育的实施意见》（黔教发〔2002〕16号）	《关于大力推进各级各类学校民族民间文化教育的意见》（黔教民发〔2008〕216号）	《关于全面推进各级各类学校民族文化进校园工作的实施方案》的通知（黔民宗发〔2016〕31号）
政策总体目标与任务	1. 挖掘、整理、继承发扬贵州少数民族优秀传统文化，增强民族团结，丰富人民精神生活，促进社会主义精神文明和物质文明建设。 2. 推进贵州各民族经济、文化、教育事业发展。 3. 促进贵州建设民族风情旅游大省	1. 保护和传承优秀民族民间传统文化，从小培养学生保护民族民间文化意识，民族文化传承由自然引向自觉、由家庭引向学校、由分散引向集中。 2. 构建贵州特色民族教育。 3. 促进"多彩贵州"繁荣发展	1. 提升民族文化传播水平，传承民族民间文化，实现民族教育工作新跨越。 2. 全面推进民族民间文化进校园，争取到2020年省、市（州）、县（自治县）各级民族民间文化教育项目学校达到1000所

内容 要点 ＼ 文件 名称	《关于在我省各级各类学校开展民族民间文化教育的实施意见》（黔教发〔2002〕16号）	《关于大力推进各级各类学校民族民间文化教育的意见》（黔教民发〔2008〕216号）	《关于全面推进各级各类学校民族文化进校园工作的实施方案》的通知（黔民宗发〔2016〕31号）
组织领导机构及工作职责	各级教育行政部门和民族事务部门相互配合： 1. 制定政策措施、开展民族团结和民族法律法规教育。 2. 组织调查研究，指导学校开展教育活动，给予必要经费支持，培训师资，编写教材等	各级教育行政部门和民族事务部门相互配合： 1. 制定工作规划。组织人员深入调研、总结工作经验，报经当地党委、政府审定后，认真抓好落实。 2. 建立工作考核机制。把民族民间文化教育列入年度考核，明确领导、业务科（室）职责。 3. 抓好典型引好路，发挥民族民间文化教育项目学校的带动作用	各级民族事务部门、教育行政部门和文化管理部门相互配合： 1. 争取党委政府的重视和支持，及时向本级地方党委政府汇报，争取研究解决问题。 2. 建立工作机制，明确工作职责。教育部门履行好民族文化教育主管责任，负责民族文化进校园的统筹规划、宏观指导和综合管理；文化部门配合教育部门做好文化传承工作；民宗部门协调教育部门把
组织领导机构及工作职责		4. 经费投入与管理。安排一定经费用于民族民间文化教育，如培训师资、教材编写、教学设备购置。 5. 负责考核评估和督导。定期开展民族文化教育工作的检查、督导和评估	民族文化教育纳入督导指标体系，制定督导办法，定期开展检查。 3. 把民族文化进校园纳入各部门重要工作日程。省教育厅、省民宗委、省文化厅重点抓好省级示范学校，市州县教育、民宗和文化部门抓好本级示范学校。 4. 优化民族文化进校园舆论环境。宣传民族文化进校园的理念、功能，及时报道校园民族文化活动和先进经验做法

续表

文件名称 内容要点	《关于在我省各级各类学校开展民族民间文化教育的实施意见》（黔教发〔2002〕16号）	《关于大力推进各级各类学校民族民间文化教育的意见》（黔教民发〔2008〕216号）	《关于全面推进各级各类学校民族文化进校园工作的实施方案》的通知（黔民宗发〔2016〕31号）
教学内容和教学目标	1. 民族地区中小学将当地喜闻乐见的民族民间文化引入课堂，（民间音乐、绘画、舞蹈、体育、文学、传统手工艺引入教学活动中）纳入素质教育，开展双语教学，达到民汉兼通	1. 抓好国家和省非物质文化遗产保护项目进课堂，自治地方和民族乡的中小学必须把民族歌舞、民族体育、民族工艺、民族语言等纳入教学活动中，提高学生素质	1. 教学内容：以列入国家和省级非物质文化遗产保护的项目为基础，因地制宜地开展民族歌舞、民族声乐、民族戏曲、民族体育、民族工艺、民族绘画、民族语言文字等教学活动和实践活动。 2. 教学目标：（1）义务教育阶段注重激发学生民族文化兴趣，传授必备的基础知识和技能，发展民族文化想象力和创新意识，培养民族文化特长爱好等；
教学内容和教学目标	2. 民族高等院校设置民族学、民族史、民族语言和民族艺术等专业，培养民族民间专门人才，为全省培养民族民间文化教育师资	2. 职业学校发挥专业优势，积极开展民族音乐、绘画、舞蹈、传统手工艺，培养民族文化传承人。 3. 民族高等院校办好民族文化、民族体育、民族语言、民族医药、民族艺术等相关专业，编写民族文化教育教材，为全省培养民族文化教育专业教师	（2）普通高中要丰富学生的民族文化审美体验，开阔学生的人文视野；（3）中职学校和职业院校要根据市场需求，提高学生艺术技能和职业技能，为学生创业就业、快乐生活奠定基础；（4）普通高校引导学生完善人格修养，强化学生的民族文化意识和创新意识，增强学生传承弘扬民族文化的责任感和使命感

续表

内容要点 文件名称	《关于在我省各级各类学校开展民族民间文化教育的实施意见》（黔教发〔2002〕16号）	《关于大力推进各级各类学校民族民间文化教育的意见》（黔教民发〔2008〕216号）	《关于全面推进各级各类学校民族文化进校园工作的实施方案》的通知（黔民宗发〔2016〕31号）
教育活动形式	课程教学、课外活动、兴趣小组、劳动技术教育、综合实践活动等	专业教育、课程教学、课外活动、兴趣小组、劳动技术教育、综合实践活动等	实施课堂教学与课外实践活动相结合，组建学校民族艺术团、民族文化兴趣小组、民族体育代表队、民族文化创新工作室等
政策适用范围	各级教育行政部门、民族事务部门和全省各级各类学校	各级教育行政部门、民族事务部门和全省各级各类学校	各级民族事务部门、教育行政部门、文化管理部门和全省各级各类学校

通过对比分析这三个前后分别时隔 6 年和 8 年的政策文件，就该政策本身而言，我们可以清晰地看到调整完善之后政策的发展变化。一是在政策总体目标和要求方面，突出了民族文化教育对构建贵州特色教育的重要性；二是组织领导机构及其工作职责上的变化，强调各级教育行政部门和民族事务部门建立协调机制，抓好典型，加强经费投入和管理，负责考核评估和督导；三是在课程内容与教学目标方面，进一步明确了自治地区和民族乡的中小学、各职业学校、民族高等院校开展民族文化教育的教学内容、教学任务，要求民族民间文化教育项目学校发挥好示范作用，强调把国家级和省级非物质文化遗产保护项目引进课堂；四是在人才培养方面，突出了在民族高等院校、职业技术学校中设置专业课程、开展专业教育，培养民族民间文化专业人才；五是强调教育行政部门、文化管理部门、民族事务管理部门的协同配合和各自的工作职责，建立了以教育行政部门、文化管理部门、民族事务管理部门为主的民族教育联席会议制度和协作工作机制。政策的调整变化也使得政策更具有针对性和可操作性，对于学校

更有效地开展民族民间文化教育和传承、保护民族民间优秀传统文化发挥作用。

（三）个案政策调整完善过程的经验总结

民族教育地方政策调整完善主要是地方政府和本地区民族教育行政部门的双向互动过程，需要地方政府重视，尤其需要本地区民族教育行政职能部门的积极推动，这都会决定某一项具体政策的走向和前景。通过分析近十多年来贵州省"民族民间文化进校园政策"的调整完善过程，我们得到一些经验启示。

1. 找准推进工作的发力点

地方民族教育行政管理职能部门积极推进本行政区域内民族教育政策的完善，提高政策的可执行力，推进本地区教育多样化发展，彰显民族教育的特色，这是地方民族教育行政职能部门履行工作职责的基本要求。当然，并非地方民族教育行政职能部门拥有了自主发展民族教育的愿望，或者意识到自身的职责，就一定能够有相应的行动或产生积极的行动结果。能否找到和找准政策调整完善程序启动的发力点，说服政策"拍板"机关采纳建议，最终同意启动政策调整完善的工作程序，这才是最为关键的因素。其实，找准推进政策调整完善程序启动的着力点，其关键在于建立教育与经济的连接点，使政策发挥多方面的效应。所以在政策调整完善建议提出之时，就应该对政策方案有一个初步的构想，方案的设计既要从有利于教育自身发展的角度出发，也要考虑对促进本地区经济社会发展有更多的作为，这是地方领导最为关注和重视的地方。

2. 以政策成果获取政策资源

民族教育地方政策是地方民族教育行政部门为促进本地区教育发展而制定实施的指导性、规范性文件，它具有教育改革的试验性质，民族教育地方政策在实践中逐渐完善是自然的过程，在情理之中。但民族教育地方政策的调整不仅涉及文本的规范问题，而且影响政策的受重视程度，直接关系到未来政策资源投入的情况，从而制约政策的进一步执行。而政策实践所取得的成果毫无疑问是争取更多政策资源的前提条件，前期政策执行所取得的成果越大，就越容易增强政策决策机关和公众对政策的信心和期待程度，在政策的调整完善中引起重视，增大政府的投入力度和获得更多社会资源支持，进一步促进地方民族教育事业的发展。

3. 多部门协同联动工作增力量

加强跨部门合作，建设多部门协同联动的工作机制，这是现今的需要，也是未来的发展趋势，建立这样的工作机制对于政策活动的任何一个环节来说都有积极的意义。但长期以来，各部门之间的条块划分，带来了分工明确、职责明确的形态固化，而且产生了各自为政，或者遇到问题而相互推诿、争抢成绩的弊端。随着时代的发展，需要对各部门之间的关系、职责"再明确"，事实上在政府的众多职能部门中，很多部门彼此之间并不存在泾渭分明的界限，多数部门之间的工作职能存在着交叉重叠的关系，而且在社会不断发展的进程中，由于有些不同部门职能交叉面不断扩大，需要他们联系得更加紧密，通过跨部门合作而形成工作合力，更好地推进工作开展。就民族教育地方政策调整完善过程而言，推进多部门协同联动的工作机制建设，有助于共同研究政策，达成共识，共同提出政策调整的建议，推动程序启动。

（四）个案政策调整完善过程面临的困难与问题思考

政策的调整是基于已有政策不能够适应政策环境变化，或政策执行中的问题积累得已经影响到政策正常执行后，由原制定政策机关决定对政策进行修正、补充的活动过程。通过对贵州省"民族民间文化进校园"政策的调整过程进行研究，发现当前民族教育地方政策的调整，面临着一些较为突出的困难和问题。

1. 问题选择之难

教育是重大的民生问题，在人们已解决大部分物质问题之后，比以往更加关心教育问题，教育备受人们瞩目，也被寄予了更多的期待，而且随着国家综合实力的提升，国际教育交流与合作日益增多，因此教育问题趋向复杂。所以教育行政职能部门做出的决策必然更加谨慎，而且在中央加快教育改革发展的形势下，地方教育行政职能部门将承担更多教育管理责任和教育决策任务，负责统筹协调本行政区域内教育工作，所以地方教育行政职能部门的工作也总是千头万绪，地方教育政策问题不断累积，而所有的教育问题都得依赖教育行政职能部门解决，对于上级的指示和命令，更是不能怠慢，在面临众多任务和问题之下，地方教育行政职能部门就要对所有问题进行"轻重缓急"排序，对于利害关系影响不大的教育政策问题，不到迫不得已不会对原有政策做出调整完善，通常会采取能拖就拖的策略。而这样的选择往往受制于现实利益的考量，而非居于长远的利益和受教育者身心发展的需要。

2. 把握最佳时机之难

解决问题总是有一个最佳的时机，政策调整完善亦是如此，需要掌握最佳时机，如果政策调整时机不成熟，就匆忙对政策做出调整，可能会导致财力、物力的浪费，甚至会引发更多的问题。当然，错过了政策调整完善的最佳时机，则错过了发展的最好机遇，耽误了教育发展，因此也会积累更多政策问题。如前面内容所述，政策执行总是受诸多因素影响的，所以政策调整完善不是一时头脑发热而做出的决策行为，政策调整完善是需要打有准备之仗，需要长时期地对政策执行的跟踪调查，及其对政策环境变化进行观测，而且还需要对此政策与彼政策之间的相互关系进行研究。因此，如何才能把握政策调整完善的最佳时机，它考验着地方民族教育决策机关信息搜集能力、教育问题判断能力和组织协调能力。就目前而言，地方教育行政职能部门如何才能把握住政策调整完善的最佳时机确实非常困难，这其中有各种原因。首先是政策的实践变化不以人们的意志为转移，这增加了政策执行监测和问题分析的难度；其次从目前我国政策界来看，地方民族教育行政职能部门更是缺乏政策知识的有效供应，还停留在过度依赖于领导检查、视察工作，到基层了解政策执行情况后提出指导性建议和意见这一阶段，然而地方缺乏政策研究智库。当然，这些问题叠加在一起严重影响了地方教育行政部门对民族教育问题的分析和判断，制约了对民族教育政策调整完善最佳时机的把握。

3. 形成完整的政策体系之难

教育问题根源于社会，所以教育的问题从来都不仅仅是教育领域之事，或教育领域中的某一个孤立问题，地方民族教育问题同样和其他社会问题紧密相连，存在着千丝万缕的联系。我们也可以看到，在现代社会，整个社会体系之中的制度之网越织越密，相互之间亦是纵横交错，所以任何一项政策的调整都会牵涉到其他的政策，甚至牵动着整个政策网络，这也就意味着，对某项政策的调整完善不可能再像过去那样，只要在原有政策基础上做些简简单单的修修补补，就能解决问题。而现实的需要，是在对原有政策做拾遗补漏的同时，还要协调好不同政策之间的相互关系，使之成龙配套，形成一个完整配套的政策体系，即要打出政策的"组合拳"，不要出单拳，才能产生实际效果。例如，当前贵州省"民族民间文化进校园"政策的最大问题，不在于这一项政策本身存在多大的缺陷，而在于在教育领域之内及其教育领域之外之间互相没有形成有效的政策互动或政策的有效链接。尽管目前有国家重视非物质文化遗产等类似的文化保护政策作呼应，政策虽然已上升到国家层面，已达到了行政层级顶点，但在学校教育领域之内，却与考试、升学、就业政策发生很大的冲突，加上资源保障性政策也难以配套落实，所以这项政策在实践之中难免会陷入"政策孤岛"，以至于成为影响和制约当前学校传承保护民族文化的硬伤，如果"民族民间文化进校园"政策不能改变"政策孤岛"现状，民族民间文化教育则难以摆脱"小孩子过家家，一会儿好，一会儿坏"的状态，即领导抓一下就好一阵，领导不再过问也就使工作闲置一旁，这样是难以在已有成果基础之上真正地取得突破性的进展。当然，地方教育行政职能部门如何才能打出民族教育政策的"组合拳"，形成完整的民族教育地方政策体系，也绝非易事，这也正是当前困扰着地方教育行政职能部门的一个问题。我们知道，地方教育行政职能部门也只是地方政府的一个组成部门，因此它所能调集的资源毕竟是有限的，所以更需要跨部门之间的协调与合作，研究不同政策之间的关系，调整完善政策，形成完备的政策体系，实现不同政策之间的有效衔接和互动。

当然，任何政策都是在实践中不断调整才能趋于成熟和完善的，这也反映了人的认识能力、实践能力与客观规律相统一是一个运动变化的过程，因而政策会随着客观情境变化需要不断调整变迁。民族教育地方政策的自我调整完善是基于政策执行过程出现和发现的问题，而必然做出的反应，对于民族教育地方政策在实践中出现和发现的种种问题，也只能回到实践之中，才能最终得以解决。

本章小结

本章对民族教育地方政策生成过程进行分析，把民族教育地方政策生成过程切割为政策制定过程、政策执行过程和政策调整完善过程三个基本阶段。根据这三个基本阶段内部展开的先后顺序，又可进一步细分为不同的活动环节，其中民族教育地方政策制定过程包括政策问题确认、政策方案设计与选择、政策合法化；民族教育地方政策执行过程包括政策宣传解释、政策资源整合、政策执行的具体组织实施；政策调整完善过程包含自下而上的信息反馈、自上而下的问题"诊断"、政策方案设计与选择和政策合法化几个阶段。而且，民族教育地方政策生成过程的任何一个阶段和任何一个环节都应该是在地方政府主导下，由政策官方主体和非官方主体共同参与和互动的过程，他们直接或间接地参与政策生成过程，对政策生成过程产生影响。基于民族教育地方政策生成过程的阶段分析，结合贵州省"民族民间文化进校园"政策进行实地调查研究，以其政策制定、执行、调整完善过程为研究线索，深入探究个案政策生成过程不同阶段的一般性问题，呈现了民族教育地方政策生成过程的真实情境和历史脉络，揭示了民族教育地方政策生成过程所面临的困境和各自存在的不同问题。

在研究中发现，该案例政策能在贵州省的基层产生，并上升为在全省范围内实施的民族教育政策，历经了"自下而上"和"自上而下"两个阶段。其"自下而上"地推进政策产生的过程并不容易，因为它并非首先由基层民族教育行政职能部门主动推进或作为的结果，而是基层个别少数民族知识分子为传承本民族文化和解决少数民族学生适应学校学习生活的内在需要，主动向学校和教育行政职能部门争取，最终才形成了一股共同推动地方政府启动"政策之窗"的动力，促进"民族民间文化进校园"的实验性活动开展，在实验性活动取得成功之后，引起了本地方政府和上级民族教育行政部门的重视，又不断推动了政策在行政层级上的提升，直至形成了在全省范围内实施的一项民族教育政策，并在实践中不断调整完善。总之，该案例政策在民族地区的产生到提升为省一级的一项民族教育政策，再通过政策在执行中的不断调整完善，这也反映了地方政府自觉地、主动地发展本地区民族教育的实际行动。

但通过对个案政策生成过程的历史和现状分析，发现了这样一些现象与问题。其一，个案政策制定的历史过程主要反映了两方面的问题，一方面推进民族教育地方政策制定的动力主要来源于本地区少数民族知识分子、机关及事业单位工作人员的内在需要，以及他们积极反映和回应基层教育利益诉求，但其获得支持的过程仍然存在很大的阻力和制度性约束；另一方面该政策首先是由基层文化部门提出，而非基层教育行政部门，这在一定程度上也反映出基层教育行政职能部门还缺乏跳出教育领域之外看教育问题的自觉行动。其二，从该案例政策执行过程来看，在政策宣传解释过程、政策资源整合过程、政策执行的具体组织实施过程存在一些问题和不足，尤其是民族教育地方政策执行过程缺乏各部门协调合作机制、功利化倾向和难以务实等问题和困难仍然存在。其三，从政策调整完善过程来看，存在着政策问题难以选择、难以把握最佳时机、难以形成完整的政策体系等困难和问题。

而且，综观个案政策生成过程发现，还存在这样一个共性现象与问题，即无论是政策制定过程、政策执行过程，还是政策调整完善过程，目前民族教育地方政策官方主体，特别是地方民族教育行政部门承担了重要的任务，发挥主要作用，当然这体现了地方民族教育行政职能部门在履行国家规定的教育管理职能。但是，民族教育地方政策生成过程中政策非官方主体几乎被边缘化，政策非官方主体难以发出自己的声音，或难以反映受教育者的利益诉求。总之，透过个案政策生成过程存在的各种问题，反映了民族教育地方政策生成过程还缺乏政策科学的科学性和规范性。

第三章　民族教育地方政策生成结果

　　人的任何实践行为都必然会产生一定的结果，从政策基本属性的角度而言，民族教育地方政策生成是人们在民族教育领域的一系列政治活动过程，是有目的的活动，因此，民族教育地方政策生成也必然会产生一定的结果。在公共政策研究领域，国内外的研究者们不仅关注政策过程研究，还强调要重视政策结果的分析，并通过对政策结果分析，回溯政策过程问题。例如，公共政策研究的奠基者哈罗德·拉斯韦尔（Harold Lass well）①最先提出了政策过程理论，他把决策过程划分成七个阶段，把政策结果作为评估的对象。国内研究者陈振明②、刘瑞③等都强调政策结果研究的重要性。由此可见，政策结果分析是政策研究的重要内容，是检验政策成效及其意义的途径之一，对于民族教育地方政策生成而言，对其结果进行分析，有助于匡正民族教育地方政策生成过程的活动行为，尽量避免民族教育地方政策目标与实际脱离，乃至背道而驰，从而导致政策负面影响不断扩大。为此，本章首先从理论上探讨民族教育地方政策生成结果的基本问

---

① 哈罗德·拉斯韦尔（Harold Lass well）最先提出了政策过程理论，他把决策过程划分为信息、建议、规定、试行、执行、终结、评估七个阶段，并把政策结果作为评估的对象。
② 陈振明认为，政策研究包括问题界定、标准设立、方案搜索、结果预测、方案抉择、政策执行与监测、结果评估、政策变迁。
③ 刘瑞认为，无论个人行为还是组织行为的好坏，不只看其行为的主观意图，更要考虑行为所产生的结果。

题，厘清民族教育地方政策生成结果分析的基本思路，对民族教育地方政策生成结果分析的基本方法进行探讨，结合贵州省"民族民间文化进校园"这个具体个案政策实践，不仅对个案政策文本以及政策执行的产出和影响加以研究和深入剖析，还通过分析个案政策生成结果，试图反映出民族教育地方政策生成的一些普遍性问题。

第一节　民族教育地方政策生成结果的内涵与基本类型

一、民族教育地方政策生成结果的内涵

正确地理解政策结果的内涵是对民族教育地方政策生成结果进一步分析的前提，然而关于政策结果的内涵，存在着不同的理解，可谓"仁者见仁智者见智"。美国著名政策研究者威廉·N·邓恩曾把政策结果区分为"政策产出"和"政策影响"两方面，他提出"政策产出是目标群体和受益者所获得的货物、服务或其他各种资源……相反，政策影响是指由政策产出所引起的人们在行为和态度方面的变化"[①]。由此也可以看出，威廉·N·邓恩是从"政策执行"这一阶段来对"政策结果"进行定义的，所谓"政策结果"就是"政策的产出"和"政策的影响"。还有的研究者对"政策影响"做了类似的论述，指出"政策影响是由于政策行为而引起的环境或政治系统的变化"，[②] 或"政策产出所引起的人们在行为和态度方面的实际变化"。[③] 借鉴于威廉·N·邓恩等的研究成果，我国教育政策研究者杨润勇研究员在对区域教育政策行为进行研究的过程中，提出区域教

---

① ［美］威廉·N·邓恩. 公共政策分析导论（第二版）［M］. 谢明，杜子芳，伏燕，等，译. 北京：中国人民大学出版社，2002：366.

② James E. Anderson. Public Policy Making (third edition) ［M］. Orlando：Holt, Rinehart and Winston, Inc. 1984：136.

③ 宁骚. 公共政策学［M］. 北京：高等教育出版社，2003：422.

育政策行为的结果是，政策行为主体在政策制定行为中的政策输出，以及政策执行行为对区域教育发展的实际影响。实际上他同样把政策结果区分为"政策产出"和"政策影响"两方面，但不同的是他是从"政策制定"和"政策执行"这两个不同的政策阶段对政策结果分别给予界定，把在一定时期内、一定区域内形成的政策文本集合视为政策制定阶段的结果，把政策执行产生的影响定义为政策执行行为结果。而且，他们对"政策产出"和"政策影响"的理解也有所区别。在威廉·N·邓恩看来，"政策产出"是在政策执行中，政策目标群体和受益者获得的好处，强调积极的结果，而杨润勇研究员认为"政策输出"是一个政策文本的集合，强调政策文本集合的科学性与合理性，无所谓积极或消极；关于"政策影响"，威廉·N·邓恩主要认为是政策产出所引起的人们在行为和态度方面的实际变化，而杨润勇研究员则认为"政策影响"是对教育发展的影响，具有积极或消极的双重作用。

借鉴于前人的研究成果，结合本研究需要，认为所谓民族教育地方政策生成结果包含了"政策产出"和"政策影响"两方面。对民族教育地方政策生成结果的分析，所关心的也不只是政策执行中的"政策产出"和"政策影响"这样的结果，它是民族教育地方政策制定和政策调整完善中形成的政策文本集合，及其民族教育地方政策执行的产出和所产生的实际影响的总和。因此，我们把民族教育地方政策生成结果视为地方在制定、调整完善本地区民族教育政策过程中所形成的政策文本集合，及其民族教育地方政策执行者在执行政策过程中的产出和实际影响。

二、民族教育地方政策生成结果的类型

根据不同的划分标准，可以把民族教育地方政策生成结果分为不同的类型。根据结果的表现形式，可以分为政策的产出与影响；根据结果的事实判断，可以分为预期结果和非预期结果；根据结果的价值判断，可以分为积极结果和消极结果。

（一）民族教育地方政策生成的产出与影响

1. 民族教育地方政策文本集合

教育政策文本集合是最为直观的政策结果表现形式，是教育政策决策的必然结果之一。刘复兴教授曾在《教育政策的价值分析》一书中提出，应从四个维度理解教育政策，这四个维度分别是教育政策的现象形态（政策文本及其总和）、教育政策的本体形态（教育利益分配）、教育政策过程和教育政策的特殊性质。① 其中，教育政策的现象形态是指教育政策的静态的表现形式，即教育领域政治措施组成的政策文本及其集合。根据刘复兴教授的分析认为，民族教育地方政策文本指的是民族教育地方政策的静态文本表现形式，属于教育政策的现象形态。民族教育地方政策文本是政策制定和政策调整完善的必然产物，是民族教育地方政策生成结果最为基本的类型，是政策执行的基本依据和行动准则，因人们对政策文本的理解和遵守有可能最有效地达成政策的目标。

2. 民族教育地方政策执行产出与影响

民族教育地方政策执行产出与影响是民族教育地方政策执行所产生的结果。民族教育地方政策产出是指政策执行引发本地区民族教育发展量的变化，侧重于数量的统计变化。民族教育地方政策影响包括三方面，一是指通过教育政策的执行所导致的不同教育政策利益、主体教育权益和其他相关权益的增加或受损；二是指"政策产出所引起的人们在行为和态度方面的实际变化"；② 三是指"由于政策行为而引起的环境或政治系统的变化"③。

---

① 刘复兴. 教育政策的价值分析 [M]. 北京：教育科学出版社，2003：35-42.
② [美] 威廉·N·邓恩. 公共政策分析导论（第二版）[M]. 谢明，杜子芳，伏燕，等，译. 北京：中国人民大学出版社，2002：366.
③ James E. Anderson. Public Policy Making (third edition) [M]. Orlando：Holt, Rinehart and Winston, Inc. 1984：136.

（二）民族教育地方政策生成的预期结果与非预期结果

根据民族教育地方政策生成结果的事实判断，即民族教育地方政策生成产生的实际结果是否在其预期范围内这一基本事实，可以分为预期结果和非预期结果。

1. 民族教育地方政策生成的预期结果

民族教育地方政策生成的预期结果是指，该政策的文本集合及其执行产出与影响在目标范围内，表示人们预先关注某些领域或某些问题的解决上所要达到的状态和效果，只是这些结果发生的领域、内容和涉及的问题是人们事先想要研究和解决的，它符合政策设计者们的主观愿望。地方民族教育政策预期结果的出现不能等同于实现了政策目标，它可能只是人们对未来的规划和设计的一部分，它是政策设计者期望之内已产生的客观结果，预期结果可能优于政策目标或滞后于政策目标，也可能和政策目标一致。因此，在某项"善"的民族教育地方政策前提下，所产生的结果也就是积极的、好的结果。

2. 民族教育地方政策生成的非预期结果

民族教育地方政策生成的非预期结果则是指，该政策的文本集合及其执行产出与影响在目标范围之外，人们事先并未关注的某些方面或领域的产出或影响，而这些结果往往是人们始料未及但又受到切实影响而必须承认的客观事实。民族教育地方政策生成的非预期结果包括两方面：一是主观上没有预见到，但确实对另一个领域、不同范畴的一种问题产生了影响，产生了一定的作用或结果，当然这有可能是好的结果，也有可能是坏的结果，总之这是一种意外之果；二是主观上不愿意发生、力求避免产生的结果，但在现实中已经出现的客观现象和事实状态，表现为对事物发展产生破坏性或阻滞性的影响。而且还可以对民族教育地方政策生成的非预期结果进行"好"与"坏"的判断，将民族教育地方政策生成的非预期结果区分为正向性结果和负向性结果，即积极结果和消极结果。

（三）民族教育地方政策生成的积极结果与消极结果

事实上，某一事物发展或某一活动的作用所产生的结果既可能是积极的，也可能是消极的，或者消极结果与积极结果就像孪生姐妹一样相伴而生。因此，根据对民族教育地方政策生成结果是否符合相关群体利益诉求的价值判断，可分为积极结果和消极结果。

1. 民族教育地方政策生成的积极结果

地方民族教育行政职能部门是发展地方民族教育的管理机构和主要责任承担者。民族教育地方政策制定和对政策的调整完善所形成的政策文本集合，是地方民族教育行政职能部门和相关学校执行政策的依据和规范。而且在政策执行过程中，尤其是政策执行与政策调整完善的循环互动过程中，人们总是期待着不断地解决一定区域内的民族教育问题。当然，某一项科学合理的民族教育地方政策，也必然对一定区域内的民族教育发展产生积极的影响。所以，积极、合理、科学的民族教育地方政策对一定区域内民族教育的积极影响，是人们所追求并为之而努力的。

2. 民族教育地方政策生成的消极结果

所谓政策消极结果，就是指某一项民族教育地方政策对本地区民族教育发展产生破坏作用，出现负面的影响，是主观上不愿意出现的状态。在过去的研究中，无论是对教育政策作用的一般性理解，还是对教育政策功能的探讨，都缺乏对教育政策消极的或者是无效作用方面的关注，基本上都是从积极的方面和正面意义去分析的。但是，任何一项教育政策都难以像政策制定者、参与者和实施者所期望的那样发挥作用，不可避免要产生负向的影响。当然，民族教育地方政策生成的消极结果作为负向的影响，是一定区域内民族教育不良结果的表现，所以研究如何最大限度地消除民族教育地方政策生成的消极影响，争取更多积极结果，克服消极结果的出现，对一定区域内民族教育发展具有重要的现实意义。

第二节　民族教育地方政策生成结果分析

一、民族教育地方政策生成结果分析面临的困难

当前世界诸多国家十分重视政策评估，政策研究者们也十分重视政策评估研究，他们既关注政策过程研究，更关注政策的效果和实际产生影响的分析，即对政策结果分析给予了更多的关注，因此民族教育地方政策结果分析是重要的研究课题。然而，教育政策结果评估涉及具体的教育政策的目标、实际效果、相关利益者影响进行判断和分析，而且影响教育的因素和变量太多，因此要对某一项地方的民族教育政策生成结果进行客观的分析，从而得出科学合理的研究结论并非轻而易举之事，正如美国一些政策研究专家所言——"政策行为带来的后果永远无法完全预知"。① "由于人类行为的复杂、影响教育环境和教育质量的因素和变量太多，我们难以确定结果到底如何。"② 总之，要对任何一项地方的民族教育政策结果做到全面而客观的分析都不是一件容易的事情。当然也不能因此完全否定对民族教育地方政策生成结果分析的必要性和可行性，而必须要做的是客观理性地对待民族教育地方政策生成结果分析所面临的困难，关注教育政策生成结果的多样性与复杂性，既要分析政策静态文本的科学性、合理性和政策的目标追求，更要关注政策执行中的实际产出和对民族地区的现在与未来的影响。

---

① ［美］威廉·N·邓恩. 公共政策分析导论（第二版）［M］. 谢明，杜子芳，伏燕，等，译. 北京：中国人民大学出版社，2002：421.

② ［美］伦恩伯格，奥斯坦. 教育管理学：理论与实践［M］. 孙志军，等，译. 北京：中国轻工业出版社，2003：232.

首先，影响民族教育地方政策生成结果的因素是复杂多样的，导致政策生成结果分析的困难。从事物的因果关系而言，民族教育地方政策制定、调整完善与政策文本集合存在因果关系，民族教育地方政策执行和实际产生的影响事实上也存在因果关系。但不能由此得出这样的结论：原因与结果的关系就是"一因一果"或"一因多果"的简单对应关系，实际上在很多情况下是"多因多果"的关系。甚至有可能是政策以外的因素所导致。因而，要寻找影响民族教育地方政策生成结果的全部原因，或者寻找政策产生的全部影响，从而确定固定确切的因果关系，这无疑是一件困难的事情。

其次，民族教育地方政策执行所出现的结果可能需要一个长期的过程，所以对政策执行结果准确全面地分析比较困难。通常情况下，对某一项政策执行结果的分析，主要是对政策进入执行阶段后的一段时间的政策产出和所产生的影响进行分析。然而，任何一项政策执行的产出和所产生的影响不可能在某一时间段内就能够完全观察、监测得到。所以，这样的结果分析自然受到时间的局限，难以客观、准确、全面地对将要产生的结果进行评价。

最后，准确地判断民族教育地方政策结果在实现政策目标程度上较困难。政策总是有一定的预期目标，而且，在政策执行中也总是以实现政策目标为追求。当然，如果政策目标具体明确，可以高度地量化，那么政策结果的分析也就自然顺利了。然而，政策目标往往是多重的、分散的，有时甚至是模糊不清的，所以要准确地衡量民族教育地方政策生成结果在多大程度上实现了其政策的目标也比较困难。

二、民族教育地方政策生成结果分析框架建构

在公共政策研究领域中，已有研究者重视从结果的角度来研究政策，关注政策结果分析和所需要注意的问题，为民族教育地方政策生成结果的分析提供了理论上的指导和方法上的借鉴。例如，美国著名的政策学者托马斯·R·戴伊说："我们会关注政策的各种后果，而不是只与政策目标直

接对应的那些最初设想。"① 我国学者王骚也曾论及教育政策结果分析需要注意的一些问题，他认为政策输出是指政府在实施某项政策时所做的具体事务，但不代表这些事务所产生的实际产出和影响，例如，不仅要看到政府是否增加了教育经费投入，而且更重要的是要分析所投入的教育经费究竟对教学环境、学生的学习等方面产生了哪些实际的影响。所以对教育政策结果的分析，不仅要判断政府尤其是教育行政职能部门是否存在"好心办坏事"的情形，更为重要的是判定出政策的实际产出与影响，并以此鉴定教育政策的"好"与"坏"、"优"与"劣"。

（一）确定民族教育地方政策生成结果分析的基本问题

1. 明确政策生成结果分析的核心问题

在现实中，只要关心政策运行，无论是单位、团体组织还是个体，也无论是国家机关事业单位还是社会组织，他们都有权利对政策结果进行分析或评价，所以政策结果分析或评价的主体是多元的。但由于受到客观因素的制约，不可能让所有公众直接参与公共政策活动过程，对政策结果进行缜密的评价，所以需要委托于特定的组织机构或个体，对国家各级行政机关和权力机构在政策实践过程中是否依照社会整体意愿行事进行分析和判断，促成政策活动过程和结果最大程度上符合公众的整体利益要求，实现公众所期盼的政策结果。所以，民族教育地方政策生成结果分析过程需要由一定的组织机构或个体采取周密性的计划和科学性的行动，才能得出客观公正的分析结论，而且要对民族教育地方政策生成结果进行有效的分析，需要通过特定的主体，遵循相应的原则和评价标准，采取有效方法，搜集该项政策产出的可以量化的信息，以及了解该项政策对人们行为态度、社会环境的影响，这样才能及时为政策决策者和执行者等提供反馈，为政策做出调整完善和纠正政策执行偏差提供参考信息，从而产生更多积极结果。因此，在民族教育地方政策生成结果分析中必然要明确两个核心

---

① ［美］托马斯·R·戴伊. 理解公共政策（第十版）［M］. 彭勃，等，译. 北京：华夏出版社，2004：281.

问题：一是明确结果分析系统的要素构成，通常情况下，民族教育地方政策生成结果分析系统由结果分析主体、方法和评价标准体系所构成；二是明确民族教育地方政策生成结果分析的主要目的是什么。实际上，结果分析的主要目的就是为了便于政府管理一定区域内的民族教育和促进本地区民族教育政策的改进。

2. 明确影响政策生成结果分析的宏观因素

政策结果分析本身不仅是一个资源消耗的过程，而且是一个需要从各个方面尽可能全面、完整地搜集信息的过程，所以政策结果分析必然要受制于外部宏观条件的制约。具体而言，在对民族教育地方政策生成结果分析的整个过程中，要重视政策资源、经济社会和政治环境等宏观环境的影响，因为这些宏观因素涉及公众的观念、地方权力与知识精英的态度、结果分析组织机构的利益倾向，而且这些因素不仅对民族教育地方政策生成结果的客观评价产生影响，还会影响他们对结果分析的支持程度。通常来说，如果公众对一定区域内的某一项民族教育政策关注度较高，那么公众参与该项政策结果分析的积极性和能力都相对要高；在政策资源条件比较优越的区域，对政策结果分析的技术手段往往更加科学和规范，政策结果分析组织机构分析的结论更加接近于客观真实。此外，如果政策结果分析组织机构或政策结果分析个体能保持利益立场中立，政策结果分析的结论客观准确，那么可信度就更高。

3. 明确对政策生成结果进行分层分析

在公共政策研究领域，人们把政策结果分析分为不同的层次，本研究根据民族教育地方政策生成结果的表现形式，结合政策研究理论，认为应该把民族教育地方政策生成结果分析分为两个层次，分别是政策制定和调整完善过程中所产生的结果以及政策执行过程中所产生的结果。

（1）基于民族教育地方政策制定和调整完善的结果分析

民族教育地方政策生成结果分析是一个伴随着政策制定、执行和政策调整完善的动态过程。任何地方性的民族教育政策的制定与政策调整完善都会以一定的政策文本形式呈现，这也是政策最为直观的结果形式。有研究表明，政策成效与政策本身存在直接关联。因此，有必要对政策文本及其体系进行研究，分析政策文本的科学性、合理性及其实际可执行性，回溯政策制定和调整完善的活动过程，探讨造成政策文本问题的原因。当然，由于民族教育地方政策制定和调整完善的过程都会涉及利益的重新调配与整合，所以从理论上来说，任何一项地方性的民族教育政策的制定和调整完善过程或多或少都会对一定的民族地区教育产生影响，但这是难以量化分析的，而且民族教育地方政策制定所产生的影响会同样在该政策执行中得以体现，所以没有必要对民族教育地方政策制定过程的影响进行专门研究。

（2）基于民族教育地方政策执行的结果分析

对政策执行过程产生的影响和产出进行分析，这是结果分析的重要内容。按照某一项民族教育地方政策文本得到实现的程度不同，而对该政策实际目标达成度进行分析，这可以检验该项政策结果与政策承诺之间所存在的距离，从而了解政策执行结果。此外，通过了解某一项民族教育地方政策利益相关者对该政策的知晓度，判断政策利益相关者认知态度、行为的变化，以及对一定区域内民族教育领域之外所产生的影响，从而进一步判断该政策的执行结果。

（二）明确民族教育地方政策生成结果分析的标准与方法

教育政策作为一种社会现象，它既是一种事实现象，也是一种价值现象，没有离开事实的教育政策，也没有离开价值的教育政策，事实和价值是教育政策两个不可分割的部分，对教育政策结果分析不仅包括对教育政策结果的客观描述，更要对描述的事实进行价值判断和说明。国外有研究者提出："政策评估有两项根本性的任务：一项任务是通过描述其影响，来确定一项政策的后果；另一项任务是根据一组标准或价值准绳，来判断政策的成败。"① 这说明，在政策评估过程中不能仅仅以评估者的主观愿望

---

① Melvin J. Dubnick, Barbara A. Bardes. Thinking About Public Policy: A Problem - solving Approach [M]. NewYork: Wiley, 1983: 203.

进行活动，而是要将事实和价值整合在一起。我国政策研究者也提出"从应然的角度，教育政策评估毫无疑问是事实标准和价值标准的统一，事实标准对教育政策的科学性做出评价，价值标准对教育政策的合理性做出评价。"① 就教育政策结果分析的本质而言，是在事实陈述基础上的价值判断，它是对教育政策结果的事实陈述和价值判断，内在地要求分析活动既要根据现实状况确立教育政策的事实衡量标准，更要确立教育政策的价值判断标准。从本质属性看，对教育政策成果、教育政策投入的数量统计，侧重于教育政策结果分析的事实标准，它们从实然层面揭示了教育政策的结果、成本投入及其公众对教育政策反映的情况等。这些事实是否能够说明教育政策依然存在问题，是否隐含了更深层次的内涵，能否符合社会和教育的需要等，这一系列问题的回答需要建立在教育政策应然层面的价值判断标准之上。

　　民族教育地方政策生成结果分析标准是民族教育地方政策生成结果分析系统的组成要素之一，是判断民族教育地方政策生成结果的基本维度。虽然从政策过程的角度来说，政策结果分析只是整个政策评估的一部分，但公共政策评估标准同样适用于民族教育地方政策生成结果分析。这也就是说，民族教育地方政策生成结果分析，既要关注"做了什么""做得怎样"这样一些事实，即重视民族教育地方政策目标与政策效果之间的对应关系、政策投入与产出的关系，当然也不能忽视"为什么要做""是否符合伦理的正当性""是否值得继续去做"这样的价值判断。具体而言，对民族教育地方政策生成结果分析，一方面要对政策制定、政策调整完善所形成的政策结果，即政策文本集合的科学性、合理性、可行性进行分析；另一方面要对民族教育地方政策执行结果，即政策执行产出与影响的描述、判断，通过对该政策文本集合的分析和政策执行结果的描述、判断，判定结果与政策目标之间的实际差距，评判出政策目标的达成度、政策效率等内容，对结果进行评估，这是对政策制定、政策执行和政策调整完善

---

① 石火学. 教育政策视角下的教育公平与效率问题研究 [J]. 清华大学教育研究，2010 (5)：29—34.

过程的诊断，有助于对政策进行继续调整或终结提供可靠的依据。

总的来说，由于民族教育地方政策生成结果本身是由一系列活动、行为产生的客观事实状态构成，而且政策生成结果是多维度多层次的。所以对民族教育地方政策生成结果的分析既要忠实于结果事实状态的描述，提供关于政策结果真实可靠的信息，更要基于事实状态做出价值判断，进一步证明政策结果对个体、团体或者整个社会是否有价值，更适合运用调查访谈、参与观察的研究方法掌握政策运行的基本动态和信息，采取政策执行前后相比较的分析方式，通过事实判断与价值判断相结合，从而客观、全面地评价每一项民族教育地方政策。

（三）构建民族教育地方政策生成结果分析的指标体系

对于民族教育地方政策生成结果的分析而言，最为重要之处在于能够客观准确地对结果做出评价，找到政策的关键症结，为政策改进发挥积极的作用。正因为政策结果分析十分重要，所以民族教育地方政策生成结果分析不能以结果分析的主体随意性或任凭部分人主观意志而展开，而要以事实判断和价值判断为基础，构建起一个在一定区域内具有实用性和可操作性的评价指标体系。众所周知，政策评价指标体系是由多项衡量政策优劣、好坏的不同指标项所构成的组合体，它是鉴定和衡量政策优劣的尺度，所以政策评价指标体系能够从多维度对政策结果进行检视，结合前面对民族教育地方政策生成结果的分层分析，本研究认为，要分别构建起民族教育政策文本集合和政策结果产出与影响的评价指标体系。

1. 民族教育地方政策文本集合的分析指标体系

民族教育地方政策文本集合是民族教育地方政策制定和调整完善所形成的一系列政策文本，它们是民族教育地方政策结果的表现形式之一，也是民族教育地方政策结果分析的重要内容。对于民族教育地方政策文本集合的分析，应建立一种具有可操作性的评价指标体系，这种评价指标要素应结合地域性因素和民族性因素，而不是试图建立一个放之四海而皆准的标准。

（1）民族教育地方政策文本体系的完备性与紧密性

民族教育地方政策是地方政府为促进一定的民族地区教育改革发展，依据国家法律法规规定权限而自主制定和实施的教育政策，民族教育地方政策会涉及一定区域内民族教育发展中的各个问题。从理论上来说，任何一项民族教育地方政策文本都不可能是单一的，需要相应的配套政策的支撑，这些由不同的政策文本所组成的民族教育地方政策文本集合，也就形成了一个政策文本体系。通常而言，一项民族教育地方政策文本体系越完备，各个配套政策之间衔接越紧密，就越有利于政策执行，能够产生积极的政策结果。因此，民族教育地方政策文本分析指标体系是分析民族教育地方政策生成结果的一个基本维度。那么，如何分析和判断民族教育地方政策文本集合的完备与否呢？有关此问题，不同的学者有不同的认识，美国政策研究专家弗兰德·S. 柯伯恩认为，教育经费政策、课程政策、学生政策、教师政策、教育管理政策是一个国家教育改革发展的基本政策。[①]我国学者孙绵涛则认为"教育质量政策、教育体制政策、教育经费政策、教师政策是一个国家教育发展所必需的基本政策"。[②] 同时，孙绵涛教授还从横向上把教育政策分为教育目标政策、教育途径政策和教育条件政策。[③]尽管他们对教育政策文本体系应包括哪些内容尚存不同的观点，但他们对其根本性的和关键性的问题认识却是一致的。客观地说，任何一项完备的民族教育地方政策文本体系也应包括或涉及经费、课程、学生、教师及其管理等内容。而且从民族教育地方政策的逻辑结构来分析，政策文本体系包含目标政策、途径政策和条件政策。

（2）民族教育地方政策目标的明确性与适切性

政策目标的明确性与适切性是分析民族教育地方政策文本集合的基本维度，也是民族教育地方政策生成结果分析的一项重要指标。民族教育地

---

① ［美］斯图亚特·S·那格尔. 政策研究百科全书［M］. 林明，等，译. 北京：科学技术文献出版社，1990：447.

② 孙绵涛. 教育政策论［M］. 武汉：华中师范大学出版社，2002：77.

③ 孙绵涛. 教育政策论［M］. 武汉：华中师范大学出版社，2002：80.

方政策目标设计总是反映了政策的追求和所要解决的教育问题，也是地方政府对本地区民族教育发展的承诺。就某一项民族教育地方政策而言，其目标既是多层次、多向度的，更是存在着共同指向的目标，因此，透过政策文本体系应该可见其个别追求和共同追求。但无论是政策文本体系具体的追求还是基本的共同追求，都要体现出明确性与适切性。

首先，就政策目标设计的明确性而言，它要求民族教育地方政策目标应该是可以量化的，要有针对性地解决某一地区内民族教育发展过程中的某个环节、部门或时期段内的问题，能够反映本地区民族教育问题的主要矛盾和突出关键的问题，这样才能保证资源分配的重点投入，才有可能在一定时期内实现政策目标。

其次，就民族教育地方政策目标设计的适切性而言，要考虑本地区的地域因素和民族因素的结合，即民族教育地方政策要适应地域特点和民族特点，尤其体现在，民族教育地方政策目标追求要与本地区的政策资源、文化环境及其教育发展现状相适应，一切都要切合于本地区客观实际，在已有的发展基础上适当提出超前发展目标。因此，一方面民族教育地方政策目标的设计不能高于现有本地区政策资源的供给能力和现实教育发展水平，因为过高的政策目标有可能使政策在执行环节中陷入资源严重短缺的困境，最终导致政策成为一纸空文而丧失政策意义，甚至产生负面影响，民族地区政府和教育行政职能部门在人们心目中的形象和地位也会因此而遭受破坏；另一方面，由于教育与文化存在着特殊的关系，所以民族教育地方政策目标的设计不能完全不考虑地方文化的特点，在民族教育地方政策目标设计上不仅使受教育者适应现代化发展的需要，也要体现传承民族文化的目标追求。

（3）民族教育地方政策文本体系内容的合理性与合法性

政策文本体系是静态的政策结果形式，就民族教育地方政策文本体系而言，这是地方政府积极作为的行政产出表现之一，虽然民族教育地方政策文本体系内容是具体而直观的，但对其进行合理性与合法性的判定却很有必要，因为科学合理、符合法律要求的民族教育地方政策文本是政策能够得以执行和获得支持的前提条件，也是尽可能减小政策执行偏差的基本条件，所以民族教育地方政策文本体系内容的合理性与合法性也是民族教育地方政策生成结果分析的一项基本指标。

合理性是人们的一种主观判断，它包含着对事物两个层面的判断和理解，既是人们对客观事物的事实判断，也是人们对客观事物的价值判断。从客观事物的事实角度来说，所谓合理就是主观的事业发展规划设计遵循着事物发展的客观规律；从客观事物的价值角度来说，所谓合理就是主观的事业发展规划设计要站立在多数人的正当利益立场之上，即要能够真正反映大多数人的正当利益诉求。值得注意的是，符合事物发展规律的事实判断与符合多数人正当利益诉求的价值判断并非总是完全一致的，两者之间可能会存在矛盾，但从有利于事业长远发展的角度来说，在兼顾大多数人正当利益的同时，更要遵循事物发展的客观规律，之所以要兼顾大多数人一时的正当利益，那是因为若离开了大多数人的支持，再美好的愿景或发展规划就会遇到阻碍，因而变得困难重重，而且主观的事业发展规划设计所遵循事物发展规律产生的最终结果也要满足于大多数人的正当利益诉求。所以，民族教育地方政策文本体系内容的合理性，首先就是要符合区域民族教育发展的客观规律，反映区域民族教育发展中的基本问题和要解决的热点问题，而且在政策文本体系内容中要有前瞻性的规定和理想性的规划，同时政策文本体系内容要顾及和反映大多数人的教育利益诉求。其次是政策文本内容之间体现了整体的关联性和紧密连接性，这样有利于政策执行。当然民族教育地方政策文本体系内容作为政策结果的一种表现形式，它的合理性也能反映出其政策制定过程和政策调整完善过程的合理性，这是其政策得以持续顺利推进的基础。

合法性是多个学科的术语，比如哲学、政治学、法学、社会学都对合法性进行解释和界定。当然，对于政策的研究，合法性是取其政治学和法学的意义，把合法性界定为社会公众对政治系统的认同和忠诚的观念，认为"若当权者所制定和实施的法规，公民都愿意遵守，而且还不仅仅是因为若不遵守就会受到惩处，而是因为他们确信遵守是应该的，那么，这种政治权威就是合法的。"① 对于民族教育地方政策文本体系的内容而言，其合法性主要是要遵循于国家法律法规，不能违背国家法律要求，同时要注意处理国家法与民族习惯法的冲突与协调问题，争取符合民族地区社会心理，获取广大公众的支持，扩大政策的知情范围和认可度，从而提高政策的可行性。

2. 民族教育地方政策执行产出与影响的分析指标体系

民族教育地方政策执行的结果包括政策执行产出与影响两方面，对其结果的有效分析，是基础性工作必然的要求，结果分析的结论作为决定该项政策继续执行、调整完善或者政策终结的重要依据。由此可见，对民族教育地方政策执行产出与影响进行有效的分析，科学合理地鉴定政策执行的产出与影响，其重要性和现实意义可见一斑。因此，要建立一个相对完备的，既适宜于一定民族区域，又能反映出对民族教育地方政策执行结果进行评价的普遍性指标体系，本研究认为教育发展的作用、教育公平的实现程度、社会发展的贡献、文化传承与保护的作用、利益相关者的认同度、绩效维度这六方面共同构成了民族教育地方政策执行产出与影响的分析指标体系。

（1）教育发展的作用

教育政策是推动教育改革、整合教育资源、调节教育利益、促进教育发展的有力手段，因而促进教育发展就是制定和实施教育政策的根本性目的，如果离开或偏离这一基本目的，那也就失去了教育政策最本质的意义。当然，民族教育地方政策的执行也是以促进本地区民族教育发展为目的的，即是在追求积极的政策结果，因此本地区民族教育发展也就构成了民族教育地方政策执行影响的首要分析维度。如何判断一定区域的教育发展呢？有研究者提出，教育质量的产出是教育政策本体的产出，反映了教育活动发展的方面，体现在教育系统以及各级各类教育发展的规模、速度上。杨润勇研究员认为应从"质"与"量"两方面进行判定，他提出，区

---

① ［美］加布里埃尔·A·阿尔蒙德，小 G·宾厄姆·鲍威尔. 比较政治学：体系、过程和政策［M］. 曹沛霖，等，译. 上海：上海译文出版社，1987：35-36.

域教育发展"质"方面的分析，主要是定位于教育政策执行是否真正在区域内消除教育机会①不均等现象，实现教育公平，促进学生的全面发展，激发与张扬教育工作者和学生的创造性和主体性，满足人的群体和个体发展需求。它反映了各级各类学校确实能够按照教育规律办学，协调好教育与社会的关系；所谓区域教育"量"的变化，是指教育政策的执行使区域教育在数量上有所增加，所增数值显示了一定区域教育数量提高的水平与程度，如教育的发展结构和规模②、教育发展速度、教育发展成果等，它通常可以以计量的方式来表示。鉴于此，分析某一项民族教育地方政策执行对本地区民族教育发展的影响，既需要从历史纵向发展的角度进行分析，将其放到一定的历史时期中分析，从政策执行前后进行对比分析，也要从横向的维度进行比较分析，发现本地区民族教育发展的优势和存在的差距，重点把本地区民族教育"质"的变化和"量"上的增减相结合起来考察。

（2）教育公平的实现程度

保障和维护教育公平既是教育政策的价值基础和追求目标，又是教育政策执行结果的一个重要考察指标。判断教育政策实际产生的结果是否促进了教育公平的实现，或者在多大程度上维护和保障了教育公平，它反映了教育是否符合社会成员发展需要，教育资源是否合理配置，是否真正落实保障弱势群体、偏远贫苦地区群体权利的理念，它更多是属于教育发展"质"的规定范畴，但同时也需要可量化的统计数据做支撑来提高可信度，所以它是对教育发展"质"与"量"两方面的检验。英国哲学家休谟（David Hume）认为，人的自私、有限慷慨与利益资源的稀缺是导致不同社会个体、群体之间冲突的主要原因。因此，需要一定的伦理规范来维持

---

① 有研究者认为，教育机会是指由于教育政策的施行而产生的公众生存和发展的一种可能，是公众参与教育活动条件的总和。它包括高等教育的毛入学率、初中升学率、高中升学率、大学升学率等。

② 有研究者认为教育规模是教育政策的另外的一项实体的产出，是指各级各类教学单位在一定区域内数量的状况和一所教学单位内在校学生数量的大小。

和调节人们之间的交往，使社会生活达致"正义"与"善"①。在教育领域也存在各种错综复杂的利益关系，教育利益关系既表现为地区与地区之间的利益冲突与协调平衡问题，也存在一定区域内部各主体之间的利益冲突与协调平衡问题，因而借助于教育政策这一基本工具来调节、分配利益，充当教育利益的调节平衡器，维持不同利益主体之间的利益平衡，保障教育公平实现，使教育达致"正义"与"善"。民族教育地方政策作为调节一定区域内民族教育利益关系的基本手段，在政策的执行过程中，它究竟在多大程度上维护着教育公平的实现，还是对教育公平产生破坏性影响，都要进行相应的评判，并以这样的评判结论为基础判断某项民族教育地方政策的"存、废、改"问题。如果某项民族教育地方政策有助于教育公平的实现，则该项民族教育地方政策就值得和应该继续执行下去；若该项民族教育地方政策在实现或保障教育公平方面还存在某些不足，则要向着某个方向做调整完善，再使政策进入执行阶段；若某项民族教育地方政策对教育公平的实现产生破坏性的作用，则要立即废止此项政策。当然对某项民族教育地方政策执行的产出与影响在多大程度上实现和维护着教育公平的判断，必须要结合国家教育整体性与地方教育局部性这两个要素进行分析，兼顾于整体与局部之间的平衡，在不违背于国家教育公平的整体性要求的前提下，重点考察地方内部教育公平的实现程度。

（3）社会发展的贡献

根据社会系统论认为，教育作为社会的一个子系统，具有一定的独立性，但教育的独立性也是相对的，实际上教育与社会之间存在着千丝万缕的联系，教育政策对社会发展起着推动或阻滞的作用，一项好的教育政策能够与社会稳定发展形成良性互动。就民族教育地方政策而言，虽然不能说每一项民族教育地方政策执行的具体活动必定会对该地区产生深远的影响，但教育作为社会系统的组成部分，任何一项民族教育地方政策的执行过程对一定的地区社会发展都会存在关联，必然对一定民族地区社会的发

---

① 范国睿. 教育政策观察（第 1 辑）［M］. 上海：华东师范大学出版社，2009：333.

展变化产生影响。这也正是本研究要把民族教育地方政策的执行对社会影响作为指标体系中的一个指标项的原因所在，把它作为衡量和判断某一项民族教育地方政策执行的得或失、积极或消极的基本维度。但究其根本，民族教育地方政策执行对本地区社会发展贡献这项指标，它不是教育本体的考核指标，是教育外在的一种附加品，是一个间接的、长期的，甚至是潜移默化的影响，主要从是否对本地区经济、科技、人力资源、民族团结社会稳定等方面做出贡献来判断。

（4）文化传承与保护的作用

地域性因素与民族性因素是国家之所以专门制定和实施民族教育政策的根本性原因，是民族教育政策区别于其他教育政策的重要因素，正因为我国疆域广袤、地理差异显著，民族众多、文化多样性明显，所以我国存在着丰富而多样的民族教育政策。从理论上分析，在历史的发展进程中，地域性因素和民族性因素对国家民族政策、民族教育政策的影响是相互交织和并存的，但如果我们从生产力发展水平的角度来分析就会发现，在生产力水平低速发展的状态下，人们的谋生手段更多是由地域性因素决定的，因而决定和产生了地域性文化特点，这也往往反映了不同民族文化更深层次的特点、个性特征和原初面貌；当生产力发展水平不断提高之后，人们渐渐突破自然力量之束缚而不断增长自主发展的能力，人们的生产生活方式受到地理性因素制约和影响也因此会变得越来越小，而维持和影响民族差异性存在的主要因素也就成了不同民族长期形成的社会心理。所以从历史发展逻辑来看，从地理性因素与民族性因素之间相比较，民族性因素将会更加长久地存在和影响着国家的民族政策和民族教育政策，使民族教育政策的多样性和差异性长期地存在。而且我们还看到这样一个事实，就当前的社会生产力发展水平而言，其实人类还远远未能完全消除自然因素对人们生产生活的影响，不同民族文化还将长期并存的自然因素依然存在，而且在当今社会的发展进程中，无论是不同个体抑或不同群体都前所未有地表现出对追求与"他者""异群"存在不同之处的强烈愿望，所以不同民族文化不仅为人们提供差异性生活体验的条件，也为人们相互交流生活经验、商品交换、情感碰撞、智慧汲取提供了资源条件，更是宣示"我"与"他"彼此之间存在差异性的无声表达。如此这般看来，在人类发展的每个历史时期都有着其特殊的问题需要解决，传承与保护民族文化也就成了一个时代性需要，此举顺应了人类历史发展的必然要求。在传承与保护民族文化这个人类历史性问题上，由于教育与文化存在互为条件，所以必然要借助于教育的力量来传承民族文化，这也是历史下达的使命和时代赋予的任务。然而在我国民族教育实践中，"我国民族教育立法重视对少数民族受教育权特别是进入主流社会的受教育权的保护，而忽视对民族教育在传承和发展少数民族文化中作用、角色的规范。"① 我国民族教育政策法规曾在一段历史时期里鲜见有保护和传承民族文化的规定。在学校保护与传承民族文化这方面的实践基本无章可循。所有这些现实性的问题都指向了"应然"与"实然"的过大差距，所以在现阶段我国中央层面的民族教育政策和地方层面的民族教育政策都应把民族文化保护与传承作为一个重要的内容，尤其是要发挥民族教育地方政策在保护与传承本地区民族文化方面的功能，把民族文化保护与传承的实际效果作为考察民族教育地方政策执行状况的一项重要指标。

（5）利益相关者的认同度

利益相关者的认同度是检验民族教育地方政策执行产出与影响的又一基本维度，政策执行结果的认同度包括一定区域的利益相关者对某项民族教育政策的知晓度和满意度这两方面。知晓度主要指利益相关者对某项民族教育政策执行情况的了解程度，反映出他们对政策的目的与意义的认知和政策执行情况的关注程度；满意度是指政策执行对该民族地区教育中利益相关者需要的满足程度，是政策落实程度的满意度，反映了一定区域的公众对某项民族教育地方政策的认可和支持。该地区民主发展程度越高，也就越重视公众对在本地区内执行的教育政策进行认同度的调查，将它们作为地方教育行政部门执行民族教育政策评价的核心指标。本研究认为，

---

① 陈立鹏. 中国少数民族教育立法论［M］. 北京：中央民族大学出版社，1998：39.

政策执行的认同度不仅是一定区域民族教育执行的重要影响因素，而且还是某一项民族教育地方政策执行情况的晴雨表。把知晓度与满意度作为民族教育地方政策执行产出与影响的一项考察指标，判断政策得失，实际上要以民族地区公众教育利益诉求为中心，体现出为人民办学的思想。

（6）绩效维度

何谓绩效？目前，国内外有学者从效果、效率或效益的角度分别对绩效予以阐释，美国政策研究专家威廉·N·邓恩认为"政策绩效是指政策行为对目标群体需要、价值和机会的满足程度"。① 我国有研究者指出"绩效是对组织的成就与效果的全面、系统的表征"②，这实质上是从效果角度对绩效做出解释。也有学者认为"绩效具体是指一个组织或个人在一定时期内的投入产出情况，投入即人力、物力、时间等资源的投放，产出是工作任务在数量、质量及效率方面的完成情况"③，这本质上是从效率视角对绩效予以阐释。还有学者强调，绩效"要关注公共部门与社会、公民的关系，要以社会、公民的满意评价作为最终标准"④，这主要是在社会效益层面对绩效的说明。综合人们对"绩效"的阐释，可以看出"绩效"是一个多维的、综合性的概念，他们的研究为本研究提供了借鉴，本研究认为要将绩效所包含的效果、效率、效益这三个要素的结合体作为分析政策执行结果的尺度，将目标所达成的"效果"、投入与产出的"效率"和具有正向价值意义的"效益"三个要素结合起来进行分析，把它们作为判断民族教育地方政策执行结果的一个重要指标。

首先，民族教育地方政策执行产出与影响的效果分析。效果是使用非常广泛、频率较高的概念之一，通常认为效果是"由某种力量或因素产生

---

① ［美］威廉·N·邓恩. 公共政策分析导论［M］. 北京：中国人民大学出版社，2002：436.

② 卓越. 公共部门绩效评估（修订版）［M］. 北京：中国人民大学出版社，2011：3.

③ 杨小微. 公平取向下义务教育发展的评价指标探究［J］. 华中师范大学学报（人文社会科学版），2013（4）：146-153.

④ 卓越. 公共部门绩效评估初探［J］. 中国行政管理，2004（2）：71-76.

的结果（多指好的）"①，美国学者彼得·罗希（Peter H. Rossi）②、日本教育政策研究者市川昭午③及其我国的赵瑞峰④、钱再见⑤等一些研究者也认为，政策效果可以等同于政策结果或政策影响，它们之间可以互相替换和相互混用。本研究把效果这一概念作为判断事物发展状态和结果的一个依据和尺度，把效果作为检验政策执行产出与影响在多大程度上实现了政策目标，或者是否已经偏离了政策目标的概念。就某一项地方民族教育政策执行结果的效果分析而言，如果所出现的结果符合主体预先设计的期待，则该政策就有"好的"效果，简称为"正效果"；假如该项政策执行偏离了政策运行的轨道或政策目标，则该政策效果就是"不好的"效果，简称为"负效果"。根据民族教育地方政策执行偏离政策目标的程度，可以把政策的负效果分为这两种情形，一种是政策执行没有改变政策制定前的问题状态，与原先相比，没有任何效果，称为"零效果"或"无效果"，这是一种理论状态下存在的效果，在实际研究中不可能出现；另一种即通常意义的"负效果"，即民族教育地方政策的实施加剧或恶化了政策制定前存在的问题状态，使政策问题更加严重、政策形势更加严峻。⑥

　　其次，民族教育地方政策执行产出与影响的效率分析。在社会活动

---

① 中国科学院语言研究所词典编辑室. 现代汉语词典［M］. 北京：商务印书馆，1973：1134.

② 彼得·罗希（Peter H. Rossi）认为："影响评估，有时也称为结果评价或结果评估，评价在一定社会环境中的项目产生了哪些预先设想的对环境的改进。"参见［美］彼得·罗希，霍华德·弗里曼，马克·李普希. 项目评估：方法与技术（第6版）［M］. 邱泽奇，等，译. 北京：华夏出版社，2002：51.

③ 市川昭午在他所撰写的著作《教育的效果》中提道："在作为某种活动或原因的产物时，效果和'结果'是同义的。"参见［日］市川昭午. 教育的效果［M］. 李守福，译. 南昌：江西教育出版社，1993：3.

④ 赵瑞峰认为："政策效果即政策方案执行后产生的行动结果，也就是政策方案执行后对政策对象、政策环境、非政策对象产生的实际影响。"参见赵瑞峰. 公共政策分析：理论、方法与实务［M］. 北京：中国时代经济出版社，2007：208.

⑤ 钱再见认为："政策影响评估实际上就是对政策效果的评估"。参见钱再见. 现代公共政策学［M］. 南京：南京师范大学出版社，2007：434.

⑥ 张雷. 教育政策绩效评估的理论探讨［D］. 上海：华东师范大学，2014：118.

中，效率是对社会活动行为的有效性进行评价，是指人们活动的结果与所消耗的成本之间的比率。在政策研究领域，效率是指政策结果与所消耗的成本之间的比率。关于政策成本，研究者们有着不同的观点，或论述各有侧重，研究者有的强调资源要素，有的强调时间要素。例如，法国教育政策研究者法雷利提出："当存在着资源的有限性（稀缺），并且一直是这样，那些资源应当被尽可能充分地用于促进社会目标的实现，这就是效率。"① 他认为效率总是与政策资源联系在一起的，在政策资源成本不变的前提下，产出量越大，效率就越高；或者说，在产出量一定的情况下，政策资源成本越低，效率就越高。还有的研究者从时间消耗的角度阐述政策效率，提出："政策效率是指某项政策实现其目标的时间或速度，以及达成政策效果的时间耗费等。"这些观点为我们对民族教育地方政策执行结果的效率分析指明了思路。本研究认为，民族教育地方政策结果的效率分析也是判断其政策执行得失的基本维度，民族教育地方政策作为地方政府为了实现某种目的而做出的策略性选择，实际上是做出了多种成本投入的，所以不仅要对政策执行是否实现了政策目标，以及在多大程度上实现了目标进行分析，还应分析政策成本投入与产出和影响之间的对比关系，争取以较低的成本换取较高的产出和产生较好的影响。关于政策成本的构成方面，本研究认为民族教育地方政策的成本投入既包括体现在资源方面的人力、财力、物力，也包括时间的消耗，在不影响教育公平的前提下追求资源的节约和时间上的快速，把产出价值最大化与投入最小化作为鉴定民族教育地方政策结果优劣的一个标准。

最后，民族教育地方政策执行产出与影响的效益分析。效益最初作为经济研究领域的一个概念，用来表示"社会经济活动中物化劳动和活劳动的耗费与所取得的符合社会需要的劳动成果之间的比较，它包含投入与产出的对比关系和产出必须符合社会需要这两个方面的含义"②，也就是说

---

① ［加］法雷利. 教育政策与规划［M］. 刘复兴，等译. 重庆：西南师范大学出版社，2011：75.

② 刘志民. 教育经济学［M］. 北京：北京大学出版社，2007：186.

"效益不仅包含效率的意义，还具有'有益性'的意义，即具有正价值"①。从上面的分析可以看出，效益是指政策成本投入与活动行为所取得的符合社会和个体需要的具有正价值意义的比较，他们把效益作为一种行为的积极结果。但是，当我们把效益作为分析政策结果的一个维度的时候，其实是把政策结果视为一个既成事实状态，是一个已经产生的结果，在这样的条件下，政策成本是已经投入了的，成为已定的成本。所以实际上对政策结果的效益分析，就是要判断具有正价值意义的那部分政策结果占政策总结果的比例大小。通常情况下，在政策成本投入一定的情形下，所产生的政策结果能够满足社会和个体正价值需求的部分越大，体现政策效益越高，呈现出正向性的政策结果，这也反映出政策的科学性和可取性，该政策应该继续执行；反之，政策效益则越低，或者没有正向性的价值和积极的意义，而表现为负向性的、消极的政策结果，所以应该对政策进行改进。正如美国政策研究专家托马斯·R. 戴伊所说："一项理性的政策是获得'社会效益最大化'的政策，即政府应该选择那些使得社会效益最大限度地超过社会成本的政策，同时避免采纳那些成本高、效益低的政策。"② 对于民族教育地方政策执行结果的效益分析，其目的在于通过判断政策结果给社会和个人带来多大的收益，从而尽可能地避免成本高、效益低的政策。

从上面的具体指标项来看，民族教育地方政策的指标体系可以分类为多项具体的指标（表3-1），每一项指标都存在检验政策生成结果的侧重点，但并不能因此说各个指标项是彼此独立的，事实上各个指标项之间存在内在的联系，所以对民族教育地方政策生成结果的评价和分析，应该结合所有指标项综合分析，才能得出较为客观的分析结论，从而对民族教育地方政策生成结果进行优与劣的判定。

---

① 刘复兴. 教育政策的价值分析 [M]. 北京：教育科学出版社，2003：48.
② [美] 托马斯·R. 戴伊. 理解公共政策（第十二版）[M]. 谢明，译. 北京：中国人民大学出版社，2008：13.

表3-1 民族教育地方政策结果分析指标体系的构成及分析

民族教育地方政策生成结果基本表现形式	分析指标项及构成要素	分析依据	分析过程	地方民族教育政策生成结果的优劣判定
1. 政策文本集合	1. 政策文本体系的完备性与紧密性	1. 政策内容是否涉及经费、课程、学生、教师等具有操作性和可行性的规定；2. 各项配套政策衔接是否紧密	政策内容规定全面；各个配套政策衔接紧密	积极结果
			政策内容规定不健全；各个配套政策衔接不紧密	消极结果
	2. 政策目标的明确性与适切性	1. 政策目标是否清晰，做到尽可能量化；2. 政策目标是否体现民族因素与地域因素的结合	政策目标清晰，基本可以量化；与本地区政策资源、文化环境、教育发展现状相适应	积极结果
			政策目标不够清晰，难以量化；未能与本地区政策资源、文化环境、教育发展现状相适应	消极结果
	3. 政策文本体系内容的合理性与合法性	1. 政策内容规定是否符合客观实际，反映大多数人的正当教育利益诉求；2. 政策内容是否违背法律法规要求	符合客观实际，反映大多数人的正当教育利益诉求；符合国家法律法规要求	积极结果
			脱离客观实际，有损多数人正当教育利益诉求；与国家法律法规直接冲突	消极结果

续表

民族教育地方政策生成结果基本表现形式	分析指标项及构成要素	分析依据	分析过程	地方民族教育政策生成结果的优劣判定
2. 政策执行的产出与影响	1. 教育发展的作用	与实施政策前比较，本地区民族教育在"质"上是否有提升，在"量"上是否有增加	民族教育办学水平、管理水平提高，促进受教育者身心健康发展，发展速度、发展规模数量增长	积极结果
			民族教育办学水平、管理水平未能提高，阻碍受教育者身心健康发展，发展速度、发展规模数量停滞不前	消极结果
	2. 教育公平的实现程度	是否体现国家与地方对一定区域民族教育资源的合理分配，是否落实对少数民族学生的保障制度	教育资源进行合理分配，落实对少数民族学生的保障制度	积极结果
			教育资源未能合理分配，违背对少数民族学生的保障制度	消极结果
	3. 社会发展的贡献	是否对本地区经济、科技、人力资源、民族团结、社会稳定做出教育贡献	对本地区经济、科技、人力资源、民族团结、社会稳定做出贡献	积极结果
			没有对本地区经济、科技、人力资源、民族团结、社会稳定做出教育贡献	消极结果
	4. 文化传承与保护的作用	学校教育是否保护传承少数民族优秀传统文化	教学单位积极有效开展民族民间文化教育活动	积极结果
			教学单位消极对待民族民间文化教育活动	消极结果

续表

民族教育地方政策生成结果基本表现形式	分析指标项及构成要素		分析依据	分析过程	地方民族教育政策生成结果的优劣判定
2. 政策执行的产出与影响	5. 利益相关者的认同度		是否了解政策的目的和意义；对政策执行结果是否满意	了解政策的目的和意义，对政策执行结果基本满意	积极结果
				不了解政策的目的和意义，对政策执行结果不满意	消极结果
	6. 绩效维度	效果	政策结果是否实现政策目标和实现政策目标的程度	正效果：政策结果部分实现或全部实现了政策目标	积极结果
				负效果：政策结果偏离了政策目标	消极结果
		效率	政策结果所耗费政策成本的高低或多少	正效率：政策成本耗费低（少）、产出高	积极结果
				负效率：政策成本耗费高（多）、产出低、无产出或负产出	消极结果
		效益	政策结果在多大程度上具有正的价值，即政策总结果中有多大部分符合社会和个人利益要求	高效益：符合社会和个人利益要求这部分政策结果占政策总结果的比例大	积极结果
				低效益：符合社会和个人利益要求这部分政策结果占政策总结果的比例小或者政策没有产生正向价值	消极结果

第三节　民族教育地方政策生成结果的调查分析

　　根据前部分对民族教育地方政策生成结果分析思路的探讨和分析指标体系的构建，本研究认为民族教育地方政策生成结果要分层分析，即分别对贵州省"民族民间文化进校园"案例政策的文本集合和政策执行的产出与影响这两种表现形式进行分析。在政策生成结果分析方法的选取和路径的选择上主要采取在调查分析的基础上，对政策执行结果中可量化统计的资料和访谈的资料进行分析的方式，力求实现客观的分析案例政策结果。运用民族教育地方政策生成结果分析指标体系的各个指标项对案例政策生成结果进行综合分析，洞察民族教育地方政策生成的全貌，追溯产生政策结果的各连续而复杂的阶段过程，客观而具体地反映出民族教育地方政策生成的积极结果和消极结果，得出一个综合性的和值得信赖的结果分析结论。当然，分析案例政策生成结果的目的，不仅仅是为了揭示该案例政策自身取得的成果和存在的问题，或者仅仅为了进一步实施该政策找准症结而提出完善建议，更为重要的是由此案例政策生成结果分析，揭示出当前民族教育地方政策生成所存在的普遍性问题，为探寻民族教育地方政策生成的消极结果，以及政策生成结果偏离政策预期目标的原因做准备，最终为民族教育地方政策生成的优化提出有针对性的建议。

一、个案政策文本集合

（一）政策文本集合的选取说明

　　贵州省"民族民间文化进校园"政策是贵州省民族教育行政部门在国家法律法规规定权限范围内，结合黔东南州等地的少数民族聚居区学校实施民族文化进课堂的基层实践经验和现实需要，而自主制定、执行和不断调整完善的一项具有特色的民族教育政策。自2002年贵州省教育厅、贵州省民族宗教事务委员会制定和实施《关于在全省各级各类学校开展民族民间文化教育的实施意见》以来，至今已历时十多年，形成了一个政策文本集合。政策文本集合是政策制定之后，政策在执行和调整完善的循环互动中产生的结果，是该项政策结果最为直接的表现形式之一，是该项政策结果分析的一个重要内容，所以本研究是对过去十多年所形成的政策文本集合的分析。

此外，之所以选取省一级的政策文本集合作为该项政策结果的分析对象，是由于贵州省"民族民间文化进校园"政策来源于黔东南等少数民族聚居区学校的民族文化教育实践经验的总结和提升，是"自下而上"不断推进而产生的政策，尽管"民族民间文化进课堂"的活动行为及其基层的政策实践行为，要远远地早于省级地方"民族民间文化进校园"政策的存在。但"民族民间文化进课堂"的基层实践只是在部分少数民族聚居区相对较小范围内的中小学开展，基本属于自发性和自得其乐的民族文化教育活动，而且在"自下而上"的政策提升过程中并没有形成完备和规范的政策文本体系，甚至有的并没有政策文本，多数情况下是经领导的默许而实施的民族文化教育活动，虽然这对于追踪该政策的历史起源、探究工作推进的具体历史过程具有研究意义和价值，但若将这一阶段的政策文本作为政策结果进行规范性分析实际上并无实质意义。因此，只有基层的"民族民间文化进课堂"政策提升成为省一级的民族教育地方政策，成为一项在全省范围内实施的政策，才能逐渐形成一个具有权威性和相对较完整的政策文本体系。正是出于这样的考虑，本研究自然是以提升为省一级的民族教育地方政策之后所形成的政策文本集合作为分析对象。

（二）政策文本集合的体系结构分析

民族教育地方政策的实施是在不断探索的过程，正如其他任何一项公共政策一样，需要有与之配套的政策和支撑，形成政策自身的文本体系，否则就难以发挥政策功能，从而影响政策目标的实现，甚至导致政策负效应。所以研究民族教育地方政策文本集合的体系结构，首先要对政策在实践中所形成的文本进行梳理归纳；其次对其政策文本的基本内容进行分析；再次运用民族教育地方政策文本的各项检验指标验证政策文本体系的完备性与紧密性、政策目标的明确性与适切性、政策的合理性与合法性。就案例政策而言，自 2002 年以来，贵州省"民族民间文化进校园"政策已经形成了以《贵州省民族民间文化保护条例》为依托，以省教育厅省民宗委《关于在我省各级各类学校开展民族民间文化教育的实施意见》（黔教发〔2002〕16 号）、省教育厅省民宗委《关于大力推进各级各类学校民族民间文化教育的意见》（黔教民发〔2008〕216 号）、贵州省民宗委省教育厅省文化厅关于印发《关于全面推进各级各类学校民族文化进校园工作的实施方案》的通知（黔民宗发〔2016〕31 号）这三个文件为骨架，以其他配套文件为支撑的政策文本体系（表3-2），还可以把政策文本体系结构划分为发展规划类、师资培训类、其他专项指导规范类、成果评比表彰类、成果宣展类、调查研究类这六种类型。从贵州省"民族民间文化进校园"政策文本体系结构的外在表现形式来看，虽然还缺乏一些相应的配套文件做支撑，但整个政策文本体系的框架结构已经建立，至于构成整个政策文本体系的每一个文件之间的衔接性是否存在问题，及其各个文件内部结构是否存有改进之处，则需要通过对政策文本体系的内容进行归纳整理，运用民族教育地方政策文本集合的各项指标进行检验。

表 3-2　贵州省"民族民间文化进校园"政策文本体系结构

类别	序号	文件名称	文件来源	颁发时间	适用范围与对象
发展规划类	1	《贵州省民族民间文化保护条例》	贵州省人大常委会	2002.7.30	本省行政区内的组织和个人
	2	《关于在我省各级各类学校开展民族民间文化教育的实施意见》（黔教发〔2002〕16 号）	贵州省教育厅、贵州省民族宗教事务委员会	2002.10.8	全省各教育行政部门、民族宗教事务管理部门、各级各类学校

续表

类别	序号	文件名称	文件来源	颁发时间	适用范围与对象
发展规划类	3	《关于大力推进各级各类学校民族民间文化教育的意见》（黔教民发〔2008〕216号）	贵州省教育厅、贵州省民族宗教事务委员会	2008.7.2	全省教育行政部门、民族宗教事务管理部门、各级各类学校
	4	《关于全面推进各级各类学校民族文化进校园工作的实施方案》（黔民宗发〔2016〕31号）	贵州省民族宗教事务委员会、贵州省教育厅、贵州省文化厅	2016.4.13	全省民族宗教事务管理部门、教育行政部门、文化管理部门、各级各类学校
师资培训类	1	《关于举办省级民汉双语骨干师资培训班的通知》。自2011年以来加强了双语教师培训	贵州省教育厅办公室	2016.6.2	全省各级各类学校双语教师
	2	《关于举办全省民族民间文化教育师资培训班的通知》。自2008年以来每年培训1期，已培训9期	贵州省教育厅办公室	2016.6.2	全省各级各类民族民间文化教育学校教师
其他专项指导规范类	1	《关于同意凯里学院将民族民间文化研究及传承人纳入民族班管理的批复》（黔教民发〔2008〕160号）	贵州省教育厅	2008.4.8	凯里学院
	2	《关于建立我省第二批少数民族传统体育基地的通知》（黔族发〔2008〕54号）。到目前已评选两批	贵州省民族宗教事务委员会、贵州省体育局、贵州省教育厅	2008.11.14	贵州大学等18家各单位
	3	《关于召开贵州省民族教育文化进校园推进会的通知》（黔教民发〔2012〕296号）	贵州省教育厅、贵州省民族宗教事务委员会	2012.8.9	全省教育行政部门、民族宗教事务管理部门、各级各类学校

续表

类别	序号	文件名称	文件来源	颁发时间	适用范围与对象
其他专项指导规范类	4	《关于印发"贵州省推进职业院校民族民间文化传承创新工作实施办法"的通知》（黔教民发〔2014〕331号）	贵州省教育厅、贵州省文化厅、贵州省民族宗教事务委员会	2014.12.3	全省教育行政部门、民族宗教事务管理部门、文化管理部门、各职业院校
	5	《关于做好2015年民族文教有关工作的通知》（黔民宗办发〔2015〕19号）	贵州省民族宗教事务委员会办公室	2015.4.7	全省民族宗教事务管理部门
	6	《关于成立贵州省民族教育联席会议制度的通知》（黔教民发〔2016〕41号）	贵州省教育厅、贵州省民族宗教事务委员会	2016.4.13	相关厅局
	7	《贵州省促进民族团结进步条例》	贵州省人大常委会	2015.3.27	本省行政区内的组织和个人
	8	省人民政府办公厅关于转发省教育厅省民宗委《贵州省加快发展民族教育实施方案》的通知（黔府办函〔2015〕213号）	贵州省人民政府办公厅	2015.12.29	全省各市、自治州人民政府，省政府各部门、各直属机构
成果评比表彰类	1	《关于在全省各级各类学校开展民族民间文化教育项目学校评选活动的通知》（黔教民发〔2007〕148号）。每两年评一批，至2015年已评五批	贵州省教育厅、贵州省民族宗教事务委员会	2007.6.6	全省教育行政部门、民族宗教事务管理部门、各级各类学校
	2	《关于表彰全省各级各类学校开展民族民间文化教育项目学校先进集体和先进个人的通知》（黔教民发〔2008〕308号）	贵州省教育厅、贵州省民族宗教事务委员会、省人事厅	2008.10.16	全省教育行政部门、民族宗教事务管理部门、各级各类民族文化教育学校
	3	《关于组织申报第一届贵州省职业院校民族民间文化教育传承创新项目的通知》（黔教民发〔2015〕131号）	贵州省教育厅、贵州省文化厅、贵州省民族宗教事务委员会	2015.6.2	全省教育行政部门、民族宗教事务管理部门、文化管理部门、各职业院校

续表

类别	序号	文件名称	文件来源	颁发时间	适用范围与对象
成果宣展类	1	《关于开展全省民族民间文化教育成果展示活动的通知》（黔教民发〔2009〕101号）	贵州省教育厅、贵州省民族宗教事务委员会	2009.4.22	全省教育行政部门、民族宗教事务管理部门、各级各类学校
	2	《关于召开贵州省民族文化进校园推进会的通知》（黔教民发〔2012〕296号）	贵州省教育厅、贵州省民族宗教事务委员会	2012.8.9	全省教育行政部门、民族宗教事务管理部门、各级各类学校
	3	《关于报送开展"双语教学"、民族民间文化教育及民族团结情况的通知》（黔教民发〔2006〕139号）	贵州省教育厅	2006	全省教育行政部门、各级各类学校
调查研究类	1	《关于召开全省双语教育调查研究工作会议的通知》（黔教办民〔2011〕186号）	贵州省教育厅、贵州省民族宗教事务委员会	2011.6.7	各市（州、地）教育局、相关县（市、区、特区）教育局
	2	《关于开展双语教育调查研究的通知》（黔教民发〔2011〕188号）	贵州省教育厅、贵州省民族宗教事务委员会	2011.6.7	各市（州、地）教育局、民宗局

（三）政策文本集合内容扫描

根据贵州省民族教育行政部门在不同时间发布的"民族民间文化进校园"三个骨架文件和一个专项文件的规定，政策文本集合的基本内容包括以下几个方面的内容。

1. 政策总体目标与任务

（1）《关于在我省各级各类学校开展民族民间文化教育的实施意见》（黔教发〔2002〕16号）规定的总体目标与任务可以概括为这三方面：一是挖掘、整理、继承发扬贵州少数民族优秀传统文化，增强民族团结，丰富人民精神生活，促进社会主义精神文明和物质文明建设；二是推进贵州各民族经济、文化、教育事业发展；三是促进贵州建设民族风情旅游大省。

（2）《关于大力推进各级各类学校民族民间文化教育的意见》（黔教民发〔2008〕216号）规定的总体目标与任务可以概括为这三方面：一是保护和传承优秀民族民间传统文化，要从小培养学生保护民族民间文化意识，民族文化传承由自然引向自觉、由家庭引向学校、由分散引向集中；二是构建贵州特色民族教育；三是促进"多彩贵州"繁荣发展。

（3）《关于全面推进各级各类学校民族文化进校园工作的实施方案》的通知（黔民宗发〔2016〕31号）规定的总体目标与任务可概括为这两方面：一是提升民族文化传播水平，传承多姿多彩的民族民间文化，实现民族教育工作新跨越；二是全面推进民族民间文化进校园，争取到2020年省、市（州）、县（自治县）各级民族民间文化教育项目学校达到1000所。

综合分析案例政策三个骨架性的文件，其目标与任务体现在两方面，一方面是通过民族文化与学校教育的双向互动，实现教育与文化的共同发展；另一方面是通过学校教育培育民族文化的自觉与自信，实现民族文化发展繁荣与地方经济社会发展的良性互动。

2. 课程内容设置与教学目标

（1）《关于在我省各级各类学校开展民族民间文化教育的实施意见》（黔教发〔2002〕16号）对民族地区中小学和民族高等院校的教学课程和教学目标分别做了规定。一是要求民族地区中小学将当地喜闻乐见的民族民间文化引入课堂（将民间音乐、绘画、舞蹈、体育、文学、传统手工艺引入教学活动中），纳入素质教育，开展双语教学，达到民汉兼通；二是要求民族高等院校设置民族学、民族史、民族语言和民族艺术等专业，培养民族民间专门人才，为全省培养民族民间文化教育师资。

（2）《关于大力推进各级各类学校民族民间文化教育的意见》（黔教民发〔2008〕216号）规定：一是要求中小学让国家和省级非物质文化遗产保护项目进课堂，自治地方和民族乡的中小学必须把民族歌舞、体育、工艺、语言等纳入教学活动中，增强学生素质；二是要求职业学校发挥专业优势，积极开设民族音乐、绘画、舞蹈等专业，培养民族文化传承人；三是要求民族高等院校办好民族文化、体育、语言、医药、艺术等相关专业，编写民族文化教育教材，为全省培养民族文化教育专业教师。

（3）《关于全面推进各级各类学校民族文化进校园工作的实施方案》的通知（黔民宗发〔2016〕31号）对教学课程与教学目标分别作了规定。首先在教学内容方面：以列入国家和省级非物质文化遗产保护项目为基础，因地制宜地开展民族歌舞、戏曲、体育、工艺、绘画、语言文字等教学活动。其次在教学目标上：义务教育阶段传授基础知识和技能，发展民族文化想象力和创新意识，培养民族文化特长、爱好等；普通高中要丰富学生的民族文化审美体验，开阔人文视野；中职学校和职业学院要根据市场需求，提高学生艺术技能和职业技能，为学生创业就业奠定基础；普通高校引导学生完善人格修养，强化民族文化意识和创新意识，增强传承弘扬民族文化的责任感和使命感。

综合分析案例政策三个不同时间印发的骨架性文件，在课程内容设置与教学目标方面不同层次的学校亦不尽相同。在课程内容设置方面，各个学校均以民间音乐、绘画、舞蹈、体育、文学、传统手工艺、民族理论与政策、民族历史文化、民族医药、民族食品、民族建筑为主。在教学目标方面，中小学以培养民族文化兴趣爱好、增加学生对民族民间习俗的了解、增强学生素质为目标；职业学校以提高学生艺术技能和职业技能、培养民族文化传承人为目标；高等院校以培养民族民间文化专业教师、增强学生传承弘扬民族文化的责任感和使命感为目标。

3. 教学形式

根据贵州省民族教育行政部门在不同时间发布的三个骨架性文件和一个专项文件的要求，不同地区和不同学校可以结合本地本校基本情况开展民族民间文化教育，在教学形式方面分别做了规定。《关于在我省各级各类学校开展民族民间文化教育的实施意见》（黔教发〔2002〕16号）规定："民族民间文化教育形式应灵活多样……以课程教学、课外活动、兴趣小组、劳动技术教育、综合实践活动等教学形式。"《关于大力推进各级各类学校民族民间文化教育的意见》（黔教民发〔2008〕216号）规定："以专业教育、课程教学、课外活动、兴趣小组、劳动技术教育、综合实践活动等教学形式。"贵州省教育厅省文化厅省民宗委关于印发《贵州省推进职业院校民族民间文化传承创新工作实施办法》的通知（黔教民发〔2014〕331号）规定："推行技能训练、情景学习、探究学习、兴趣小组、社团活动、项目教学、案例教学、工作过程导向教学等教学模式。"《关于全面推进各级各类学校民族文化进校园工作的实施方案》的通知（黔民宗发〔2016〕31号）规定："课堂教学与课外实践活动相结合，组建学校民族艺术团、兴趣小组、体育代表队、创新工作室等形式实施教育活动。"

4. 理论研究

民族民间文化教育理论研究是政策文本集合所规定和体现的一项内容。在《关于大力推进各级各类学校民族民间文化教育的意见》（黔教民发〔2008〕216号）中规定："各地教育局教研室要加强对民族民间文化进课堂的教学、教研、教改工作，推出优质课、精品课，提高民族民间文化教学水平。"在《关于全面推进各级各类学校民族文化进校园工作的实施方案》的通知（黔民宗发〔2016〕31号）中对民族民间文化教育理论研究作了这样的规定："各地应鼓励教职员工和高校高年级本科生、研究生积极从事民族文化研究，并为他们创造研究条件，运用研究成果。从2016年起，省民宗委设立民族文化教育专项课题，鼓励深入研究民族文化进校园的重大理论和现实问题，打造高校成为民族文化教育研究高地和决策咨询重地。加强基础教育阶段民族文化类学科教研队伍建设，努力造就民族文化科研队伍。"

5. 组织领导机构及工作职责

在政策文本集合的具体文件中，对组织领导机构及工作职责都作了规定。《关于在我省各级各类学校开展民族民间文化教育的实施意见》（黔教发〔2002〕16号）规定："各级教育行政部门和民族事务部门要紧密配合，制定措施，指导学校开展民族民间文化教育活动。"《关于大力推进各级各类学校民族民间文化教育的意见》（黔教民发〔2008〕216号）规定："各级教育、民族工作部门要组织有关人员开展调查研究，总结工作经验，并结合实际，研究和制定本地区民族民间文化教育的规划，报经当地党委、政府审定后，认真抓好实施，确保见成效。"在贵州省教育厅省文化厅省民宗委关于印发的《贵州省推进职业院校民族民间文化传承创新工作实施办法》的通知（黔教民发〔2014〕331号）中规定："从2015年起，由省教育厅牵头，省教育厅、省文化厅、省民族宗教事务委员会每年至少召开一次民族民间文化教育传承工作联席会议，重点研究职业院校民族民间文化教育工作推进过程的经费安排、队伍建设和监督考核等工作。"在《关于全面推进各级各类学校民族文化进校园工作的实施方案》的通知（黔民宗发〔2016〕31号）中做出了这样的规定："教育部门应履行好民族文化教育主管责任，负责民族文化进校园的统筹规划、宏观指导和综合管理。文化部门要把学校作为文化传承的主阵地，配合教育部门做好文化传承工作。民宗部门要发挥熟悉民族文化，掌握民族政策的优势，协调教育部门把民族文化教育纳入督导指标体系，制定督导办法，定期开展检查。"

6. 保障措施

保障措施是案例政策的基本内容之一，主要包括师资队伍的建设、经费的投入、教材的编写、民族文化教育的协调工作机制、民族文化教育的评价制度这五方面。

（1）师资队伍的建设

在《关于大力推进各级各类学校民族民间文化教育的意见》（黔教民发〔2008〕216号）中规定："要求各地制订民族民间文化教育师资培养计划，采取选送进修、短期培训等形式开展培训，有条件的高校设立教师培训基地，培训专任教师。"在贵州省教育厅省文化厅省民宗委关于印发《贵州省推进职业院校民族民间文化传承创新工作实施办法》的通知（黔教民发〔2014〕331号）中对师资队伍的建设作了规定："支持学校设立合同聘用制的非物质文化遗产传承指导教师特设岗位，建立特殊岗位津贴制度。"在《关于全面推进各级各类学校民族文化进校园工作的实施方案》的通知（黔民宗发〔2016〕31号）中规定："各级教育部门和各级各类学校……采取有效措施破解中小学校民族文化教师紧缺问题。省民宗委与省文联联合开展民族工艺人才培训……拟于'十三五'期间在全省挂牌示范1000个民族工艺传习所，作为民族民间文化教师后备人选。"

（2）经费的投入

《关于大力推进各级各类学校民族民间文化教育的意见》（黔教民发〔2008〕216号）规定："各级教育、民族工作部门力争把开展民族民间文化教育所需经费列入当地财政年度预算，并要从教育经费和民族教育专项经费中安排一定的经费用于民族民间文化教育的各项工作。"《贵州省推进职业院校民族民间文化传承创新工作实施办法》的通知（黔教民发〔2014〕331号）规定："每年由省教育厅从职业教育专项经费中安排300万元，省民宗委从省级民族教育专项经费中安排200万元，用于民族民间文化教育特色重点专业建设、民族文化教育创新团队建设、非物质文化遗产教育名师工作室建设。"《关于全面推进各级各类学校民族文化进校园工作的实施方案》的通知（黔民宗发〔2016〕31号）规定："省级民族教育专项补助经费将主要投向民族文化进校园项目学校及双百工程学校，各地教育、民宗、文化部门要向党委政府主动汇报，力争把民族文化教育所需经费列入本级财政年度预算。鼓励各地筹措和利用社会资金加大对学校民族文化教育的投入。"

（3）教材编写

《关于在我省各级各类学校开展民族民间文化教育的实施意见》（黔教发〔2002〕16号）规定："少数民族聚居地方，可由市（州、地）教育行政部门、民族事务部门统一编写相关的地方教材、补充教材，主要供教师使用。"在《关于大力推进各级各类学校民族民间文化教育的意见》（黔教民发〔2008〕216号）中规定："组织人员编写《贵州省民族文化教育课程标准》，使民族文化进校园的学校有本可依、按纲授课。各地要成立由民族文化专家、学者及有关部门工作人员组成的民族民间文化进课堂教材编写领导小组，组织协调各学校结合自身实际和当地特色编写校本教材，为教学编写相对统一的教材。"

（4）民族文化教育的协调工作机制

《关于大力推进各级各类学校民族民间文化教育的意见》（黔教民发〔2008〕216号）规定："健全民族民间文化教育工作协调机制，主要领导亲自抓，分管领导具体抓，业务科室全力抓，明确专门人员负责此项工作。"《关于全面推进各级各类学校民族文化进校园工作的实施方案》的通知（黔民宗发〔2016〕31号）规定："民族文化的保护传承，需建立学校、家庭、社会多位一体的协调机制，推动民族文化教育协同创新，积极探索建立教育、民宗、宣传、文化、广电、体育等部门及文艺团体的长效合作机制，建立推进民族文化进校园工作的部门间协调机制。"

（5）民族文化教育的评价制度

《关于大力推进各级各类学校民族民间文化教育的意见》（黔教民发〔2008〕216号）规定："各级教育行政部门要将民族民间文化教育纳入教学评估和督导的内容，定期开展民族民间文化教育工作检查、督导和评估。"《贵州省推进职业院校民族民间文化传承创新工作实施办法》的通知（黔教民发〔2014〕331号）规定："委托社会组织和专业机构对职业院校开展民族民间文化教育传承工作情况进行考核评估……"《关于全面推进各级各类学校民族文化进校园工作的实施方案》的通知（黔民宗发〔2016〕31号）规定："各地要积极开展中小学生民族文化艺术素质测评……实施中小学校自评制度，学校每学年要开展一次民族文化教育和美育工作自评，纳入考核内容，并通过当地民宗、教育、文化部门的官方网站向社会公示自评结果。"

（四）政策文本集合的指标验证

根据民族教育地方政策文本集合的分析指标体系进行验证，主要从政策文本集合的完备性与紧密性、政策目标的明确性与适切性、政策的合理性与合法性方面综合性地分析。

1. 政策文本集合的完备性与紧密性的分析

检验政策文本集合的完备性与紧密性与否，需要从政策实践递进发展的历史逻辑展开。自 2002 年以来，贵州省"民族民间文化进校园"政策已经形成了以《贵州省民族民间文化保护条例》为依托，以《关于在我省各级各类学校开展民族民间文化教育的实施意见》（黔教发〔2002〕16号）、《关于大力推进各级各类学校民族民间文化教育的意见》（黔教民发〔2008〕216 号）、《关于全面推进各级各类学校民族文化进校园工作的实施方案》的通知（黔民宗发〔2016〕31 号）这三个文件为骨架，以其他配套文件为支撑的政策文本体系，从其政策的外在表现形式来看，整个政策文本体系的框架结构已经建立，政策文本体系又可以划分为发展规划类、师资培训类、其他专项指导规范类、成果评比表彰类、成果宣展类、调查研究类六种类型，其内容涵盖了教育经费、课程、学生、教师、管理等。由此可见，贵州省"民族民间文化进校园"政策是一个稳定持续而且力度不断增强的历史发展进程，政策文本体系结构中的各类文件相互映衬，支撑"民族民间文化进校园"运行。但若从细微处分析，案例政策还缺乏一些相应的配套政策文件做支撑，或者其政策文本体系中有的配套支撑性文件完善与否都会直接影响政策执行结果。在师资建设上，尽管文件规定了很多，但在师资如何培养、选拔、考评晋升等方面还存在制度的藩篱；在经费投入与使用方面没有从制度上明确项目开支、建立科学的监督管理制度，没有做到经费使用、监督与管理相分离的制度安排；在民族民间文化人才培养方面没有实现升学、培养和促进就业政策的有效衔接；在民族民间文化教育课程安排的制度设计上，还没有做出与其他学科课程冲突协调的安排。综合来看，案例政策文本集合的完备性与紧密性还需要在实践中完善。

2. 政策目标的明确性与适切性的检验

综合分析案例政策三个骨架性的文件，政策目标设计反映政策的追求和所要解决的问题，能够考虑到民族地区的民族因素与地域因素，有针对性地促进民族教育特色发展和解决贵州优秀传统民族文化消逝的问题，促进民族文化发展繁荣与学校教育的双向互动，实现教育与文化的共同发展，培育民族文化自觉、自信，实现民族文化繁荣与地方经济社会发展的良性互动。而且，从政策文件的时间先后来看，最新印发的政策文件其目标设计是在已经取得的成果和经验基础上而提出具体的发展目标，是逐步深入地进行，在一定程度上体现了政策目标设计的明确性与适切性，这需要在今后的政策文本设计与选择中继续坚持。同时，有关民族文化保护与传承又该做何等解释，这在政策实践中不同的政策执行者确实有着不同的理解，也困扰着民族民间文化教育教学的开展，因为对保护、传承民族民间文化的不同理解，所以学校保护、传承民族民间文化的一些行为被人们所诟病，这折射出人们担心学校保护、传承民族民间文化会越来越偏离政策的初衷和目标要求。事实上何谓"保护"、何谓"传承"，人们还存在不同的见解，所以对政策中关于学校保护和传承民族民间文化的目标要求需要更加明确地做出解释，如果在政策文本中没有进一步的说明，各级党委、政府和民族教育工作部门、广大教育工作者和社会有识之士没有一个基本共识，全凭各政策执行者主观的理解而行动，那至少说明关于政策目标的规定还是不够明确。

3. 政策的合理性与合法性的判断

贵州省"民族民间文化进校园"政策不仅符合于国家法律法规中鼓励支持民族地区自主发展民族教育的规定，也符合于国家保护民族非物质文化遗产的法律法规的规定，和提升国家及地方文化软实力的现实需要。该案例政策来自民族地区部分少数民族聚居区学校在 20 世纪 80 年代自发实践的经验总结，属于国家法律法规框架内的民族教育地方政策创新，它反映了民族教育地方政策照顾民族聚居区学生的文化生活背景，是对少数民族学生精神需求和教育利益诉求的关切与回应，这些既是政策合理性的基础，也是政策合法性的基础，所以"民族民间文化进校园"政策很容易就与这些地区建立起连接点，得到他们的认同，产生"共鸣"，形成良好的互动。当然，还需要关注那些并不存在自发地开展民族民间文化教育的少数民族聚居区，对于他们来说，政策的实施可能是外部规则给他们的一个冲击，甚至有可能要打破他们已有的教育生活规律，所以政策对象将以何种心态对待上级制定而实施的政策，不仅影响政策合理性的理解，更会影响政策的执行成效。因此，在这些地区或学校实施"民族民间文化进校园"政策，必然要考虑采取何种方式让政策对象从心理上认可和接纳该政策，一般来说，采取诱导性措施与强制性措施相结合的办法，效果会更好。此外，"民族民间文化进校园"政策在多大范围内实施、在哪些地区学校实施才更具有合理性，这是需要在政策执行中注意的问题，也就是说，民族教育地方政策实施也不能搞"一刀切"、强行实施。

二、个案政策执行的产出与影响

理想的教育政策执行活动过程应该是这样的，教育政策执行既能够"一以贯之"又能够"因地制宜"，在不违背教育政策目的、政策要求的前提下切实根据各地实际的教育状况和问题采取针对性措施，争取积极结果最大化。然而、现实中政策执行到底有什么样的产出、产生什么样的影响，这都需要全面而客观的分析。通过对政策执行者、政策执行对象及其部分政策利益相关者进行调查、访谈，结合研究者的理解，更为立体客观地呈现政策执行结果的观点，反映出民族教育地方政策执行过程的真实面貌，这既是对案例政策文本体系自身的检验，更是对基层民族教育行政部门和相关学校开展工作的检验。这有助于得出更加接近真实的分析结论，并进一步揭示民族地区基层教育行政部门和学校在执行政策过程中可能存在的普遍性问题。

（一）政策执行概况

贵州省是一个多民族聚居的山地省份，因此形成了多姿多彩、异彩纷呈的民族文化和形式独特的山地文化。但是近几十年来，由于经济社会的快速发展和少数民族生计方式的改变，民族民间文化生成的土壤面临着巨大的冲击，大量优秀的民族民间文化消逝在历史发展的河流中，因此学校保护、传承、弘扬民族文化成为现实的需要和时代的使命。自 2002 年 7 月贵州省人大常委会颁布《贵州省民族民间文化保护条例》后，当年 8 月贵州省教育厅、省民委又联合下发了《关于在我省各级各类学校开展民族民间文化教育的实施意见》（黔教发〔2002〕16 号），对全省各级各类学校开展民族民间文化教育的目的、任务、组织领导、教学内容、教学形式、师资培养培训、"双语"教学、教材编写等方面作了规定，提出了实施意见。因此，各级各类学校逐渐步入组织化、制度化、科学化发展轨道，通过各级民族、教育、文化等行政部门和民族地区各级各类学校的共同努力，正挖掘、整理当地优秀的民族民间文化，把优秀民族民间传统文化引进校园或作为教学内容引进课堂教学。各级民族、教育、文化等部门和民族地区各级各类学校在民族民间文化教育项目学校、民族民间文化教育师资、民族民间文化教育教材编写、经费投入、教育优秀成果评比、教育成果宣展等方面也做了大量工作。

（二）政策执行产出与影响的积极表现形式

学生、学生家长、教师、民族教育管理者和其他利益相关者是案例政策的"事件参与者"和"当事人"，对于他们的观点和看法自然是调查研究不可或缺的基本内容。结合民族教育地方政策执行产出与影响的分析指标体系，本研究认为主要围绕政策执行对本地区教育发

图 3-1 省级先进集体表彰

展、教育公平实现程度、社会发展、优秀民族文化传承与保护、绩效等方面，对学生、学生家长、教师、各级民族教育部门管理者和其他利益相关

者进行访谈、调查分析和概括。①

1. 民族民间文化教育学校数量攀升

2015 年 12 月，贵州省教育领导在《落实特殊政策措施加快发展民族教育——在全省民族教育工作会议上的讲话》中指出："从 2002 年以来，已评选了两批共 34 所省级少数民族传统体育基地，评选了五批省级民族民间文化教育项目学校共 106 所，免费培训了 500 名民族民间文化教师，编印了《民族民间文化教育集锦》，表彰先进集体和个人，开展教学成果奖评选。2015 年评选出了 12 所职业院校的 18 个民族民间文化传承创新项目。目前，已有近 5000 所学校开展"民族民间文化进课堂"活动。"

2. 民族民间文化教育教学内容不断拓展

在《落实特殊政策措施加快发展民族教育——在全省民族教育工作会议上的讲话》中提到民族民间文化教育教学："内容从原来集中于民族民间音乐和体育等向民族民间文学、美术、曲艺、舞蹈、戏剧、手工技艺、习俗及民族民间文化知识等方面拓展，突出地域和民族特色，如侗族大歌、水族水书、苗族刺绣、苗族舞蹈、布依族八音坐唱、苗族布

图 3-2　学生参加校园文化活动

---

① 民族教育管理者对"民族民间文化进校园"政策执行结果的有关观点主要通过两种渠道获取，一方面在教育行政部门的民族教育工作汇报、工作总结中体现部分的信息，或者在"民族民间文化进校园"的专门成果汇报、工作总结材料中、宣传报道资料中有较为详细的信息，这是对教育积极结果和消极结果的最直观而全面的呈现；另一方面是通过对地方各级民族教育行政部门负责人或工作人员的访谈、调查，从而获得一些零星的和较有个体主观见解的观点。当然，通过这两种信息渠道获得的信息，都是代表民族教育管理者的观点，即官方的观点。

依族蜡染、屯堡地戏面具制作、土家族板凳舞等。"

根据贵州省民族教育行政部门在不同时间发布的三个骨架性文件的规定，结合调查研究，对不同地区和不同类型学校开展民族民间文化教育的课程与教学内容设置情况进行总体的梳理和统计，如表3-3所示，从统计资料显示出民族民间文化教育的课程较为齐全，教学内容较为丰富。

表3-3 贵州省"民族民间文化进校园"不同层次学校课程内容设置

学校类型	课程与教学内容设置								
	民族舞蹈	民族音乐	民族体育	民族艺术、技艺	民族语言文字	民族理论知识	民族医药	民族建筑	民族食品
小学	板凳舞、花棍舞、芦笙舞、彝族舞蹈、锦鸡舞等	侗族大歌、苗族飞歌、古歌、酒歌、八音坐唱等民族民间歌谣	射弩、踩高脚、鸡毛毽、打陀螺等	民族美术、民间刺绣、织锦、挑花等	苗文、侗文、水书	民族人口分布、民族传统节日			
中学	锦鸡舞、采鼓舞、木鼓舞、铜鼓舞、吹木叶、扁担舞、古瓢舞等	侗族大歌、苗族飞歌、八音坐唱、琵琶歌、拦路歌、踩歌堂及其牛腿琴、唢呐、月琴、箫笛、锣、铜鼓等乐器演奏	珍珠球、蹴球、陀螺、少数民族武术等	民族剪纸、民族刺绣、民族蜡染、木雕、芦笙制作等	苗文、侗文	民族政策、民族传统文化			
职业技术学校	芦笙舞、反排木鼓舞、板凳舞、木鼓舞、铜鼓舞、锦鸡舞等	侗族大歌、苗族飞歌、古歌、酒歌、八音坐唱、侗族琵琶歌、拦路歌、芒筒、牛腿琴、箫笛、锣、铜鼓等乐器演奏	珍珠球、蹴球、陀螺、少数民族武术、独竹漂等	民族剪纸、民族刺绣、银饰锻造、民族蜡染、民族服饰、民族版画、芦笙制作、古法造纸、民族民间美术等	苗文、侗文、水书	民族政策、民族历史文化、民族习俗	侗医、苗医	鼓楼、风雨桥	民间餐饮、民族特色食品

续表

学校类型	课程与教学内容设置								
	民族舞蹈	民族音乐	民族体育	民族艺术、技艺	民族语言文字	民族理论知识	民族医药	民族建筑	民族食品
普通高等院校	芦笙舞、反排木鼓舞、板凳舞、木鼓舞、铜鼓舞、锦鸡舞、摆手舞等	民族声乐、民族乐器、民族音乐理论等	蹴球、珍珠球、押加、抢花炮、陀螺、射弩、少数民族武术、独竹漂等	民族刺绣、民族蜡染、民族服饰、民族版画、民族民间美术、民族剪纸等	苗文、侗文、水书	民族理论与政策、民族历史文化	侗医、苗医	鼓楼、风雨桥	民间餐饮、民族特色食品

建立少数民族传统体育项目学校训练基地是"民族民间文化进校园"政策执行的一项成果，到目前为止，贵州少数民族传统体育项目训练基地遍布全省 9 个地、州、市，其中学校训练基地几乎覆盖了全省各级各类学校，如表 3-4 所示。

表 3-4 贵州省少数民族传统体育训练基地（学校）及项目统计表

序号	基地学校名称	申报开展训练项目	批准批次	批准时间
1	贵州民族大学	综合训练基地	第一批	2004 年
2	兴义民族师范学院	综合训练基地	第一批	2004 年
3	同仁学院	综合训练基地	第一批	2004 年
4	黔东南振华民族中学	综合训练基地	第一批	2004 年
5	荔波县瑶山民族中学	综合训练基地	第一批	2004 年
6	六盘水市民族职业技术学校	综合训练基地	第一批	2004 年
7	贵阳民族中学	综合训练基地	第一批	2004 年
8	安顺市体育学校	综合训练基地	第一批	2004 年
9	贵州大学	押加、高脚竞速、射弩、毽球、各类表演项目	第二批	2008 年
10	贵州师范大学	武术、秋千、押加、花炮	第二批	2008 年

序号	基地学校名称	申报开展训练项目	批准批次	批准时间
11	贵州财经大学	蹴球、民族健身操	第二批	2008年
12	贵阳医学院	陀螺、射弩、花炮、板鞋竞速、民族健身操	第二批	2008年
13	贵阳中医学院	武术、传统保健功法	第二批	2008年
14	遵义医学院	珍珠球、板鞋竞速、武术、民族健身操	第二批	2008年
15	黔南民族师范学院	高脚竞速、蹴球	第二批	2008年
16	六盘水师范学院	板鞋竞速、珍珠球	第二批	2008年
17	凯里学院	木球、珍珠球、毽球、押加、高脚竞速	第二批	2008年
18	贵阳学院	射弩、武术、花炮	第二批	2008年
19	安顺学院	射弩、蹴球、陀螺、单手摔跤、抱石、花棍、铜鼓舞	第二批	2008年
20	毕节学院	押加、珍珠球、板鞋竞速、民族健身操	第二批	2008年
21	贵州省体育运动学校	秋千、蹴球、板鞋竞速、民族式摔跤、押加	第二批	2008年
22	遵义市体育运动学校	射弩、蹴球、押加、民族式摔跤、独竹漂	第二批	2008年
23	铜仁市民族中学	独竹漂、抢鸭子	第二批	2008年

注：通过整理刘继鑫发表于《贵州民族学院学报》（哲学社会科学版）2008年第5期第185页的论文《关于贵州省少数民族传统体育训练基地若干问题的思考》和黔族发〔2008〕54号文件的数据而制作本表。

3. 学校特色化建设见成效

彰显校园文化特色、促进学校特色化发展、使学校更有活力，是贵州省"民族民间文化进校园"政策的预期结果和基本追求。在调查和访谈中，官方对政策促进民族地区学校特色化建设的积极作用的观点是比较一致的，认为已初见成效，为开创具有贵州特色的民族教育奠定了基础。

图 3-3　学生敲打"四方鼓"

黔东南州民宗局的一名干部说："在我们黔东南州，不少学校还把民族元素与现代艺术形式结合起来，编排创作教学活动项目。凯里市××中学自编的'大课间芦笙舞'、凯里××小学的'民族舞蹈韵律操'、台江××中学的'多声部苗歌'等，不仅深受学生喜爱，而且成为宣传学校办学特色的名片。你可以看到，有不少民族民间文化教育学校在迎接嘉宾、领导检查工作的时候都会打出自己的民族文化招牌，如拦路歌、拦路酒。进入学校后欣赏少数民族歌舞表演，其实也是在打民族文化牌，宣传自己的办学特色。"

黔南州民宗局一位负责民族文化教育管理的干部说："黔南布依族苗族自治州民族文化资源丰富，但随着国家统一教育的渗入，学校里的教学内容把原来民间自娱自乐的文化，或其他传统的手工技艺排斥在外。而且小孩子在学校、在社会上学的、玩的东西都很多了（可选择玩的东西多），所以以前民间玩的、学习的东西都基本上被抛弃了，小孩子也不愿意学习那些'落后'的东西，所以民族民间文化渐渐在年轻人一代被淡化。在贵州省民委和省教育厅把民族民间文化进校园作为一项工作加以推进落实后，黔南州开始把民族民间文化纳入教育课程内容，作为学校教学内容的一部分，丰富学校校园文化和学生生活。"

2015年的《黔南州教育局民族民间文化进校园工作总结》指出："贵定县的长衫龙表演队应邀到中南海演出，贵定师范附小《鼓韵》赴中国香港演出并获奖，新铺中学学生的舞蹈《长鼓舞》应邀赴云南演出，贵定一幼编排的苗族舞蹈《苗娃的心愿》赴北京演出获得金奖。"

4. 实现民族文化传承与学校教育的有效互动

"民族民间文化进校园"的意义不仅仅在于实现民族文化传承，还是在传承民族文化的过程中，丰富教学内容，提升教育质量，实现教育发展与文化传承创新的互动，因此不能为了传承民族文化而背离学校自身的发展规律。少数民族聚居区的学校开展双语教育，既能够帮助学生摆脱学习中的语言障碍，也能够为传承民族文化奠定基础，实现民族文化传承与学校教育的有效互动。

正如黔东南州某高校老师所说："民族民间文化教育，特别像民族歌舞、民族体育运动这些项目，学生有机会参加各级各类的比赛，或者参加政府组织的各种大小的活动，不仅开阔学生视野、提升学生的能力，而且参加的那些比赛和政府组织的活动，有机会上电视节目，有的学生还登上了中央电视台组织的歌舞比赛舞台、参加了春节联欢晚会的节目表演。学生们通过这些活动或比赛获得了荣誉，也提高了学校的知名度，对我们传承民族文化和提高学校发展水平都增强了信心。"

在访谈中铜仁市某县一位民族中学校长这样说："过去我们几乎没有做民族民间文化教育这方面的工作，政策（"民族民间文化进校园"政策）实施之后，我也认识到这是很重要和有意义的事情，于是我组织学校其他领导开会讨论，按照政策要求，结合我们学校基本情况，制定了工作方案，安排好学校领导和教师的工作任务，调动民族民间文化教育任课教师的工作热情。经过几年常抓不懈，重点打造了四方鼓、独竹漂等项目，还建立学校民族博物馆，目前已取得较好的反响，而且通过抓好这项工作，其他工作不但没受影响，还促进了其他工作的开展，学生的整体考试水平不但没有降低，还得到了提高。所以，我认为学校领导和老师是非常关键的，一定要舍得花时间和精力，找准工作突破点，才有出路。"

此外，在省教育厅文件资料《落实特殊政策措施加快发展民族教育——在全省民族教育工作会议上的讲话》中指出："我省民族地区在学前和小学低年级开展双语教育，克服民族地区少年儿童学习现代科学文化知识的语言障碍，有效传承民族文化，是有效开展双语教育的经验。"

图3-4 盘信民中民族文化教育成果宣展

5. 提高人们对传承、保护民族文化重要性的认识

在《落实特殊政策措施加快发展民族教育——在全省民族教育工作会议上的讲话》中提到，民族民间文化教育"增强了师生的多元文化意识、文化自尊、文化自信和文化自觉，促进了民族团结，推动了地方文化旅游产业的发展。我省积极开展民族民间文化教育，彰显和有效传承各民族优秀的民族文化"。

在铜仁市某县民族中学的访谈中，一位校长说："民族民间文化是非常宝贵的资源，把民族民间文化纳入学校教学内容，不仅丰富学生的学习生活，而且有助于我们培养民族音乐、民族体育、民族语言等方面的特长生。我们把这项工作做好了，对于我们学校来说能够培养多种多样的人才，对于学生来说他们可以选择某个自己喜欢的方向发展，可能会获得一技之长，在自己的人生道路上多了一个选择的机会。因此，包括学校师生、学生家长和社会上其他的一些人，他们会更为真切地体会到民族文化、地方性知识的价值，增强对民族文化重要性的认识。"

图 3-5   展现文化魅力

6. 为地方特色经济发展提供人力资源

学校对社会发展的贡献表现在为经济、科技发展提供人力资源，维护民族团结和社会稳定等方面。案例政策能够结合本地区人才需要，培养专业技术人才，为经济社会发展提供人力资源，特别是在传承民族民间文化方面，为"多彩贵州"培养优秀艺术人才，这也是案例政策得到官方认可的社会贡献之一。

贵州省政协科技教育委员会《关于我省学校民族文化传承教育情况和文化艺术人才培养状况的调研报告》指出："我省目前文化艺术人才培养体系以高等院校本科教育为主体，贵州大学、贵州师范大学、贵州民族大学、贵州财经大学以及凯里学院、兴义民族师范学院等十多所高校都设立了艺术类院系，开设了音乐、美术、舞蹈、艺术设计、文化产业、少数民族语言文学等专业，2011 年我省培养了艺术类本科毕业生 3620 人。黔东南自治州从 2007 年起启动了民族文化艺术传承人才培养工程，凯里学院开设了五年制民族文化传承班，每年从初中毕业生中选拔招收 100 名学生进行深造培养。此外，在高层次人才培养方面也有新的突破，贵州大学艺术学院已拥有艺术学理论、音乐与舞蹈学、戏剧与影视学、美术学、设计学五个一级学科硕士点；贵州师范大学、贵州民族大学分别有艺术学、民族学硕士点等。"

《落实特殊政策措施加快发展民族教育——在全省民族教育工作会议上的讲话》指出：民族民间文化教育"培养了一大批有民族音乐、体育、美术、传统技艺等特长的劳动者，增强了师生的多元文化意识、文化自尊、文化自信和文化自觉，促进了民族团结，推动了地方文化旅游产业的发展。"

2015 年的《黔东南州民族教育工作情况》指出："州教育局下发了《关于建立凯里学院民族民间文化传承人艺术人才生源基地的通知》，明确 50 所州级民族文化教育项目学校，特别是普通中学为凯里学院民族艺术人才生源基地。在民族民间文化艺术人才班就读的学生，毕业后优先录用到中小学任教。中等职业技术学校在专业设置上，也着力加强民族艺术专业和民族旅游服务专业建设。目前，在中职学校从事文化艺术专业学习的学生达 3226 人，占中职在校人数的 7.88%，这些学生毕业后也将成为推进民族文化教育工作的重要力量。"

7. 增加民族教育经费投入

在 2015 年贵州省教育厅向省政府作的民族教育工作汇报材料中，提到了民族民间文化教育经费投入的内容，这样写道："2014 年贵州省安排中央民族教育专项经费 845 万元支持民族中小学开展民族民间文化教育，培训民汉双语骨干教师 1400 人次，向中小学生免费发放 1450 万元的民族教材。"

《贵州省推进职业院校民族民间文化传承创新工作实施办法》中则提出："从 2015 年起实施，每年拟安排 500 万元用于民族民间文化教育特色重点专业、民族民间文化教育创新团队、非物质文化遗产教育名师工作室的建设。"

《2015年黔南州教育局民族民间文化进校园工作总结》指出："州教育局高度重视，将其纳入教育工作整体规划，并拨专项经费支持。州民宗委近五年来从州级民族专项经费中安排了150多万元，积极推进民族民间文化进校园工作的开展。"

8. 研发乡土教材

研发乡土教材，规范地方教材、编写校本教材是贵州省"民族民间文化进校园"政策执行的成果之一。通过整理调查和访谈的资料发现，自贵州省"民族民间文化进校园"政策实施以来，各级民族教育行政部门、各级各类学校根据政策要求开始研发、编写地方教材、校本教材，规范教材编写工作，特别是民族民间文化资源丰富的地区，编写了一批民族文化类教材，利用于教学之中，例如：

"多彩贵州"编写组编写出版了幼儿、小学、初中、高中和干部的不同版本，这套丛书讲述了贵州省的历史文化、民族民间故事和发展现状，为贵州勾勒了一个清晰多彩的文化图景，是编写乡土教材的极好资源。

黔东南州、黔南州、黔西南州、安顺、铜仁等少数民族地区有关部门，组织民间艺人和中小学教师收集、整理、编写《大河腔》《话说安顺》《历史中的服饰与服饰中的历史》《苗族神话史诗选》《启蒙山歌》《侗族婚嫁歌》《长大要当好歌手》《美丽富饶的黔西南》《水书（初级版）》《水族文化进校园读本》《水语水书十课时》等乡土教材，作为中小学民族民间文化教育的基本内容。

贵州省属高等院校和研究机构也积极投入研究民族民间文化，编写民族民间文化教材。陈涛编著的《贵州民族乡土教材》、罗廷华出版的《贵州少数民族少儿歌曲》等，为乡土教材的开发和民族民间文化纳入课堂教学提供了宝贵的资料。贵州民族大学作为贵州民族类高等院校的排头老大，非常重视贵州的民族发展和研究，学校的专家学者们写出了不少在国内外具有一定影响的民族文化类书籍，例如《贵州的少数民族》《贵州各民族简史简志（多卷本）》《贵州民族关系史》《贵州通史》《百苗图抄本

汇编》《百苗图汇考》《西南与中原》《民族文化与生境》《民族学纲要》
《民族理论论纲》《民族政策学》《贵州民族关系的构建》《百苗图现代图
谱》《民族人口学》《月亮河流域布依族文化研究》《盘县非物质文化遗产
描述与研究》《少数民族民间美术概论》等学术成果。

黔南民族师范学院、凯里学院、兴义民族师范学院三个民族自治地方
的高等院校借助本地区民族文化优势，发掘整理民族文化资源，编撰"原
生态民族文化特色课程丛书"（《黔东南州情教程》《苗族侗族文化概论》
《苗族侗族服饰及蜡染艺术》《黔东南民族民间传统体育》《黔东南民族民
间音乐》《黔东南历史》《苗族民间诗歌》《黔东南民族文化旅游》《侗族
民间文学》)、《南北盘江红水河布依族历史文化研究》等民族文化类
书籍。

这些学术研究成果不仅是教学研究、教学参考的重要文献，更是推动
"多彩贵州"文化发展繁荣的支撑力量。

9. 促进民族团结与校园和谐

中华民族是由 56 个民族组成的命运共同体，在历史的发展中各民族创
造了本民族的文化，各民族文化共同组成了中华民族文化大观园。所以，
帮助师生认识中华民族文化"多元一体"这一事实是实现民族团结的思想
基础，让老师、学生们都养成"各美其美、美人之美、美美与共、天下大
同"的思想观念，是校园和谐的文化基础。而教育是提高人们认识能力的
通道和桥梁，因此，通过民族民间文化教育，在潜移默化、"润物细无声"
中增强师生的思想认识，巩固民族团结思想基础，促进各民族师生团结，
增进和谐校园建设，也正是"民族民间文化进校园"政策的基本追求。

在黔东南州的调研中，很多老师都表达了类似于这样的观点："开展
民族民间文化教育以来，有很多学生和老师有机会出去参加各种活动、演
出，成为民族文化的受益人，所以我们也增强了信心。现在不像过去那样
了，过去我们到外地，因为自己是少数民族的人，家乡很落后，又没有城
市人那样有文化，感到非常自卑，现在国家政策（民族政策）越来越好，
重视宣传和保护少数民族文化，少数民族文化也正吸引着不少外地游客的

目光。所以学校也更加重视民族民间文化教育，而且在学习中老师和学生不仅感受到了本民族文化的多姿多彩，增强了文化自信，同时也接触到了其他不同民族的历史和文化，我们的老师和学生一起在一个多元共存的文化氛围中学习、生活，我们体会到了需要彼此尊重、互相包容，不同民族的学生与学生之间、学生与教师之间、教师与教师之间学会了彼此欣赏、学习不同民族的优秀文化，促进了各民族师生团结与校园和谐。"

图 3-6　从江县第一民族中学

（三）政策执行产出与影响的消极表现形式

1. 增加了民族教育地方行政部门和相应教学单位的工作量

在访谈中，有不少老师表达了这样的观点："过去，我们学习的知识没有民族民间文化方面的内容，所以对于我们很多老师来说教学的过程也是不断学习的过程，我们老师，需要花大量的时间和精力去学习民族民间文化，同时还得承担其他课程的教学工作，这使我们的教学任务更重了，教学难度也增大了。"

2. 受教育者实际的权益难以增加

在调研中，几个参与民族文化艺术比赛并获奖的学生坦言道："我们是五年制大专的学生，学历低，文化水平不高，现在各单位招聘都要高学历、专业对口的人，很少招聘我们这个专业的人，我们学习民族文化（主要是芦笙表演、苗歌演唱），没有竞争优势。虽然现在我们在学校里，有学校这样一个大的平台，为我们在校内外参加比赛提供了很好的条件，我们还可以显示出我们学习民族文化的专业优势，但当我们毕业之后，没有学校这个平台了，我们将怎么办？所以我们觉得还是难以以这个专业为生存资本，想到毕业之后的事，其实我们还是有点担心的，如果以后我们没有机会以民族文化教育、歌舞表演（苗族芦笙舞、苗歌）为职业，觉得有点遗憾啊！毕竟我们花了这么多时间和精力！"在与这几个参加比赛并获奖的民族民间文化传承人的交谈中，他们表达了对前途的担忧，也为毕业以后可能不从事民族文化相关的职业而感到遗憾。

3. 影响教师正常的教学工作

贵州省"民族民间文化进校园"政策除了传承民族文化、促进民族教育发展的目的以外，也明确规定了服务于地方经济建设，要为打造贵州旅游大省提供人才资源。所以在地方各级政府组织的各种庆典活动中，也必然要抽调部分学生参与服务工作或文艺表演，因此学生要消耗大量时间和精力排练才能参加文艺表演活动。当然，学校和政府可以视其为地方经济建设服务，确实有学生的能力因此得到提高。但是，对于任课教师来说，这成为打乱正常教学工作的一种因素，影响教学工作进度。在访谈中，一位老师说："我们期末考试是统考，但由于学生经常要参与村里、县里的演出活动，有时候还到省州或省外演出，这些学生就这样常常落下功课，等他们回到学校的时候也给他们补课，但效果不是很好，而且有的学生心思不在课堂里，可能还在想参加活动的事情吧！总之，学生期末统考考得不理想，影响到我们教学工作的评定，我们作为老师也感到很无奈！"

4. 对政策发展前景的担忧

在现代化浪潮下，少数民族地区已然要主动或被动地卷入现代化这一历史洪流，面对现代化进程，民族文化保护与传承之路在何方？这是理论研究和实践都要回答和面临的问题，在调查研究过程中，许多学校普通老师、校长、民族教育行政部门工作人员、民族文化工作者都表达了对这一问题的担忧。综合他们对民族民间文化传承政策的观点，他们的担忧集中表现在对政策执行缺乏信心，他们认为在现代化、全球一体化的时代背景下，受教育者在面对生计这一现实问题的时候会首先理智地选择其他更好的出路，主动放弃走民族文化传承之路，导致民族文化传承可能会后继无人，难以维系，影响到政策的延续性。

5. 导致与其他政策的冲突

"民族民间文化进校园"政策的实施与其他政策产生冲突表现在几个方面，首先是"民族民间文化进校园"政策与国家课程政策之间的冲突，国家课程需要一定的课时量，民族民间文化教育课程相应地也需要课时量，所以在学校课时安排既定的时间内，国家课程与地方课程在实际中需要相互协调，在时间分配上避免地方课程与国家课程的冲突，然而在一些学校看来，地方课程课时安排占用了国家课程排课时间，打乱了原有的课程安排计划。其次是"民族民间文化进校园"政策与升学考试政策的冲突。这在中小学教育阶段表现得尤为突出，由于受到高考压力等各种因素的影响，当前应试教育的战线已经拉到了小学乃至学前教育阶段，遗憾的是在中小学阶段的考试中并没有将民族文化纳入考试的范畴，所以"民族民间文化进校园"政策与国家升学考试和就业政策都还没有建立有效的衔接点，在现实的运行中两者难免会产生冲突。再次是"民族民间文化进校园"政策与资源配置政策的冲突。对于一个地方来说，人力资源和财政资源是有限的，尤其是在民族地区地方财政紧张的条件下，因而投入于教育的经济资源也极其有限，所以"民族民间文化进校园"政策的执行必然会增加教育行政单位、学校等的人力与财力的负荷，即便在国家投入有所增加的条件下，仍然难以避免在资源配置上与其他政策产生冲突，在基层各种条件的限制下，这样的矛盾显现得更为突出。

6. 学校传承民族文化出现异化现象

一方面是学校为了"出成绩"导致"民族民间文化进校园"工作异化。有的学校领导十分重视"民族民间文化进校园"工作，制定了详细方案，成立领导工作小组，保障经费投入，调动学生积极参与。比如在黔东南州的调研中，某小学校长热情地向我们介绍其成功经验，并饶有兴致地细述了各级领导对其取得的成绩给予的嘉奖。这应当是好事，但却发现这种热热闹闹的活动的背后隐藏着一些问题——运动式地开展活动，为了抓好此项工作，获得更多成绩，校领导不惜损害师生利益，要求学校师生全员参与，在时间安排上难免与师生休息、学习时间产生较大冲突，长期如此"折腾"，老师和学生已是心有怨气。这种"粗放"的工作方式，难免让人产生学校只不过是把"民族民间文化进校园"作为政绩工程来抓，有向领导显摆"教学成果"之嫌疑。另外，有的民族地方教育行政部门为了检查工作而检查工作或督而不导，催化了"民族民间文化进校园"异化现象趋于恶化，导致政策执行偏离了民族文化学校传承的初衷。

7. 政策执行产出与影响的绩效不够明显

"民族民间文化进校园"政策自实施以来，推动了民族民间文化学校传承热热闹闹地开展，人们对少数民族文化的认识和态度也向着更有利于民族民间文化保护与传承的方向改变，诸多方面的统计数据也证明了政策执行的成绩。诚然，这些成绩和观念的转变是不可否认的，是政策执行所产生的积极结果。但对于统计数据所显示的成果及其政策执行环境的正向改变都应该进行绩效的分析，以全面判断政策目标的达成度、效率高低以及实际的收益。

首先，从效果的角度分析，政策结果与政策目标要求还有一定距离。民族文化具有丰富性、物质性、非物质性和整体性，但是在实践中学校保护、传承民族文化的内容容易被肢解、窄化或扩大化，导致教育内容编排难以形成体系或缺乏完整性、课时安排形式化，而且学校以民族文化"创新"为名，衍生出"超前"的文化现象，或类似于"伪民俗"的校园文化，所以教学效果难以达到理想的状态和政策目标追求。[①]

其次，从效率的角度分析，有政策投入，但还存在政策产出偏低的现

---

① 陈孝凯. 学校保护民族文化多样性问题的思考［J］. 教育评论，2016（3）：27.

象。从经济投入的角度来看，官方统计资料或公布的数据都显示教育行政部门增加了经费的投入，民族民间文化教育项目学校因此获得了一定的专项教育经费支持，这对于学校来说是一种收益。学校可以将这些经费用于改善办学条件、购置设备器材、聘请教师参与指导教学活动，或作为调动教师积极参与编写教材、教改课题研究等相关活动的经费，但现实中却并非都是如此，从调查研究的实际情况来看，很多学校仍然面临经费紧张，在改善相应的教学设备、配齐师资、提高教师待遇上没有实质改变，难以保障民族民间文化教育的基本教学需要，对民族民间文化教育持续开展产生不利影响。目前，关于经费投入与成果产出的问题，教育行政部门并没有特别重视，不论是教学单位还是民族教育行政部门，说得最多的是经费紧张的问题，而相对缺乏对政策产出偏低，以及为什么出现政策产出偏低的现象的研究和解答。

最后，从效益的角度分析，在教学活动过程中存在有损学生健康成长的现象。教育应该让学生身心得到健康成长，所以教育过程应关注学生的身心感受，然而现实当中，由于受各种因素影响，一些学校在民族民间文化教育教学活动的过程中却失之偏颇，就好比其他科目只追求考试分数一样，使学生成为"分数人"，全然不顾及学生学习过程的快乐与痛苦。在民族民间文化教育的过程中，往往存在类似的现象，地方政府和学校都特别重视民族民间文化教育的社会效益，尤其是经济效益，而忽视了教学工作者和学生的感受，造成了教学过程只见"物"而不见"人"，把"人"与"物"相割离开来，"人"与"文化"分离，失去了对主体的关注和关怀。因此，在学校民族文化保护与传承的过程中，"人"反而变成了保护文化的手段，这样违背教育规律、育人规律的行为，不仅使学生没有得到情感升华，也有可能造成学校传承民族文化的虚假繁荣景象。①

三、个案政策生成结果评价

教育政策总是以实现预期的结果和追求更多积极结果为最终目的的，

---

① 陈孝凯. 学校保护民族文化多样性问题的思考 [J]. 教育评论, 2016 (3): 27.

从教育政策的内在价值来说，教育政策的执行结果是通过教育政策的执行所导致的利益相关者教育权益的增加或受损，从教育政策的附载价值或外在价值来看，教育政策执行结果是通过教育政策的执行所导致的利益相关者其他权益的增加或受损。因此，我们不能迷信于地方民族教育行政部门所统计的数据或其他利益相关者的陈述，这并不是诋毁官方或指责官方统计的数据或者怀疑其他利益相关者的陈述，而是官方统计的数据是从一个较大范围得出的数据集合，是较为宏大的叙述，它更多的是反映本地区整体性的教育成果和问题，往往可能遮蔽、掩饰住局部的或者更为微观层面的教育问题，而其他利益相关者和研究者往往只从一个侧面反映自己的观点、看法。所以应结合他们的观点进行综合性分析，"过滤"各方观点，并通过政策执行前后对比分析，采用辩证唯物主义的方法明辨政策的积极结果和消极结果，从而得出一个较为完整而又真实的政策结果分析结论。

（一）增强地方自主发展民族教育的信心

各个地方积极主动探索本地区教育发展之道，是地方教育发展的根本动力源泉，我国各个地方教育事业发展必然会把我国教育事业整体推向前进，所以我国民族教育的发展同样要依赖于各个地方的积极努力。贵州省"民族民间文化进校园"政策，来源于贵州省少数民族聚居区的自发实践，也是省级地方民族教育行政部门对基础教育实践探索经验的提升，历经了从自发到自觉、从"无序"到有序的过程，当基层教育实践经验上升成为省一级的地方民族教育政策之后，在十多年以来的政策实践当中，地方政府又根据国家在新时期实施的文化保护政策和课程改革政策，使该项民族教育政策在执行中不断调整完善，丰富政策内容，形成了一个稳定而相对完整的政策文本体系。尽管这一政策文本体系自身至今也并非完美无缺、不可挑剔，仍然需要进一步改进和完善，但这一实践过程和实践取得的成果，折射出地方具有自主发展民族教育的愿望，并通过自主制定实施民族教育政策，在政策执行的过程中表现出不断调整完善政策的实际行动，以期探索出具有地方特色的民族教育发展模式，实现本地区民族教育的发展，为地方经济社会发展贡献力量，增强了地方自主发展民族教育的动力。

（二）提供了政策学习的地方经验

中央向地方放权是民族教育地方政策创新的基础，民族教育地方政策创新既为其他地区提供了学习的榜样，也为中央政府政策学习提供了多样化、差异性的民族教育政策的参考方案，为中央决策者提供了在全国推广的可行性经验的依据，从而降低政策创新的成本和风险。正如有的学者所认为的，中央在出台全国性正式政策之前设立试验区、开展政策试点等，已成为一条宝贵的"中国经验"。[①] 从该案例政策分析，虽然这项由贵州省民族地方自发的政策实践活动不是由中央安排进行的政策试验行为，但这一项民族教育地方政策却为其他民族地区实施"民族民间文化进校园"活动提供了政策经验参考，在一定程度上也对国家在全国范围内实施"民族民间文化学校传承"的政策提供了地方政策经验。

（三）拾起民族文化价值

贵州拥有生态环境和民族文化两个宝贝，通过在全省各级各类学校开展民族民间文化教育活动，宣传保护民族民间文化的重要意义，改变了人们的思想观念，特别是民族地区中小学生从小就已经接触到本区域的不同民族文化，极大地提高了他们对民族文化重要性的认识，从观念上接纳和支持"民族民间文化进校园"这一政策的实施，这对政策的进一步执行奠定了社会心理基础，可算是政策执行的最大收益之一。而且在政策实施之后，挖掘、整理、提炼丰富多彩的民族文化，并通过学校教育培养民族文化专业人才，在提升贵州文化价值、塑造"多彩贵州"系列文化精品、传播贵州民族文化、提高民族地区文化自信、振奋地方发展信心、筑牢民族团结思想基础等方面都发挥了重要作用。

---

① 朱旭峰. 地方政府创新经验推广的难点何在——公共政策创新扩散理论的研究评述 [J]. 学术前沿，2014：63.

图3-7　学生尽情演唱侗族大歌

（四）完善民族地区课程结构

什么知识最有价值？其实哪些知识被选入了课程，成了教学内容，也就被赋予了特定的意义和价值，构成了文化的主流，而那些没有进入课程的知识将被边缘化。在很长的一段时间里，我国少数民族地区的教育也曾采用单一的城市化模式，不管从课程的设置、教材的使用、教学的语言，还是高考的模式，都与城市模式是一体的、同质的，所以少数民族文化和地方性知识资源被边缘化。随着贵州省"民族民间文化进校园"政策的执行，逐渐改变了本行政区域内民族地区一统天下的课程设置和统一教学内容的模式，在学校教育中编写民族文化类教材、增设民族文化课程，传播民族文化知识，不仅丰富了教学内容，也体现了民族地区教育过程中维护民族地区的差异性公平。

（五）促进地方教育特色发展

不同的教育发展模式，差异性地发展教育，反映教育要"存同求异"、追求特色的时代要求。贵州省"民族民间文化进校园"政策也体现了彰显校园文化特色、促进学校特色化发展、使学校更有追求的活力。通过调查、访谈和本研究者的观察，认为贵州省"民族民间文化进校园"政策在促进民族地区学校特色化建设，打造贵州特色的民族教育方面成效明显，在校园文化建设方面融入民族元素，在校园活动中展现民族文化，在课程教学内容设置中纳入民族文化，在职业技术院校和普通高等学校中拓展民族文化类学科专业设置。

图3-8 民族文化"刻"上校园文化墙

（六）政策结果与政策目标尚存差距

所谓的政策结果与政策目标尚存差距，就是说政策结果没有达到所追求的理想状态。通过案例政策执行前后的对比，可以发现在政策的作用下所发生的发展和变化。在政策执行之前，民族民间文化教育是少数民族聚居地区学校自发的实践行动，所以民族民间文化教育学校规模小、参与人数少、教育资金有限、教育器材设备不齐，而且人们在思想观念上并不珍视民族民间文化，在实施"民族民间文化进校园"政策之后，情况发生了变化。目前的统计资料显示，已有近 5000 所学校开展民族民间文化教育，已经评选了五批省级民族民间文化教育项目学校共 106 所，免费培训了 500 名民族民间文化教师，增加了专项教育经费的投入。所以不仅从可量化的数据显示出目前贵州民族民间文化教育正进入蓬勃发展期，在发展的规模和发展的速度方面取得的成绩也是有目共睹的，而且人们逐渐改变了对民族民间文化的态度，向着更有利于民族民间文化传承的方向发展。但实际上目前的政策结果与政策目标仍然存在差距，从教育发展这项指标来看，还存在着活动内容单一、课时安排形式化、教学水平不高、民族文化特色不够明显等问题，所以与传承民族民间文化的目标要求还有距离；从政策绩效指标来看，存在"量"的增长快、"质"的提升不明显，有政策投入但政策产出偏低，偏重于社会经济效益相对忽视学生的收益等现象。

（七）出现政策结果与政策目标相悖现象

所谓的政策结果与政策目标相悖，也就是出现了政策的消极结果，产生了负面的效应，与政策目标背道而驰。一方面，在"民族民间文化进校园"政策的执行过程中，它与国家课程政策、升学考试政策、资源配置政策之间产生冲突的现象，有悖于政策的初衷；另一方面，学校传承民族文化出现异化现象，主要体现在民族民间文化教育出现功利化现象，不同学校之间、不同地区之间形成竞争之势，部分学校为实现所谓的民族文化传承而违背教育的本质要求，忽视学生身心健康成长，而且一些地方民族教育行政部门在督导的过程中也不顾及教师和学生的辛苦付出，甚至影响教师正常的教学工作和学生的学习，偏离了民族文化教育的育人目的和教育的本质意义，自然也就背离了民族文化传承与教育发展双向良性互动的政策目标要求。此外，案例政策的执行出现了教育者和受教育者实际的权益难以增加的现象，民族民间文化教育更加偏重于为地方经济社会发展服务的功能和满足于学校自身特色建设发展的需要，相对忽视对受教育者的职业发展规划，难以实现受教育者的职业期待。

本章小结

　　本章对民族教育地方政策生成结果的基本理论问题和现实中的民族教育地方政策生成结果进行研究。

　　在理论研究层面上。首先，对民族教育地方政策生成结果的内涵进行探讨，本研究基于政策研究专家的研究成果，认为民族教育地方政策生成结果实质上就是地方在制定、调整完善本地区民族教育政策的过程中所形成的政策文本集合，以及政策执行过程的产出和实际影响。其次，对民族教育地方政策生成结果的类型进行区分，本研究认为根据民族教育地方政策生成结果的不同表现形式判断，可分为政策文本集合和政策执行产出与影响两种基本的结果类型；根据民族教育地方政策生成结果的事实判断，可以划分为预期结果和非预期结果；根据民族教育地方政策生成结果的价值判断，可分为积极结果和消极结果。对民族教育地方政策生成结果进行鉴定和分析是评判政策的基本方式，是检验政策成本与政策产出的基本途径，是检验政策是否科学、成败与否的基本方法，其目的在于匡正政策行为，避免政策实践与实际相脱离，出现政策失真、失效，甚至产生极大的负向作用。最后，对民族教育地方政策生成结果的分析指标体系进行研究，构建了民族教育政策文本集合和政策执行产出与影响的评价指标体系，其中民族教育政策文本集合的指标项包括民族教育地方政策文本体系的完备性与紧密性、政策目标的明确性与适切性、政策文本体系内容的合理性与合法性；民族教育地方政策执行产出与影响的分析指标体项包括教育发展的作用、教育公平的实现程度、社会发展的贡献、文化传承与保护的作用、利益相关者的认同度、绩效维度。

　　本章还将理论与实证研究相结合，运用调查访谈、参与观察的研究方法，结合民族教育地方政策生成结果分析指标体系，以贵州省"民族民间文化进校园"政策生成结果为研究对象和研究线索；对该案例政策文本集合和政策执行产出与影响进行研究，分别到贵州省各级地方民族教育行政部门、各地项目学校进行访谈、调查，通过归纳梳理人们对政策执行产生影响的观点和看法，并结合自己的观察，综合分析案例政策生成结果，立体地呈现了案例政策生成结果，得出较为真实完整的分析结论。通过对个案政策文本集合的指标验证，本研究认为还存在缺乏配套文件支撑、在政策目标规定上还需进一步明确；通过对案例政策执行结果分析，本研究认为在增强地方自主发展民族教育的动力、强化民族文化教育在人们心目中的地位等方面已经取得初步成效，但同时存在政策结果违背政策目标要求的现象和政策结果与政策目标尚存差距的问题。这些问题说明民族教育地方政策文本集合、政策执行产出与影响都尚存在不尽如人意的地方，也反映出民族教育地方政策的制定、执行、调整完善过程仍然需要改进，尤其是政策执行阶段的问题，需要进一步地研究，探讨问题真正的原因，解决现实中存在的问题，通过地方的努力，不断完善民族教育地方政策生成过程，产生更多积极结果。

第四章　民族教育地方政策生成动力系统

民族教育地方政策生成内含着不同政策主体的系列行动，政策主体的行为是有意识、有动机、有意志的主体行为。那么到底是什么力量决定着、牵引着民族教育地方政策主体的选择——采取某种行为或不作为的呢？民族教育地方政策主体活动的背后又隐藏着什么样的力量呢？事实上民族教育地方政策生成的驱使力量是复杂而多样的，这些复杂而多样的驱使力量也就构成了民族教育地方政策生成过程动力系统，动力系统中各种动力要素形成的合力是推动政策产生、维持政策运行的基本力量。当然，构成这一动力系统的各种动力要素，并非总是对维持政策运行发挥着积极的推动作用，在这一动力系统中存在着负能量，对动力系统正常有效的运行产生破坏的作用力。正是基于此种判断，本部分研究试图从民族教育地方政策生成的动力系统这一视角来探析民族教育地方政策生成的各种驱动力，考察民族教育地方政策生成动力系统的运行状况，从中分析导致政策结果与目标要求相偏离，甚至相悖的驱使力量。也就是要从民族教育地方政策主体参与政策活动过程的驱动力量这一角度回答导致或产生政策问题的原因，为民族教育地方政策生成的优化提出有针对性的措施。

第一节 民族教育地方政策生成动力系统的理论分析

一、社会动力学研究中的动力系统

社会发展动力原理是社会科学的重要研究内容，在社会科学中有关动力和动力系统的研究成果非常丰富，在探讨是什么力量推动着人类社会历史发展进步这一命题的过程中，人们对人类社会历史发展动力的基本要素、各要素之间的关系、作用机制等方面进行了深入研究，在认识上历经了由浅入深的过程，反映在由单因素决定论到多因素决定论的认识深化，并提出了社会发展动力系统论。

有关社会发展动力系统的论述，历史唯物主义研究的代表人物马克思、恩格斯对人类社会历史发展进行了系统的考察，从人类社会历史发展动力系统的构成要素入手，挖掘隐藏在社会深处的各种动力及动力机制，找到了社会发展的一系列动力要素和"动力的动力"，提出了社会发展的"合力"论①，认为推动社会发展的动力是多方面的动力要素转化而成的，社会发展的各种动力要素构成了一个复杂的社会发展动力系统，在社会发展动力系统中各动力要素对社会发展的影响在交互作用中融合为一个系统整体，从而发挥着整体的功能。马克思、恩格斯还认为，在社会发展动力系统诸多动力要素中，各动力要素的地位也各不相同，其中需要人们从事

---

① 恩格斯在《终结》一书和他晚年的系列书信中提出了社会发展"合力"思想，他认为社会历史是合力作用的结果。例如，1890年他在《致约·布洛赫》的信中，对历史合力论进行了这样全面而又具体的阐述："我们自己创造着我们的历史，但是第一，我们是在十分确定的前提和条件下创造的。其中经济的前提和条件归根到底是决定性的……但是第二，历史是这样创造的：最终的结果总是从许多单个的意志的相互冲突中产生出来的……这样就有无数互相交错的力量，有无数个力的平行四边形，由此就产生出一个合力，即历史结果。"参见马克思恩格斯文集：第10卷[M]．北京：人民出版社，2009：592-593.

劳动和各种实践活动的内在动机，人的各种活动都不是为了活动本身，而是为了满足人的不同需要，所以他们认为需要是人类社会发展各动力要素的核心，是社会发展的动力。

德国著名的社会学家马克斯·韦伯对社会发展动力也投入了大量的研究，他对孔德、斯宾塞等开创的实证主义及有关社会变迁的机械性因果一元论（Causal Monism）的决定论（Determinism）进行了批判性的研究，重审社会变迁问题，提出了一种不同于以往决定论的社会动力学视角，开辟了引入文化意义的社会动力学。在研究中，他不仅非常重视现实生活中利益对社会变迁的驱动作用，而且强调"理念"对人们做出利益选择时的牵引作用，例如，他在《世界诸宗教的社会心理学》一书中曾这样论述："不是理念，而是物质和精神的利益直接支配着人的行为。然而，由'理念'创造出的'世界形象'常常像扳道工那样，决定了行为沿着哪条轨道被利益推动向前。"在他看来，利益推动人们从事各种各样的功利性活动，但人们的利益行动选择的背后总是潜藏着一股神秘的力量，而这个潜藏于人们行动选择背后的神秘力量就是一定的文化理念和文化价值，是人们的利益观引领着人们的行动方向和利益选择。马克斯·韦伯强调社会动力学中的文化意义和价值取向的驱动性，同时，他还论述了政治、法律、文化、社会精英等与社会变迁之间的关系，认为驱动社会变迁、发展的力量是多种多样的，是多元的力量决定着社会的动态发展。此外，西方学者熊皮特、诺斯、布莱克、哈耶克等还分别从企业家创新、制度创新、技术革命、自由竞争等视角深入阐述了社会的发展动力。

总之，从社会动力学研究来看，有关动力及动力系统的研究已经成为社会科学的基本研究课题，受到研究者的重视。目前，在社会科学研究中，虽然学界对于社会发展动力系统是由各种动力要素构成的，社会发展是由各种动力共同作用的结果已形成基本共识，但在社会发展动力系统区分、动力系统中具体包含哪些动力要素、各组成动力要素产生什么样的作用等问题上仍然是一个仁者见仁、智者见智的问题，并没有形成统一的见解。而且，从社会动力学的研究观点来看，研究者围绕人类社会发展、社会变迁而对动力及动力系统进行了宏观的研究，论述了社会发展动力系统中的各种动力要素及其作用。但民族教育地方政策生成的动力系统研究，是一个较为具体和微观的对象，无论是从地方政府在国家权力结构的层级划分来看，还是从地方政府所处环境来分析，其实民族教育地方政策生成的动力要素与整个人类社会发展的动力要素是有所不同的，例如，一项民族教育地方政策的制定、执行和调整完善的动力不仅来自本地区内部教育的发展需要，还受到上级和国家教育政策的制约，而且像阶级斗争、社会革命等要素在现阶段国内的一定行政区域内已经不复存在，因而对民族教育地方政策生成的动力系统分析不能简单地套用社会发展动力学中的动力来源、动力要素的分析成果，还需要结合地方的各种因素进行分析，探讨民族教育地方政策生成的动力系统中各动力的来源及形成机理，从而更好地回答民族教育地方政策问题存在和产生的根本原因。

二、民族教育地方政策生成动力系统的动力要素

动力是导致一切事物运动与发展的根本原因，① 事物的发展是内部与外部作用力共同发挥作用的结果，因而可以把推动事物发展的动力系统进一步区分为内部动力系统和外部动力系统。基于同样的理由，民族教育地方政策生成的动力系统可分为内部动力系统和外部动力系统两个动力子系统，在民族教育地方政策生成的各动力子系统中又存在不同的动力要素，而且这些不同的动力要素形成的不同力量共同影响着民族教育地方政策主体的行动，对民族教育地方政策的生成产生影响。

（一）内部动力系统的动力要素

内部动力系统的动力要素存在于事物的内部，通常主导着事物的运动与发展状态，由此可见，内部动力系统的动力要素对民族教育地方政策的生成起到主导作用。从民族教育地方政策生成的内部动力系统进行研究，

① 王建廷. 区域经济发展动力与动力机制 [M]. 上海：上海人民出版社，2007：9.

本研究认为其动力要素应包括以下四方面。

1. 地方文化

文化是人的基本样态，反映出人的基本生产生活方式、价值观念和精神状态；文化是人的实践产物的客观存在，它能反制于或促动于人的行为，对人们的行为方式和行动方向选择都能产生重要影响。地方文化，是文化的空间分类，体现着一个区域独有的风格和精神状态，往往从根本上决定着一个区域发展战略变革和制度设计的可能性空间。由此可见，地方文化作为民族教育地方政策生成的内在动力要素，在一定条件下能够转化成为推动和引导民族教育地方政策生成的基本力量，对民族教育地方政策的价值意义和组织效能等方面产生重要影响。同时，由于教育具有弘扬和传承优秀民族传统文化的功能，在现在的社会条件下，地方政府也总是期望能够借助于制定和实施民族教育政策，通过学校教育来保护和传承少数民族优秀传统文化，因此，保护和传承少数民族优秀传统文化这样的现实需要也就能够形成地方民族教育生成的推动力量。

2. 地方经济

地方经济是民族教育地方政策生成的重要财力资源，一定区域内经济发展状况直接制约和影响着民族教育地方政策生成，是民族教育地方政策生成的基本动力要素。地方的经济资源对民族教育地方政策生成形成支撑力，一定区域的经济发展越好，就越能形成一个强大的财政支撑力。通过民族教育地方政策主体采取一定的方式，把经济资源利用于地方民族教育改革发展之中，释放出经济动力，为民族教育地方政策生成形成财力、物力和人力的良好支撑体系。另外，由于教育对经济发展的积极作用，地方政府也总希望改变内部教育环境，并通过民族教育地方政策这一基本工具促进本地区民族教育发展，给地方经济增长注入活力。所以，地方经济发展的需要也成为拉动民族教育地方政策生成的力量。

3. 地方民族教育问题

地方民族教育问题是内部系统的动力要素，是地方政府发展民族教育的力量来源之一。所谓地方民族教育问题，就是在一定的时期内某一行政区域内的民族教育在发展中出现的困难、遭遇的困境、出现的危机或不符合受教育者利益的状况。正所谓"穷则思变",有压力才有动力。所以地方民族教育问题的存在,对民族教育地方政策主体形成了一定的压力和解决问题的迫切感。因而在一定条件下,通过某种方式就能够转化为促进地方民族教育生成的动力。

4. 民族教育地方政策主体的需要

需要是一定的主体为了满足自身的生存和发展而对外部存在的索求,它贯穿于主体活动的每一个环节,是主体一切实践活动的驱动力量,是事物发展的最为基本的动力要素。马克思和恩格斯在《德意志意识形态》中提到"人的需要即人的本性",并认为"人们为了能够'创造历史',必须能够生活。但是为了生活,首先就需要吃喝住穿以及其他一些东西。因此第一个历史活动就是生产满足这些需要的资料,即生产物质生活本身"①。马克思和恩格斯从人的本质属性阐释了人的基本需要,由此展开论述人的各种需要,并提出"人们所奋斗的一切都跟利益相关"。著名心理学家马斯洛的人类需要层次理论,把人类需求看成从低级的和基本的生理需要向高级的、享受型和发展型方向演进的过程。因此,需要往往被视为人们一切实践活动的逻辑起点,人们正是为了实现自身各种利益需要,所以才产生了人的系列实践活动,人们实现各种需要而产生的动力被视为最深层次的动力和动力的动力。在现实活动中,需要主体多种多样,需要的表现形式也是多种多样的。从需要主体来看,有个人、组织和政府等不同主体;从需要的表现形式看,有物质的需要与精神的需要;从需要的价值判断来看,有合理的需要与不合理的需要。当然,动力主体在追求满足需要的过程中,可能产生促进民族教育地方政策生成的动力,也可能出现阻碍民族教育地方政策生成的力量。对于民族教育地方政策主体而言,尤其是代表国家在地方行使国家教育管理权力的地方政府及其组成人员,他们的需要对民族教育地方政策生成将产生重要影响,他们对教育发展、文化

① 马克思恩格斯选集:第1卷[M].北京:人民出版社,1995:69.

传承和政绩实现等方面的合理追求将转化成为民族教育地方政策生成的动力。此外，随着社会的发展，本区域内的广大民众对地方政府提供优质教育服务的要求也在不断提升，他们在教育领域追求实现自身利益需要的过程中，对政府形成促进改革的力量，对民族教育地方政策生成产生巨大的推动力。

（二）外部动力系统的动力要素

外部动力系统的动力要素存在于运动或发展状态的事物的外部，它通过一定的方式作用于机械运转或者事物的运动与发展，对事物的运动与发展状态产生影响，成为作用于事物发展的力量。民族教育地方政策生成的外部动力系统的动力要素体现在以下三方面。

1. 地方之间的教育竞争

竞争能够产生发展的动力，因为动力主体意识到竞争的存在，最终可能形成一种极大的相互追赶和超越的动力。事实上，不同地方之间的教育竞争是竞争的基本形式，由此推之地方之间的教育竞争是动力的要素之一，能够转化成为推进新的教育政策出台和在政策执行过程中不断调整完善政策的动力。近几十年来，随着国家教育管理权的下放，地方政府作为教育发展主体的地位被日益凸显出来，形成了不同地方的教育利益格局，各地方之间的教育竞争十分明显。其中既有地方政府承担着谋求地方教育发展，改善地方办学条件等方面的要求，也有地方政府官员谋求政绩的需要。因此，在本地区民族教育发展方面，不同地方之间的教育竞争使地方政府产生发展民族教育的压力感，迫使地方政府采取可行措施实施民族教育改革，形成推动民族教育地方政策生成的动力。

2. 科技创新

马克思曾提出："科学是一种在历史上起推动作用的、革命的力量。"邓小平则明确提出"科学技术是第一生产力"。事实上，很多伟大的政治家都认为科学技术和科技创新对社会发展具有重要的推动作用。当今是以科技创新为主导的时代，科技创新成果已经渗透到社会的各个领域，广泛地影响着人们的生产生活方式和工作方式，科学技术越来越体现出强大的发展动力作用。当然，科技创新这样一种人的实践活动并非只在民族地区外发生，在民族地区内部也发生着科技创新行为。但目前外部科技创新的水平和速度远超于民族地区内部，所以，外部科技创新对民族地区产生着重大影响。例如，网络信息技术和大数据的应用，也正在深刻地影响着政府的决策工作，打破了以往决策受时间、空间的限制，拓展了民众参与政府政策过程的广度，而且为提高政策决策、政策监督、政策结果分析的效率和精准度提供了新的技术手段。当然，这些新的科技创新成果也为民族教育地方政策生成过程中的具体活动方式改变提供了技术支撑和条件保障。

3. 国内外教育发展改革

事物是普遍联系的。国外教育改革，尤其是有关民族教育发展改革，对国家现存的民族教育理念和教育模式都有可能发起挑战而产生影响，可能会引发国内民族教育发展改革，牵引着国家对民族教育发展改革的方向，也成为推动地方政府实施民族教育改革的力量。当然，国家教育发展改革对于地方来说更是产生了直接的推动力。所以，对于地方政府来说，国内外教育改革作为地方政府实施民族教育改革的外部推动力量，尤其是国家进行民族教育改革，更是一种直接地和强制地作用于地方政府的权威力量，成为地方政府采取详细措施、实施具体民族教育政策的驱动力。

三、民族教育地方政策生成动力系统中的动力形成机理

民族教育地方政策生成动力系统中的动力要素是动力产生的各种可能性因素。前面部分内容对动力要素的梳理和分析，是对动力系统的静态观察和描述。其实，动力系统中的动力要素并不是现实的动力，它们需要一定的条件、方式和动力主体的具体实践行为才能转化为真正的动力，所以必须进一步揭示动力系统中的动力形成机理，考察动力系统中动力产生的动态过程，探究民族教育地方政策生成动力系统中，那些对民族教育地方政策生成产生积极作用的力量是如何产生的，以及那些动力要素转化为现实动力的过程和方式，即民族教育地方政策生成动力的形成机理。

（一）内部动力的形成

1. 地方文化中的积极因素发挥作用

人的智力和精神动力能为民族教育地方政策生成提供无限的动力，并形成长久的促进效应，它决定着人的行为能力和行为方向选择。但客观地分析，由于文化存在积极性、自我变革性因素和消极性、保守性因素，因此，文化既可能是事物发展的动力来源，也可能是事物发展变化的最大阻碍性因素。一定的地域文化动力总是发生于地域文化内部结构变革性因素与保守性因素的相互对抗，所以，一个地方政府所处辖区的创新性文化氛围越是浓厚，那么人们接受新事物、改变自己现存状态的愿望就越强烈。地域文化中的进取性因素始终占据着民族教育地方政策主体行为理念的主导地位，释放出文化导向力和精神动力，牵引着更多政策主体参与到政策活动过程，为民族教育地方政策生成提供无限的动力并产生长久的促动效应；反之，则会形成巨大的阻力。

2. 地方领导的积极作为

领导是一个复杂的个体，是动力主体的核心。地方政府的领导是国家教育权力的象征符号，是国家教育权力的代理人，在一定行政区域内行使着国家赋予的教育管理权和决策权，并承担着与之相对应的义务。同时，地方政府的领导又是现实存在的公民个体，因而，地方政府的领导也有着自身的个人情感、价值理念和理想追求。在中国的政治文化土壤中，以创新型领导者推动的方式，能够更有力地整合各种资源，确保各种创新的成功实践[1]。所以，如果地方政府领导重视履行自身的教育管理职责和追求政绩的冲劲，胸怀"为官一任，造福一方"自我价值实现的抱负和强烈社会责任感，认真履行听取广大民众的教育利益诉求的义务，通过积极主动地实施组织决策活动，采取命令、指导、协调、监督等教育管理行为，对

---

[1]　周红云. 中国地方政府创新典型案例集萃［M］. 北京：中国人事出版社，2013：36.

资源进行有效配置，充分利用本区域内的经济资源和人力资源开展教育管理制度改革，使政府领导的价值理念、履行职责的需要、广大教育利益诉求者的需要及其国内外教育改革、地方民族教育问题、区域教育竞争的压力转化为一定区域内教育改革发展的动力和民族教育地方政策创新的动力。

3. 经济投入与有效利用

地方经济发展水平反映出本地区国民经济的基本状况和经济资源的可支配程度。对于一定的区域而言，经济增长是本地区发展的一种结果表现形式，是财富的增加，直接体现在可以量化的资金数额的增长。这对于本地区的后续发展以及实现社会再生产提供了更多经济资源和可支配资金，发挥出了经济的支撑作用。但一定区域内经济增长、社会财富的增加、可利用的资金越多，并不意味着使用于发展本地区民族教育的经济资源就越多，而且，即便投入民族教育领域的经济资源增加，也不可能直接转化为民族教育地方政策生成的动力，成为支撑力量。这也就意味着地方经济作为本地区政府掌控支配的基础性资源，虽然是民族教育地方政策生成的动力要素，但最终能不能形成民族教育地方政策生成的动力，在于经济资源是否投入民族教育并被有效利用。只有当民族教育地方政策主体有效地利用所投入的经济资源，才能形成推动民族教育地方政策生成的经济动力。

4. 调查研究民族教育问题

本地区的民族教育问题是民族教育地方政策生成动力系统的动力要素，当民族教育地方政策主体意识到本地区民族教育发展危机和压力之后，选择主动应对危机，通过地方政府官员和社会其他政策主体，采取调查研究、问题信息搜集整理反馈等方式，促进地方政府启动政策决策、问题诊断工作，提出应对民族教育问题的方案，以政策创新、组织内部管理创新的方式解决本地区民族教育问题。比如，出台优惠政策来吸引社会资金投入本地区民族教育，通过优惠政策培养服务于民族地区教育的优秀人才、引进高素质教育人才和稳定本地区教育人才队伍，来进一步提升民族地区学校办学条件、教育管理服务水平和师资队伍素质。

5. 教育政策学习

政策学习又称为政策经验借鉴。在政策学习的过程中，决策者既可能对成功政策进行模仿和移植，也可能对失败的政策进行有效规避。民族教育地方政策经验学习，是本地区民族教育问题压力转化为发展动力的一种基本方式和过程。面对本地区民族教育出现的问题，在现实困难的压力和为了实现理想抱负的驱动下，民族教育地方政策主体，尤其是地方民族教育行政部门官员，通过与其他地区建立交流平台、组织人员进行实地参观考察，又或者通过传统媒体以及新媒体的报道了解其他地区的做法等行为方式，从而获得其他地区民族教育政策实践的经验或吸取失败的教训，提高本地区民族教育政策主体政策能力，调整本地区民族教育政策，制定新的政策，规范民族教育地方政策执行行为。

（二）外部动力的形成

1. 参与地方之间教育竞争与加强合作

面对地方之间的民族教育竞争，在竞争压力和利益驱使之下，地方政府官员最终通过选择参与到竞争当中，同时又在竞争中寻找区域间的合作，从而形成一种相互追赶超越的动力和合作力。在不同地方之间民族教育竞争的过程中，由于各地方政府官员都期盼着取胜或者至少不能太落后于其他地方，又或者在竞争与合作中实现自身利益的最大化，所以各竞争主体一方面试图建立地方政府之间的合作交流工作机制，加强地方之间教育协作，诸如在人才培养、课程改革与学校管理服务制度等方面相互学习与借鉴，共同实现教育发展的目的；另一方面各竞争主体又通过采取各种方式方法完善内部教育治理措施，营造自主创新的环境，做出支持鼓励教育政策创新的制度安排，革除本地区民族教育发展积弊、清理历史淤积，寻求民族教育发展的突破口，势必催生出新的民族教育地方政策，或对已有的民族教育政策做出调整，又或者改进执行政策的方式。

2. 科技创新成果的合理利用

当今世界各国都十分重视科技创新，科技创新成为时代发展的重要议题。因为科技创新可以释放出巨大的力量，作用于人类一切生产活动领域，可能形成科技创新的动力。当然，科技创新仅仅是做出了发明成果，假若科技创新成果没有被利用到其他生产领域中去或作用于特定的对象，则并不会产生创新动力；而且，如果科技创新成果得不到合理的利用，也不能起到推动其他事物发展的作用。这是因为，科技创新并不等于科技创新成果的推广应用，科技创新作为知识形式的生产力，是一种潜在的力量，而且科技创新成果都会具有正负两面性。因此，只有当科技创新成果被合理地利用于其他领域或作用于特定对象，才能成为直接的、现实的动力，否则就不可能发挥科技创新成果的功用，甚至可能产生破坏作用。所以，当科技创新成果被合理利用于地方政府的民族教育政策决策、监测和结果分析等环节的时候，也就形成了作用于民族教育地方政策生成的现实动力，推进民族教育地方政策生成的科学化、规范化和高效能。

3. 消化吸收国内外民族教育发展改革精神要求

一般来说，国内教育改革涉及两方面的内容：一方面是对现有民族教育发展理念和发展模式的反思与调整；另一方面是对现存民族教育管理体制和管理制度的调整。国内外民族教育改革的内容、方向和要求通常会以中央民族教育行政部门印发文件的形式，命令或建议地方落实。因此，国内外教育改革对地方政府而言，形成了一种教育改革的权威性要求和驱动力量。当然，这还需要民族教育地方政策主体消化吸收国内外教育改革的精神要求，推进地方政府教育决策机构启动教育改革程序，以新的思维和价值观念、新方法和新手段制定、执行和调整民族教育政策，把国内外教育改革引起政策环境的变化而产生的压力转化为地方政府进行民族教育政策创新的动力。

由以上分析内容可见，民族教育地方政策生成受到多方面综合因素的影响。我们可以通过表4-3更为清晰地看到民族教育地方政策生成的动力形成机理和动力作用过程。

表4-3　民族教育地方政策生成的动力形成机理和动力作用分析

动力要素	动力的形成过程		分析	形成的动力	动力作用结果
1. 地方文化 2. 地方经济 3. 地方民族教育问题 4. 民族教育地方政策主体的需要 5. 地方间民族教育竞争 6. 科技创新 7. 国内外教育改革	民族教育地方政策主体实践活动	地域文化进取性因素发挥作用	激励、引导政策创新	1. 文化导向力 2. 经济支撑力 3. 精神动力 4. 竞争力 5. 合作力 6. 科技推力 7. 政策约束力 8. 政策激励力 9. 政策主体推动力 10. 牵引力	民族教育地方政策生成
		经济投入与有效利用	支撑政策创新的资源		
		领导者积极作为	出于政策因素的考虑，或领导者具有政策创新意识和理想		
		调查研究民族教育问题	应对本区域内的民族教育问题		
		参与地方间民族教育竞争	面对竞争的危机而做出政策创新		
		科技创新成果的合理利用	新技术使用提供政策创新条件		
		民族教育政策学习	面对教育竞争或应对内部出现的问题而交流学习		
		消化吸收民族教育改革精神要求	产生新理念、新制度，成为政策创新的依据		

（三）民族教育地方政策生成动力系统中动力要素的结构层次

民族教育地方政策生成动力系统中动力要素的结构层次就是动力系统中各个动力要素在动力系统中的地位和作用大小。动力要素通过一定的条件和过程所形成的动力的地位及作用决定了动力要素在动力系统中的地位和作用大小，它们在动力系统中的不同地位和作用就是动力要素的结构层次。从上面分析的内容可见，民族教育地方政策生成动力系统中的动力要素包含地方文化、地方经济、民族教育地方政策主体的需要、地区间的教育竞争、科技创新和国内外教育改革。

实际上，民族教育地方政策生成动力系统中的这些动力要素在转化为现实动力的过程中，都内含着不同主体的系列复杂行动，需要经过它们的"脑"和"手"才能促使民族教育地方政策的不断完善。假若是一个对任何外界刺激都无动于衷的"僵尸"主体（个体、群体、组织），其刺激也只能在"行动"的大门之外，因此永远都不可能产生任何的发展和变化。同样，一个对自己的需要没有采取行动措施的主体，其需要也永远只会停留在思想意识层面和主体的"机体"之内，不可能形成实践中的现实动力。由此我们可以得出这样的结论：民族教育地方政策动力系统中的各种动力要素转化为现实的动力，或者没有转化为现实的动力，甚至产生阻力，这与民族教育地方政策主体，尤其是官方政策主体密切相关。民族教育地方政策官方主体的各种需要决定了他们在政策过程中将采取什么样的行为方式，决定着其他动力要素能否转化为现实的动力或者产生破坏力。因此，官方政策主体的需要处于动力要素的中心地位，其他各种动力要素与它形成一个相互联系的网络结构，各动力要素之间构成了一个相互渗透的有机整体。只有各动力要素运转协调，都能转化为现实的动力，才能形成最大"合力"。

第二节　民族教育地方政策生成动力系统运行现状分析

民族教育地方政策动力系统各个动力要素并非彼此孤立的存在，而是相互制约、相互渗透和相互影响的整体。民族教育地方政策动力系统各个动力要素协调运转是动力系统正常运行的前提条件，直接影响着政策结果。若动力系统中的各个动力要素都能最终通过民族教育地方政策官方主

体的行动而形成现实的动力，由此形成的"合力"就越大，动力系统的整
体动力就越大，作用于民族教育地方政策生成的力度和强度也就越大、越
强；反之，如果动力系统中的动力要素未能产生动力，出现动力缺乏，甚
至产生阻力的现象，那么整个动力系统就显现出失调、不可能正常地运
转，导致民族教育地方政策问题的产生和长期存在。本部分通过以案例政
策为线索，观察民族教育地方政策生成动力系统运行的基本状况，借此尽
可能地呈现出民族教育地方政策生成动力系统运行缺陷的普遍性问题，以
揭示和解释民族教育地方政策主体在政策过程中不同的行为活动选择，从
中找寻民族教育地方政策生成过程中所存在问题的原因。

一、个案政策生成动力系统运行现状

对民族教育地方政策生成动力系统运行现状的考察，应从两方面进行
客观的分析：一方面要分析动力系统中哪些动力要素形成了现实动力，推
动了民族教育地方政策的生成；另一方面也要指出动力系统运行中的缺
陷，即动力系统中的动力缺失和限制性力量具体表现在哪些方面。

（一）动力系统的现实动力

1. 国家教育发展改革形成的动力

国家教育管理权的改革，加大了地方自主发展教育的权力和职责要
求。在《国家中长期教育改革和发展规划纲要（2010—2020 年）》中就
明确提出："进一步加强省级政府对区域内各级各类教育的统筹……支持
和督促市（地）、县级政府履行职责，发展管理好当地各类教育。"在民族
文化传承方面，国家也出台了系列指导、规范和激励性文件，加强对民族
文化的传承保护力度。2014 年，教育部、文化和旅游部国家民委还出台了
《关于推进职业院校民族文化传承与创新工作的意见》（教职成〔2013〕2
号），这成为国家鼓励、规范和指导地方通过学校教育传承民族文化的一
个专门规定。所以，国家教育发展改革这一动力要素之于案例政策而言，
形成了牵引力、政策激励力和政策约束力。

2. 地方民族教育问题、地方文化和地方经济形成的动力

前面内容已提及，贵州为了解决本行政区域内民族教育、民族文化保护传承以及民族地区经济发展问题，而制定并实施了贵州省"民族民间文化进校园"政策，把民族地区基层出现的"民族文化进课堂"实践探索行为提升为在全省范围内实施的民族教育政策，并已历经十多年连续不断地调整完善。回顾该案例政策的历史演进过程，反映出民族教育地方政策主体以提高本区域内的民族教育水平、保护并传承优秀民族传统文化、促进经济增长的需要为追求。正因为地方民族教育问题的出现，所以地方民族教育行政部门受到履行职责的制度要求，并且地方民族教育行政部门领导为了实现自身职业理想信念而产生了自觉的政策行动和政策学习，形成了政策约束力、精神动力和合作力作用于案例政策；保护和传承民族优秀传统文化的需要对案例政策生成产生了导向作用，形成了文化导向力；地方经济发展的需要对案例政策生成产生了拉动作用，形成了经济拉动力。由此可见，案例政策动力系统中的地方民族教育问题、地方文化和地方经济这几个动力要素形成了政策约束力、精神动力、合作力、文化导向力和经济拉动力。

3. 地方之间的民族教育竞争形成的动力

在教育发展过程中，随着不同地方之间的教育竞争，也产生了不同学校之间的竞争，这样的竞争都属于正常现象；而且，在竞争的压力之下，自然产生竞争关系，也容易因此而建立起合作关系，形成竞争力和合作力。随着案例政策在贵州全省范围内的实施，民族文化教育成了普遍的现象，在贵州省内的各个地方以及相关学校为能够领跑这新一轮的"赛事"，加剧了各个地方和不同学校之间的竞争，形成了"你追我赶"之势。在参与竞争过程中，有的地方或民族文化教育项目学校一方面注重内功修炼，改善内部政策执行环境、细化落实政策措施；另一方面注重加强与其他地方学校的交流合作，产生了竞争与合作的关系，形成了新的竞争力和合作力，并作用于该案例政策，进一步推进案例政策的调整和完善。

民族教育地方政策生成动力系统的现实动力是指，动力系统中各个动

力要素所形成的真实动力。从案例政策生成动力系统运行现状分析，动力系统中形成现实动力的要素包括国家教育发展改革、地方民族教育问题、地方文化和地方经济，形成的现实动力主要有政策激励力、政策约束力、牵引力、文化导向力、精神动力、经济拉动力、竞争力和合作力。

（二）动力系统的运行缺陷

民族教育地方政策生成动力系统的运行缺陷，是指动力系统的限制性力量的出现和动力缺失。动力系统的限制性力量就是动力系统运行中存在的阻滞力量；动力系统的动力缺失反映了动力系统中部分动力要素未能转化为现实的动力。它们对民族教育地方政策生成都会产生负向作用。

1. 动力系统缺乏广大群众的推动力

广大群众主要是指与政策存在利益关系和关注政策动态运行的个体集合，他们有部分人员可能有机会直接参与政策过程而成为非官方政策主体。前面研究的内容提到，目前由于没有真正地建立起广大群众参与民族教育地方政策生成过程的渠道，因此推动民族教育地方政策生成的力量来源非常单一，力量集中源于地方行政部门内的知识分子之间的互动。在民族教育地方政策制定、执行和调整完善的过程中，由于群众没有参与政策活动过程的机会、没有参与政策活动过程的意识或没有参与政策活动过程所需的能力等原因，在现实当中确实难以发现教师代表、学生代表等发挥推动作用。这反映出该案例政策动力系统还缺乏群众的推动力。

2. 动力系统缺乏民族教育政策专业咨询机构的智力支撑

所谓民族教育地方政策专业咨询机构，是专门进行民族教育政策科学研究，为政策决策行政部门及其领导提供信息、咨询服务和政策建议的部门，包括半官方思想库、民间思想库等不同类型，如教育科学研究院、民族高等院校教育研究所、高等院校民族教育研究所、社会科学院的民族教育政策研究室等。政策科学研究专家认为，教育政策专业咨询机构可以发挥联系政府与广大公众之间的桥梁纽带作用，而且具有独立性强、灵活性强、不受政治局限等特征，所以教育政策决策机构参与政策过程，是政府正确决策的智力支撑①。因此，这些民族教育地方政策专业咨询机构的组成人员，应该是民族教育地方政策生成的重要参与者。结合案例政策的调查发现，当前民族教育地方政策研究机构设置情况并不理想，民族教育地方政策研究机构设置更没有与地方行政层次结构相对应起来，所以从案例政策生成过程来看，缺乏民族教育政策决策机构专业人员参与，缺乏专业知识的输入。

3. 动力系统缺乏经济支撑力

从案例政策调查研究来看，地方民族教育行政部门和民族文化教育项目学校对于经费的观点是不一致的。无论从官方统计和公布的经费投入数字分析，还是通过对地方民族教育行政部门干部进行访谈，都表现出每年的经费投入一直处于增长之势。但学校所调查的情况显示，不同的民族民间文化教育项目学校对经费问题表现出惊人的一致，几乎每一个被调查的项目学校都认为存在经费紧张的问题，所以官方的统计数据和学校的观点之间是互相矛盾的。实事求是地说，政府对民族文化教育经费的投入是有增无减的，但对于全省范围内的民族民间文化教育项目学校而言，若无学校所在地政府的配套资金投入，也没有其他社会资金投入，那么省厅级经费仍然只是"杯水车薪"。此外，还经常出现学校所在地民族教育行政部门或学校领导并没有将民族文化教育专项经费使用于所需之处的情况，投入学校的经费并没有得到有效使用，使情况变得更为糟糕。这反映了民族教育地方政策执行中暴露出的一些较为突出的问题，削弱了经济对政策的支撑力。

4. 动力系统缺乏科技推力

科技创新之于民族教育地方政策生成具有推动作用。像信息网络技术创新成果、新媒体技术成果应用于民族教育地方政策生成过程中，能够提高工作效率和工作质量，改变传统政策的决策方式，打破过去受时空和地域等条件限制，更加有利于人民群众参与政策活动过程，吸收更多政策建

---

① 范国睿. 教育政策的理论与实践 [M]. 上海：上海教育出版社，2011：56.

议，提高民族教育地方政策决策的民主程度和科学化。但从对案例政策调查的现实情况来看，现代网络媒体仅仅被使用于政策积极结果的宣传报道，很少被利用于政策制定、政策执行、政策监督和政策结果分析。这在一定程度上也反映出当前民族教育地方政策生成动力系统缺乏科技推动力。

5. 政策主体的功利化需要形成阻力

民族教育地方政策主体需要的功利化对政策动力系统正常运行形成阻力。民族教育地方政策主体的功利行为，使民族教育地方政策动力系统中民族教育地方政策主体需要这一动力要素未能完全转化为现实的动力，甚至产生了阻滞民族教育地方政策发展的力量，这也是民族教育地方政策消极效果出现的一个重要原因。从前面对该案例政策主体的行为表现的调查分析来看，在该案例政策过程的具体活动中，教育行政管理部门的个别工作人员、民族文化教育项目学校的个别领导和任课教师也表现出功利化的行为。例如，在案例政策执行过程中，教育行政管理部门个别工作人员以增加政绩为最高追求或以追求职务升迁为最高目标，而忽视教师和学生的教育利益需求；又如，有个别教师和学校领导为了评优评奖，而忽视学生在学习民族文化过程中的未来发展需要。总之，在案例政策的执行过程中，由于教育政策主体行为的功利化而产生了阻力，影响该政策动力系统的正常运行。

二、个案政策生成动力系统运行现状的整体评价

根据上面对案例政策动力系统运行状况的考察分析，反映出当前民族教育地方政策生成动力系统中的动力大于阻力，也反映出民族教育地方政策生成动力系统结构失衡。

（一）动力系统中的动力大于阻力

从整体上看，案例政策动力系统形成的动力大于阻力。正因为动力系统的动力大于阻力，所以该政策才得以由民族地区基层自发的实践上升为

在全省范围内实施的民族文化教育政策，时至今日已连续十多年从未间断地实施，并且在不同时期对政策做出调整和完善。在案例政策动力系统中，地方民族教育问题、地方文化和地方经济形成的动力、国家教育发展改革形成的动力，对于案例政策的作用是非常大的，决定了该政策持续不断地得到加强的发展趋势。这说明当前在一些地方，既存在着自发性的动力，也存在着强制性的动力，共同推动着民族教育政策的创新行为持续不断地出现。但是，也并不能因此就忽视动力系统的阻力和动力缺失的问题，因为一旦动力系统中的阻力与动力相当，甚至阻力大于动力的时候，就会导致政策运行停滞不前，政策创新、政策执行积极结果都不可能再出现，所以需要重视动力系统中存在的阻力。

（二）动力系统运行存在动力缺陷

理想状态下的民族教育地方政策生成动力系统的动力要素是相互协调的，各个动力要素都能形成现实的动力，发挥出动力系统的整体功能，释放动力系统整体最大的"合力"，产生最大的动力。但现实并非如此，从上部分内容来看，该案例政策生成动力系统的动力与限制性力量是并存的，而且动力系统还存在动力缺失的现象，所以动力系统没有形成最大合力，民族教育地方政策动力系统运行仍然存在着阻力和动力缺失的缺陷，这反映了民族教育地方政策生成动力系统存在动力缺陷。而动力系统缺乏广大公众的推动力、缺乏民族教育政策专业咨询机构的智力支撑、缺乏经济支撑力、缺乏科技推动力，并且政策主体的功利化需要形成的阻力造成动力系统动力缺陷，是导致政策问题产生的根源。

总之，民族教育地方政策动力系统包含多个动力要素，而任何单一的或某几个动力要素的功能实现都是有限的。抛开自然的和偶发性阻滞因素，通过对民族教育地方政策生成动力系统动力要素转化为现实动力的分析，即对动力系统运行状况的分析，不仅可以由此建立起动力系统运行缺陷与政策问题之间的联系，还可以抓住关键动力要素，为有针对性地解决问题做好分析研究和准备。

第三节　从民族教育地方政策生成动力系统
探究政策问题的根源

前几章以案例政策为线索，对民族教育地方政策生成存在的问题和政策的消极结果进行了梳理和总结。本研究认为之所以会出现政策运行过程中的问题和政策的消极结果，固然有其客观难以克服的特殊原因，但其绝大部分原因可以归结为民族教育地方政策动力系统运行中的动力缺失和阻力的存在。民族教育地方政策生成动力系统运行出现了问题、动力系统非正常运行是导致政策问题产生和出现政策消极结果的关键因素，那么动力系统运行中的动力缺失和阻力又与政策生成存在的问题、政策消极结果之间有何关联呢？分析它们之间的关联性，就能够更加清楚地看到引起政策问题的根源所在。

一、民族教育地方政策生成的问题回顾

民族教育地方政策生成的问题是特指的研究对象，主要是指民族教育地方政策生成过程中所出现的问题和政策消极结果。前几章以案例政策为线索，对民族教育地方政策生成存在的问题和政策消极结果进行了详细的梳理和总结，在此再对其问题进行一个简要的回顾，以便建立起与民族教育地方政策生成动力系统动力缺陷之间的关联，将民族教育地方政策问题寻根于动力系统的缺陷，透视和剖析政策问题。

1. 政策生成过程的问题

民族教育地方政策生成的问题是指在政策制定、执行和调整完善的过程中存在的问题。

（1）民族教育地方政策制定过程中的问题

民族教育地方政策制定过程中的问题主要有：一是民族教育地方政策

非官方主体缺乏积极性与能动性，目前还没有形成促进民族地区教育行政管理部门、知识分子、基层民众和其他社会力量来共同推动本地区教育改革的工作机制；二是民族地区基层教育部门相对缺乏教育政策问题意识，部分民族地区教育行政管理部门和学校长期以来都专注于执行上级的教育政策，相对缺乏认真思考和发现自己其他教育问题的实际行动；三是民族教育地方政策制定的制度安排不够完善，目前还缺乏鼓励和支持民族教育地方政策制定的内部激励与规范制度，仍然需要不断完善民族教育地方政策制定的鼓励和规范措施；四是民族教育地方政策难以与基层教育问题相契合，行政层级越高的民族教育政策所覆盖的行政区域和涉及的范围就越广泛，民族教育地方政策环境也就越复杂，因此出现了政策文本内容与基层教育问题难以适切的问题。

（2）民族教育地方政策执行过程中的问题

民族教育地方政策执行过程中的问题体现在：一是政策宣传解释中的政策宣传解释方式单一、信息失真、信息衰减，而能力差异主要表现在不同学校的领导和本地区教育行政管理部门的领导向上级争取资源，以及充分利用资源组织协调各方力量和调动不同主体积极性进行教材编排、教学研讨、制订教学方案与落实方案等方面的不同，而政策执行主体能力不强也就成了民族教育地方政策执行过程中的限制性因素，目前民族教育地方政策执行主体的能力普遍处于有待提高的阶段；二是政策资源整合中的政策执行组织领导机构工作人员的组成不够健全、政策执行获得财力和物力资源支持的渠道有限、政策执行组织领导机构功能错位等；三是政策具体组织实施中没有建立起统一的政策执行绩效评估和评价指标体系，及其没有建立起上下互动与左右联动的工作机制等问题；四是民族教育地方政策执行过程"一哄而上"和难以务实，部分民族教育地方政策执行主体出现功利化倾向。

（3）政策调整完善过程中的问题

一是民族教育地方政策调整完善的问题提出还比较困难，要对民族教育地方政策进行调整完善就会牵动多方面的利益，因此民族教育地方政策调整完善所面临的环境条件也较为复杂；二是民族教育地方政策调整完善的最佳时机还难以把握，目前地方民族教育行政管理部门作为重要的主体还是相对缺乏政策科学方面的知识，它们主要依赖于检查工作、听取汇报的基本方式了解政策执行过程的基本情况，从而做出对政策是否需要进行调整的判断，而且其他的主体更是缺乏独立观测本地区民族教育政策执行情况的能力；三是难以形成完备的民族教育地方政策体系，目前民族教育地方政策难以形成配套的政策体系，各个政策文本之间的相互协调性和相互衔接性还不够强，所以难以保障其政策的稳定性，它更容易受到本地区主要领导的关注度和注意力的影响。

2. 政策生成的消极结果

民族教育地方政策消极结果是由于民族教育地方政策制定、执行以及调整完善过程中存在困难和问题而直接导致的不良后果，但其最终的原因也在于民族教育地方政策生成动力系统的动力缺陷。根据前面的内容分析，认为民族教育地方政策消极结果主要包括两个方面：一是政策结果与政策目标尚存差距的问题；二是政策结果与政策目标相悖的问题。

二、民族教育地方政策生成动力系统运行缺陷与政策的问题相关性分析

根据前面对民族教育地方政策生成动力系统运行现状的分析，发现当前民族教育地方政策生成动力系统运行存在缺陷，即有的动力要素未能产生现实的动力，有的动力要素形成了阻滞性力量，并且认为这是导致民族教育地方政策生成出现和存在问题的根本原因。因此，要解决当前民族教育地方政策生成出现和存在的基本问题，就必然要对民族教育地方政策生成动力系统运行缺陷与政策的问题进行"因果"分析，即要明确民族教育地方政策生成动力系统运行缺陷与问题之间存在的关联性。

1. 缺乏群众参与推动力作用与政策的问题之间的相关性

在社会发展的进程中，人民群众推动社会发展和参与各种社会事务治理的作用越来越受到重视。正如研究者所提出的"凡是影响到人们的一切制度，在进行这种制度的设计过程以及这一制度运行的过程中，都应该让与之相关的一切人们通过一定渠道、以一定方式参与其中"①。事实上，群众参与本地区民族教育政策过程的具体活动不仅是民族地区实现民主的具体体现，而且人民群众通过参与本地区民族教育政策活动还能够提高自身的能力。这有利于人民群众进一步发现和提出本地区民族教育政策的问题，避免一些不良事态恶化，减少政策消极结果的出现，推动本地区教育政策高质量发展。但从案例政策调查反映的现实情况来看，民族教育地方政策生成还是缺乏群众的有效参与。这既是民族教育地方政策生成存在的主要问题表现形式之一，也是引发其他问题产生的一个重要原因。

（1）造成基层国家公职人员几乎完全取代群众主动表达意愿

从当前现实情况来看，既缺乏更加广泛的渠道让群众参与到本地区民族教育政策生成的具体活动过程当中，也缺乏对群众如何有效地参与本地区民族教育政策生成具体活动过程之中的意识培养和技能训练，而人民群众也还缺乏改变这一现状的动力，因而缺乏人民群众的推动力作用。这对基层国家公职人员进行教育政策决策或推动本地区人民群众主动参与教育政策决策留下了空间。例如，案例政策在基层的自发实践过程，基本上是由知识分子和在职干部推动政策实施的过程。当然，在基层的一些国家公职人员看来，人民群众没有参与本地区民族教育政策生成具体活动过程的意识，也没有参与本地区民族教育政策生成具体活动过程的能力，也并不认为这是不合理的现象。这在一定程度上导致了基层国家公职人员代替人民群众参与本地区政策决策，而并不觉得这本身也是一种不足。因此，基层民族教育行政管理部门没有积极主动地改变这一现状，所以在民族教育地方政策生成的具体活动过程中缺乏人民群众的推动力，并且又成了维持这样一现状的重要原因。当然，在历史的发展过程中，在短期内由少部分

---

① 钱焕琦. 教育伦理学［M］. 南京：南京师范大学出版社，2008：81.
　　杜威. 人的问题［M］. 上海：上海人民出版社，1965：44.

人取代人民群众进行政策的决策能够减少成本、提高效率，有其合理性和必要性，但从社会长期发展、时代发展的需要和期待来看，必然应支持和鼓励人民群众积极而广泛地参与，因此应该激活人民群众这一动力要素，使其产生和发挥应有的动力作用。

（2）造成基层教育部门相对缺乏民族教育政策问题意识

群众参与本地区民族教育政策活动过程，既是表达教育利益诉求，集思广益的过程，也是监督政策制定、政策执行、政策调整完善过程的有效方式，推进政策活动过程的科学化和规范化，推动民族教育地方政策决策机关、政策执行单位规范履行职能和承担职责。但由于相对缺乏群众力量，一些缺乏自觉履行职责能力的地方民族教育行政职能部门和领导会疏于行使民族教育管理权、决策权，也就不可能积极主动地发现民族教育问题，推动本地区民族教育事业发展，而是习惯于执行上级所制定的政策，这就很容易出现脱离实际的状况，从而导致基层教育部门忽视本地区民族教育政策问题，难以满足本地区群众的教育利益需要。例如，从案例政策来看，该政策在基层"自下而上"的推进的过程，首先是由县文化馆的领导和工作人员在县域内民族聚居区进行推广实施，他们是主要的推动者，而黔东南州民宗委是在本州内最先提出民族文化教育的政府组成部门，而学校和教育行政部门并不是主动发现民族文化教育问题和首先提出这一问题的单位，这反映出民族地区基层教育行政管理部门和学校都只专注于执行上级的教育政策，而可能忽视了本地区现实中存在的其他教育问题，也就难以主动地发现和提出其他教育政策问题。

2. 缺乏民族教育政策决策咨询机构的智力支撑与政策的问题之间的相关性

民族教育地方政策决策咨询机构的组成研究人员，因富有研究本行政区域内外民族教育政策问题的经历而积累不少经验，而且熟悉公共政策的专业知识和技能，所以他们参与到政策活动过程之中，可以避免政策过程中出现问题或问题的扩大化。可是在当前的一些地方，尤其是县级教育行政管理部门缺乏民族教育地方政策决策咨询机构，因此缺乏民族教育政策研究咨询机构的智力支撑，这与民族教育地方政策生成存在的问题是密切相关的，其中主要表现在以下四方面。

（1）缺乏民族教育政策决策咨询机构的智力支撑与民族教育地方政策产生的制度设计缺陷存在关联

民族教育地方政策产生的制度设计缺陷，主要是指当前地方政府缺乏支持和鼓励民族地区民间力量、基层学校和民族教育行政部门进行政策创新的制度设计和政策安排。之所以出现这样的问题，还与其他因素相关，毕竟要做出支持和鼓励民族地区民间力量、基层学校和民族教育行政部门进行政策创新的制度设计和政策安排需要多方面的力量支持和推动，但更多的是缺乏民族教育政策决策咨询机构的智力支撑，因为民族教育地方政策自主制定的制度设计是一个专业性的问题，有赖于民族教育政策决策咨询机构的专业性知识的运用，如此才能设计出支持民族地区民间力量、基层学校和民族教育行政部门主动进行政策创新的制度安排。

（2）与民族教育地方政策难以和基层教育基本问题相契合之间存在关联

政策制定的意义在于能够解决教育问题，所以民族教育地方政策要能够尽可能地关照到基层的实际和教育问题的实质。通过案例政策分析发现在现实中，地方民族教育部门既要承担本地区内的常规性教育事务，又要承担上级教育行政部门安排的临时性事务，还要承担地方领导安排的一些非教育事务，所以地方民族教育部门及其领导总有无暇顾及的问题，因而无论是在执行上级制定的民族教育政策的过程中，还是自主制定在本地区内实施的民族教育政策，地方民族教育行政部门都有可能忽视本地区的教育发展实际和一些潜在问题的调查研究，而且由于地方民族教育行政部门的权威，本地区的基层学校及其师生可能为了不给自己带来麻烦而采取隐瞒实情、报喜不报忧的方式应对教育行政部门官员的调查研究。而民族教育政策决策咨询机构作为一个独立的专业性的工作部门，正好弥补了地方民族教育行政部门这一劣势，容易亲近基层，获得更加真实的信息，当然民族教育政策决策咨询机构作为专业性机构还有另外一个优势，即民族教育政策决策咨询机构的组成成员有更多的时间和精力专门对本地区的教育政策执行情况进行长期的跟踪调查，能够对基层的情况有全面、整体的了解。所以如果能够借助民族教育政策决策咨询机构的功能，必然能够减少民族教育地方政策难以切中基层教育关键问题的现象，但事实是目前地方民族教育行政部门还十分缺乏这一动力的作用。

（3）与政策具体组织实施中的问题相关联

在执行政策过程中还存在这样一些问题。首先，各部门之间没有建立起统一的政策执行督导办法，容易导致各个部门以各自的方式检查工作，或随意地看一看，这样可能会打乱正常教学秩序，影响老师、学生的积极性。其次，教育、财政、人事、文化等部门在政策执行中还没有建立起上下互动与左右联动的工作机制，导致财政支持力度不够，经费拨付困难，经费使用紧张或经费使用没有落实到具体工作之上而被挪作他用。再有，教育与人事、编制等部门之间协调不够，对民族文化教育专任教师的录用、考核考评制度尚未健全，缺乏升学与就业政策的有效链接，难以调动教师和学生的积极性，学生学习动力不足、学习目标模糊，很多老师和学生感觉是"被政策执行"。这样的一些配套性政策问题之所以长期存在而未得到改善，除了学校教师、学生没有直接向地方教育行政部门提出完善建议等原因，实际上还缺乏一个为学校教师、学生反映问题的第三方渠道，共同推动相关措施的完善。而民族教育政策决策咨询机构作为地方民族教育行政部门提供政策理论参考，是解决教育政策在执行中所出现问题的专业性机构，可以根据政策执行中出现的类似问题，从专业的角度向地方政府提出完善政策配套措施的方案，推进地方民族教育行政部门清除政策执行中的障碍。

（4）与难以形成完备的民族教育地方政策体系存在着关联

民族教育地方政策文本体系是政策制定和政策不断调整完善的过程中的产物，是执行政策的依据。因此，民族教育地方政策文本体系的形成过程需要民族教育地方政策决策咨询机构的参与，使政策文本体系自身更为协调、更有利于执行。例如，从案例政策文本集合的检验分析来看，政策文本体系的完备性、紧密性，政策目标设计的明确性和适切性都有待进一步完善。所以如果案例政策有民族教育政策决策咨询机构参与，提供专业性的建议，则有可能使政策文本体系臻于完善。

3. 缺乏经济支撑力与政策的问题之间的关联性

政策过程就是经济资源消耗的过程，经济对政策运行具有全局性的决定意义，任何政策的运行过程都离不开经济的支撑，政策的任何环节都与经济紧紧联系在一起，政策过程出现的所有问题都与经济条件相关联。例如，案例政策虽然经过多次政策调整完善，但也难以形成完整的政策体系，实际上除了政策调整完善过程中缺乏的民族教育政策科学专业机构智力支撑，缺乏经济支撑力也是一个重要的因素。因为经济资源决定着物质资源、人力资源等方面条件的丰富程度。然而，当前民族教育地方政策运行是在经济条件短缺的条件下为满足本地区人民群众日益增长的教育需要而开展的，由于受到地方财政收入的制约，地方政府投入民族教育的经费不多，而且缺乏社会资助资金，所以民族教育的经济资源总是难以满足现实需要，民族教育地方政策动力系统缺乏经济支撑力成为较为普遍的现象和主要的问题，而且因为政策执行过程缺乏经济支撑力，很多具体工作将不可能启动或正常运转。例如，案例政策执行过程中存在的"拆东墙补西墙"等经费挪用行为和专款非专用等行为，与教育经费紧张而又缺乏有效监管密切关联；又如案例政策中的师资队伍建设、教学设施设备、教材编写、民族文化教育研究等无不与经济条件相关，需要经济有力支撑才能正常运转，正是在政策的系列活动过程中缺乏经济支撑，才导致民族文化教育教学内容的丰富性、课时安排正常化、提高民族文化教育教师的教学水平等受到了极大的限制。

4. 动力系统缺乏科技推力与政策的问题之间的关联性

科技成果的合理应用，将形成巨大的推动力作用于其作用对象。民族教育地方政策的制定、执行、调整完善过程都可以将网络信息技术应用其中。但从案例政策运行过程来看，网络信息技术并没有得到很好的应用，缺乏科技推力的作用，民族教育地方政策生成过程出现的一些问题与之存在关联。

（1）与缺乏群众的有效参与相关

前部分内容提及，当前民族教育地方政策决策缺乏本地区内部的社会力量对政策的有效作用。当然这样的状况之所以依然存在与我国历史传统惯例不无关系，但在信息网络技术高度发达的社会，应该将信息网络技术应用于民族教育地方政策制定、执行、调整完善的整个活动过程，民族教育地方行政部门不要以非官方政策主体参与政策活动会增加成本或增添工作麻烦为由而延续传统，应该要借助科技的力量改变传统的决策模式，与社会形成良好的互动。而且信息网络技术为广大群众参与政策活动提供方便而又成本低廉的通道，使民族教育地方政策决策咨询机构和民族教育地方行政部门之间汇聚智慧合流。所以，民族教育地方行政部门应当积极应用科技成果，使目前政策过程非官方主体被边缘化这一现实状况得到改变。

（2）与政策宣传解释中的问题相关

政策宣传解释是政策执行过程中的一项具体工作，其目的在于让更多的人知晓政策的目的和意义，增加政策认可度，营造政策执行的良好氛围，降低政策"信号衰减"。政策宣传解释的方式方法是多种多样的，既有传统的宣传解释方式，也有借助现代科技手段的宣传解释方式，或采取传统与现代结合的宣传方式。但是从案例政策来看，目前政策的精神在"自上而下"宣传解释的过程中，容易产生"信号衰减"，甚至出现"歪曲"或与之相悖的情形，一些学校在政策执行中出现各吹各的调、走调变味等现象，不少学校领导和老师对于学校传承和保护民族文化的行动难以理解，甚至视之为影响学生升学考试的因素，很多学生和家长也表示出无所谓的态度，学校教育什么孩子就学什么，大大降低了政策的执行力度。

这反映出地方民族教育行政部门、社会、学校、家庭彼此之间对同一教育政策信息理解的非对称关系，一些基本的问题还没有形成统一性的理解，固然与缺乏政策宣传解释的力度不大相关。

5. 民族教育地方政策主体功利化倾向与政策的问题之间的关联性

从应然状态而言，有研究者认为"政府的主要的目的是更好地为公众提供服务，带来更多公共利益"①。而且共产党和国家一直坚持人民利益至上的理念，因此在各种政策活动过程中始终要求坚持维护和实现人民利益的基本立场，因而民族教育地方政策非官方主体也是成熟的、理性的。但"实然的状态"是不同地区的官方政策主体，以及不同单位、不同个体并不都是纯粹的道德人，在民族教育地方政策生成的具体活动过程中，仍然存在着教育政策主体的功利行为，这是民族教育地方政策的问题产生的重要原因之一，也是导致民族教育地方政策生成动力系统中政策主体需要这一动力要素未能完全转化为现实的动力，甚至产生阻滞性力量的主要原因。

（1）导致了政策结果与政策目标相悖、相偏离的问题

导致政策结果与政策目标相悖和相偏离的因素固然不少，但民族教育地方政策主体功利化是一个与之最为直接、最为密切的原因。通过对案例政策制定、执行与调整完善的整体分析发现这样一些问题，在政策执行中，"民族民间文化进校园"政策与国家课程政策、升学考试政策、资源配置政策的冲突是必然出现的状况，但是基本上"民族民间文化进校园"政策要让位于国家教育政策，因而在一些地区的部分教学单位，"民族民间文化进校园"成为应付上级检查工作需要的摆设，这有悖于政策的初衷。另外，学校传承民族文化出现异化现象，主要体现在民族民间文化教育出现功利化，不同学校之间、不同地区之间形成竞争之势，部分学校为实现所谓民族文化传承而违背教育的本质要求，通过忽视学生身心健康成

---

① 詹姆斯·E. 安德森. 公共政策［M］. 谢明，唐亮，译. 北京：华夏出版社，1990：222.

长来实施教学活动，而且一些地方民族教育行政部门在督导过程中也不顾及教师和学生的辛苦付出，甚至影响了教师正常的教学工作和学生学习，这偏离民族文化教育的育人目的和教育的本质意义，自然也就背离了民族文化传承与教育发展双向良性互动的政策目标要求。在政策执行过程中出现的异化现象，实际都已偏离了政策目标，甚至完全与政策目标相悖，而且这都与地方民族教育官方政策主体追求满足功利化需要的行动直接相关，正是他们在追求实现本部门、本单位自身不正当利益的过程所导致的。

（2）导致了政策执行中"一哄而上"、难以务实的问题

在执行民族教育地方政策的过程中，"一哄而上"和难以务实也是常见的问题。"一哄而上"的行为表现为下级对上级权威绝对的、机械的服从，是盲目跟风的体现，而难以务实则是善于做表面文章，掩盖事实真相。无论是"一哄而上"，还是难以务实，其表面上都是在不折不扣地执行政策，但实质上都没有做到实事求是，都违背了执行政策的原意和教育规律，最终也会损害民族教育地方行政部门、教学单位在公众中的形象。"一哄而上"、难以务实问题的背后隐藏着民族教育地方政策主体功利化的需要，民族教育地方行政部门、教学单位及其中的个体在执行政策的过程中尽可能想办法出"成绩"、创造出"奇迹"，或者选择更容易出成绩、凸显政绩的工作选项。这样容易忽视本土教育的最真实面貌和受教育者的实际需要，难免有损受教育者、教师群体的利益。

（3）导致了政策宣传解释中出现隐瞒实情、报喜不报忧的问题

通过调查和对宣传报道资料的分析，案例政策上升为省级地方政策之后，政策解释宣传力度得到增强，为政策执行营造了舆论氛围。但政策宣传表现出"报喜不报忧"的现象，只讲政策执行中的困难而不讲问题，宣传政策成果的内容多，对经验总结的内容少。例如，由于一些地方政府官员片面追求政绩，学校也是亦步亦趋，所以他们有时候更加在意民族文化教育项目学校、参加民族文化活动人数等方面的数字变化、增长，让自己

所在地的工作成绩在"数字"上好看。实际上这些现象也反映出地方民族教育官方政策主体为满足功利化的需要而不顾实情。

(4) 导致民族教育地方政策执行组织领导机构功能错位的问题

民族教育地方政策执行组织领导机构功能错位的问题也是一个较为普遍的问题。从调查研究情况来看,当前各级地方民族教育行政部门,特别是县级地方教育行政职能部门都非常繁忙,各个教学单位的工作任务也十分繁重,因而所有的事情都得排出个轻重缓急,像负责民族民间文化教育的组织领导机构、教育督导机构、教学研究室等部门经常因服从于教育行政职能部门的大局,放下本组织领导机构的工作任务,去从事与本部门职能无关的事务。地方不同行政层级的政策执行者之所以会服从这样的工作安排,采取这样的行动,多数情况下是迫于上级管理权力的压力做出的无奈选择,而非发自内心地服从上级所做的一些非常规要求,仅仅是屈服于上级的行政压力,其实质亦是为满足功利化需要而做出的选择。

综合以上分析,一些民族教育政策问题之所以存在,并且长期以来没有得到实质改善,与民族教育地方政策生成动力系统存在动力缺陷有直接的关联,而且动力系统中的动力缺陷与政策问题之间并非一种简单的一一对应的因果关系,它们之间是多因多果的交错复杂关系,某一个动力缺失、某一种阻力存在是产生多个政策问题的部分原因,而且有的政策问题又是导致其他政策问题的原因。例如,缺乏经济支撑力是导致缺乏民族教育地方政策决策咨询机构的部分原因,而缺乏民族教育地方政策决策咨询机构的智力支撑又是导致民族教育地方政策制度设计缺陷的部分原因,这些动力缺失又是导致消极政策结果的原因。由此可见,民族教育地方政策生成动力系统中的动力缺失和阻力存在,与民族教育地方政策生成过程存在的问题、政策消极结果之间的关联,形成了一个十分复杂的因果关系之网。

本章小结

所谓动力就是推动事物发展的力量。事实上，只要涉及人的实践活动，必然要对其行为的驱动力进行探讨，从而为回答人们的实践活动、实践行为的原因提供一个解释视角。正如推动社会发展的动力是多方面的，推动民族教育地方政策生成的力量也是多方面的，这些不同的动力形成了动力系统整体合力，发挥着整体合力的功能。本章主要围绕民族教育地方政策生成动力系统的理论和民族教育地方政策生成动力系统运行现状两方面进行分析和研究。

在理论研究上，要对民族教育地方政策动力系统的动力要素进行区分，根据推动事物发展动力的不同来源，民族教育地方政策生成动力系统可分为内部动力系统和外部动力系统，内外两个不同动力子系统构成了一个有机动力系统，在民族教育地方政策生成的各动力子系统中存在不同的动力要素，这些动力要素在一定条件下形成不同的动力。其中内部动力系统的动力要素有地方文化、地方经济、地方民族教育问题、民族教育地方政策主体的需要；外部动力系统的动力要素包括地方之间的教育竞争、科技创新、国内外教育发展改革。这些动力要素都是民族教育地方政策生成的可能性因素，是民族教育地方政策的动力源泉。但是，民族教育地方政策动力系统中的各种动力要素并非现实的动力，这些动力要素形成现实的动力需要通过特定主体付诸实践，需要一定的条件和通过一定的活动过程，才能转化为推动民族教育地方政策生成的现实力量，否则只能是潜在的、隐性的动力。民族教育地方政策生成动力系统中的动力要素形成动力的过程是动力系统运行的过程，如若动力系统中的各种动力要素都能形成现实的动力，动力系统运行就处于正常状态，动力系统形成的合力就越大，动力系统的整体功能也就越强。反之，民族教育地方政策动力系统中有的动力要素没有形成动力，甚至还产生了阻力，说明动力系统运行处于非正常态，作用于民族教育地方政策生成的力量就小，当动力系统中的动力等于阻力之时，民族教育地方政策就保持原状，处于过去的发展水平，当阻力大于动力之时，民族教育地方政策就会出现倒退，甚至出现政策失误现象。

在民族教育地方政策生成动力系统运行现状的调查研究这一部分，结合案例政策探究民族教育地方政策生成动力系统运行现状。认为当前民族教育地方政策生成动力系统中的动力大于阻力，但还存在动力系统结构失衡，即动力系统中的动力缺失和阻力存在。而动力系统中的动力缺失和阻力存在，与政策问题直接关联，因此，从民族教育地方政策生成动力系统的动力缺失和阻力存在的角度，解释和回答民族教育地方政策问题存在和出现的原因，从而为激发民族教育地方政策生成动力系统而提出有针对性和可操作性的建议。

第五章　民族教育地方政策生成的优化策略

为增进地方发展本地区民族教育事业的能力，本研究认为，应从理论与实践两个层面突围和寻求出路，促进民族教育地方政策生成更趋近于理想的追求，产生更多积极政策结果。从理论层面上，"绘制蓝图"和画出"图纸"的过程，必须明确民族教育地方政策生成过程的指导思想和基本原则，并且通过明确民族教育地方政策生成过程的价值取向，引领民族教育地方政策生成过程的方向，对民族教育地方政策生成过程提出期望、设想和勾勒框架。从实践层面上，具体"施工"的过程，应优化民族教育地方政策生成过程的机制和制度保障体系。

第一节　优化民族教育地方政策生成过程的
指导思想与基本原则

离开了科学指导思想的行动必然是盲目和错乱的，没有坚持理性原则的行动必然是具有破坏性的。从动态过程观察，民族教育地方政策生成过程是人的系列实践活动的集合，是地方政府自动、自觉地行使国家教育管理权，负责召集公众和其他社会力量一起进行的一种精神创造性活动，是计划性和目的性都十分明显的专业性实践行为，所以离不开专业的理论观点为指导思想，要持有专业学科的立场和坚持理性的行动准则，为民族教育地方政策生成过程提供方向上和方法上的引导。

一、优化民族教育地方政策生成过程的指导思想

民族教育地方政策生成过程的指导思想是指导民族教育地方政策生成过程的总思想，是民族教育地方政策主体在政策活动过程中所遵循的依据。民族教育地方政策涉及政治学、政策科学、教育学、民族学等学科领域，因此在民族教育地方政策生成过程的具体活动中一定要以这些学科的学理及由这些学科交叉而产生的理论观点为指导思想，将这些学科理论及其交叉产生的理论观念贯穿于民族教育地方政策生成过程的具体活动之中。

（一）以中国特色政治制度理论为指导

中国特色政治制度理论与现代政策科学理论有价值重叠之处，都具有价值引领和程序规范的作用。民族教育地方政策属于我国公共政策的范畴，因此民族教育地方政策生成过程应始终坚持以中国特色政治制度理论所蕴含的最基本和最能体现中国特点的价值理念作为指导思想，尤其要坚持用习近平新时代中国特色社会主义思想中怎样坚持和发展中国特色政治制度理论的基本内容和价值理念指导民族教育地方政策生成的整个活动过程。

1. 民族教育地方政策生成过程的主体应体现"多元一核"协作与行动自觉

首先，民族教育地方政策的官方主体的"多元一核"协作与行动自觉。民族教育地方政策官方主体掌握着地方权力资源，是民族教育地方政策决策的核心力量，对民族教育地方政策生成过程的决策活动发挥主导作用。根据我国基本政治制度设计的要求，我国的政党组织结构是中国共产党领导下的多党合作制，在这样的政党结构中，政策活动过程除了有执政党共产党在场，还有其他各民主党派参加，但中国共产党处于领导地位。习近平总书记曾指出中国共产党领导是中国特色社会主义最本质的特征。

因此，中国共产党当然处于社会主义各项事业建设中的领导核心地位，各方面要在党委的统一领导下尽心尽力做好自身职责范围内的工作，这也就决定了中国共产党的地方党委在民族教育地方政策生成过程中处于领导地位，其他民主党派的地方组织都有权利参与政策活动，是民族教育地方政策主体中的组成部分，但他们在参与民族教育地方政策生成的具体活动过程中必须接受党委的领导。①

其次，民族教育地方政策的非官方主体的"多元一核"协作与行动自觉。教育政策非官方主体，是指那些虽然不拥有法律所赋予的合法强制力，但是可以通过压力、舆论或者私人游说等方式介入教育政策活动之中，并能够产生一定影响的个人、团体和组织。② 例如，大众传媒具有传播信息量大、传播速度快、传播方式多样、传播面广等特点和优势，科学和民主的决策需要大众传媒助力，因此它对民族教育地方政策生成过程的各个环节都能够产生影响，所以也应该充分发挥大众传媒的积极作用。又如，人民群众既是教育政策主体的构成要素之一，也是教育政策所作用的对象，也会通过政治参与、媒体言论等方式参与民族教育地方政策制定、监督民族教育政策执行、提出民族教育政策调整完善建议等。当然，教师、学生家长和学生代表通过一定的组织方式和程序，可以直接或间接参与民族教育地方政策生成过程，在这个过程中表达自己的教育利益诉求，从而影响民族教育政策决策机关的行为选择。此外，"民族教育地方政策专业咨询机构"是独立于地方政府之外的专门从事教育政策研究的机构和学术团体，它更具有独立研究、忠于学术和客观事实的特性，它能够在本地区内有针对性地和长期地开展民族教育政策专题研究，或围绕短期急需解决的民族教育政策问题进行专题研究，参与本地区民族教育政策生成的具体活动过程，为民族教育地方政策的科学性和有效性贡献专业智慧。当然，根据我国政治制度的基本要求，尤其是要以习近平总书记提出的党是

---

① 陈孝凯. 民族教育地方政策生成的问题审视与优化探索［M］//段超. 中国民族教育评论（2019 年第 1 期/总第 1 期）. 北京：社会科学文献出版社，2019.

② 范国睿. 教育政策的理论与实践［M］. 上海：上海教育出版社，2011：53.

领导核心的观点和理念为指导，因而这些广泛的非官方主体是可以通过一定的组织程序参与到本地区民族教育政策生成的具体活动过程之中，当然它们在参与本地区的政策决策活动过程中必须坚持中国共产党的领导，自觉与其他政策官方主体协作而共同推进本地区教育政策的发展。①

2. 民族教育地方政策生成过程的主体行为应符合规范性

所谓"无规矩不成方圆"，俞可平教授在研究地方政府创新时也曾指出"没有制度保证的地方政府创新会裹足不前"。从我国基本政治制度规定的内容来看，在保障主体自由选择的同时还特别强调程序的规范性，这是我国基本政治制度的基本特征之一和基本的价值诉求，即要求主体的活动行为应符合程序规范。规范性是实现一定地区民族教育治理的前提，是民族教育地方政策生成的具体活动过程有序进行的基本条件，而且理想的教育政策总是希望能够按照规范性制度进行活动。在新时代，民族教育地方政策生成的具体活动过程需要实现规范性的要求和体现规范性的价值理念，事实上进入中国特色社会主义新时代后，习近平总书记多次强调要坚持以人民为中心的发展思想，因此在给予民族教育地方政策主体参与政策实践权利的同时，要强调各主体应自觉按照习近平总书记提出的以人民为中心的发展思想的要求，在民族教育地方政策生成过程的各个具体活动环节中，限定个体、组织的活动空间和行为方向，以保障民族教育地方政策生成过程的主体行为选择是为了国家和人民，以及所产生的结果最终能够惠及国家和人民。

（二）以公共政策科学理论为指导

参与民族教育地方政策生成过程具体活动的主体应当是多元的，而且不同主体在民族教育地方政策生成过程中应能够发挥不同的作用。从理想的角度来说，民族教育地方政策生成过程的不同主体都应该能够出于促进本地区教育发展、满足受教育者在教育领域的利益诉求、维护民族团结的

① 陈孝凯. 民族教育地方政策生成的问题审视与优化探索［M］//段超. 中国民族教育评论（2019 年第 1 期/总第 1 期）. 北京：社会科学文献出版社，2019.

理念而做出理性的选择，在民族教育地方政策生成的具体活动中遵循政策活动的程序规则和按照政策科学规律采取行动，保证民族教育地方政策生成过程的具体活动的合理性和有序性，从而使民族教育地方政策生成动力系统形成强大合力。

1. 民族教育地方政策制定过程应坚持遵循科学化与规范化的要求

民族教育地方政策制定是一个动态的过程，是整个政策动态过程的逻辑起点，它有自身的运行程序，其中包含着一系列的过程性和动态性活动，依据政策制定过程的活动所发生的先后顺序，可以把民族教育地方政策制定的过程细分为政策问题确认、政策方案设计与选择、政策合法化三个阶段。在这三个阶段中，民族教育地方政策制定的主体应该能够发挥积极的作用，自觉地遵循教育政策制定过程的科学化与规范化要求。①

2. 民族教育地方政策执行过程应坚持科学化与规范化的要求

政策执行是政策过程中的重要环节。美国政策研究专家艾利森曾说过，政策方案的确定对于政策目标的实现而言只占到10%的功效，而有效的政策执行能占到90%。刘少奇也曾提出政策执行的重要性，他说"制定政策固然不易，但重要的问题还在于执行政策，执行政策是实践，在实践中调查研究，在实践中认识客观世界，在实践中发现我们的错误，在实践中发现新的问题，制定新的政策"。由此可见，无论是国外政策研究专家还是中国早期革命家的论述，都强调政策执行的重要性，这也说明政策执行是政策过程中的重要环节。民族教育地方政策执行过程与其他公共政策执行过程一样，是其动态发展过程中的一个重要环节，这个动态过程一般应包括政策宣传解释、政策资源整合和政策的具体组织实施几个环节，在每一个环节中民族教育地方政策执行主体都应该坚持科学化与规范化的要求，发挥主体的积极作用。

3. 民族教育地方政策的调整完善过程应坚持科学化与规范化的要求

民族教育地方政策的调整完善在进入政策执行阶段之后，因政策在执

① 陈孝凯. 民族教育地方政策生成的问题审视与优化探索［M］//段超. 中国民族教育评论（2019年第1期/总第1期）. 北京：社会科学文献出版社，2019.

行过程中遇到问题和出现困难，即产生了政策障碍，所以需要根据客观实际，由民族教育地方政策制定机关对政策做出局部修正、调适、补充和拓展。对实际运行中的民族教育地方政策进行调整是必然的，也是必要的，只要有政策执行和政策环境的变化，就会有新的问题产生，既然有了新的问题出现，必然应当采取改进措施。民族教育地方政策的调整完善，是原政策制定机关通过一定程序，针对政策执行过程中发现的问题，基于原定政策做出内容增减和改变，发布新的政策文件，或建立相关配套政策的过程；是解决政策执行过程出现的问题的实践过程；是政策顺利而有效继续执行的重要保证。民族教育地方政策调整完善应遵循既定逻辑路径，即经过自下而上的信息传递和自上而下的问题"诊断"之后，再进入政策方案设计与选择和政策合法化阶段。[①]

（二）以中华民族多元一体教育理论为指导

民族教育问题是民族教育政策的逻辑起点，民族教育地方政策由民族教育问题而生，又因民族教育问题的变化而调整，总之其根本在于解决本地区民族教育问题、促进民族教育发展。因此，民族教育地方政策生成过程的具体活动要能够体现教育哲学理论的基本思维，反映教育的内在价值。此外，民族教育地方政策所调控的领域是民族教育这一特殊领域，所以民族教育地方政策具有民族性、地域性的特征，这是民族教育的特殊价值诉求。

首先，在教育政策目标设计上落实中华民族多元一体教育理论的要求。中华民族多元一体教育理论的教育目标不仅在于传承世界各民族的优秀传统文化，加强各民族间的文化交流，实现文化上的共同繁荣，而且还在于追求政治上各民族平等和团结。因此，民族教育地方政策必须要做出相应的规定，在教育目标设计上要体现中华民族多元一体教育理论的这一要求。一方面，要通过学校教育真正培养学生的跨文化适应能力，帮助学

---

① 陈孝凯. 民族教育地方政策生成的问题审视与优化探索 [M] //段超. 中国民族教育评论（2019年第1期/总第1期）. 北京：社会科学文献出版社，2019.

生学会从其他文化的角度来观察本民族文化，并获得最大限度的自我理解，促进不同民族相互了解与尊重；另一方面，在学校教育中要为学生提供文化选择的机会，使他们获得适应本民族文化、主流文化以及全球社会所必需的知识、技能和态度，消除对他民族文化的歧视或偏见。① 通过实施多元一体化教育政策，体现"和而不同"及其尊重各民族文化平等的价值追求，夯实中华民族共同体思想基础，实现民族性与世界性的内在统一。

其次，在教学内容设置上以中华民族多元一体教育理论为指导。世界文化多元性、多样性是客观存在的事实，它一方面表现为特定人群共同体内部文化的多样性，另一方面反映出整个人类文化的多样性。② 中华民族多元一体教育理论也是基于这种客观事实的认识而提出的，它是多民族、多元文化共存的思想理念。因此，民族教育地方政策必然要反映多民族、多元文化共存的理念，这要求学校教育要正视文化多样性、恪守文化多样性的立场，在课程内容选择和设置上不仅要反映中华民族多元及多元文化，而且要反映世界多民族、多文化共存的格局。③ 为保护、传承、弘扬我国各民族优秀传统文化，吸收世界各民族优秀文化提供政策保障。

最后，在教育的过程中以中华民族多元一体教育理论为指导。教育的过程是落实教育政策的动态过程，是教学单位领导和任课教师执行政策和落实中华民族多元一体教育理论的过程，教学单位在绝大程度上决定了教育的实际效果。因此，不仅需要在课程政策、教师政策、学校管理政策中落实和坚持中华民族多元一体教育理论的思想理念，而且还需要地方政府设计相应的保障政策措施，鼓励和支持民族地区的学校自觉维护本地区人群共同体内部文化的多样性和倡导世界文化多元、多样性，这样能够开展中华民族多元一体教育课程教学活动，积极创建一个培育文化多样性和接

---

① 哈经雄，滕星. 民族教育学通论［M］. 北京：教育科学出版社，2001：577-578.
② 吴兴帜. 论文化多样性与行为主体多样性的和谐共生［J］. 云南社会科学，2015（3）：185.
③ 王鉴. 民族教育学［M］. 兰州：甘肃教育出版社，2002：270.

纳文化差异性的学习环境和氛围，让师生获得尊重差异、包容多样的价值理念。

二、优化民族教育地方政策生成过程的基本原则

民族教育地方政策生成的基本原则是贯穿民族教育地方政策生成过程每一个阶段和环节的根本行动准则和基本立场。根据我国国情和各地区民族教育发展的实际，本研究认为，民族教育地方政策生成过程应坚持以下四条基本原则。

（一）方向性原则

遵循方向性原则是民族教育地方政策生成过程的基本原则之一，即要保证民族教育地方政策生成过程在政治方向上的正确性，将方向性原则贯彻到民族教育地方政策生成过程的具体步骤和各个环节当中，把政治方向放在首位，反映国家教育的性质、方向、目的和任务。我国是社会主义国家，社会主义的性质决定民族教育地方政策生成过程必须要坚持社会主义方向，如果民族教育地方政策生成过程的具体活动行为偏离了社会主义方向，社会主义方向受到了动摇，学校教育所培养的人才就不可能为社会主义建设服务，民族教育也就失去了政治保障。因此，在民族教育地方政策生成过程的具体活动中，要坚持党的领导，全面贯彻党的教育方针政策，维护国家统一和各民族团结，确保和促进社会的政治稳定。①

（二）因地制宜原则

马克思曾说："权力永远不能超出社会的经济结构以及由经济结构所制约的社会的文化的发展。""君主们在任何时候都不得不服从经济条件，并且从来不能向经济条件发号施令。无论是政治的立法还是市民的立法，都只是表明和记载经济关系的要求而已。"马克思运用唯物主义原理，阐

---

① 陈立鹏. 中国少数民族教育立法新论［M］. 北京：中央民族大学出版社，2007：59.

明法的实质、法与客观实际的关系，揭示了因地制宜原则在立法中的必然性。从中可见，因地制宜是指要根据特定地区的环境、经济、历史文化条件、特定的情形或特定的问题而采取有针对性的政策措施和办法解决问题，它是灵活解决问题和实事求是的体现，尤其强调政策与法律法规要适应一定的经济条件。从政策的角度来说，国家有国家的政策、地方有地方的政策，民族教育政策大部分是普遍性民族教育政策，在全国各地都具有普遍适用性。但由于我国幅员辽阔，不同地区之间的差异性特征十分明显，民族与民族之间，还存在很大的差别，每个地方都有各自的特殊问题，因此要有普遍性教育政策和差异性教育政策的区分。① 各地方要坚持因地制宜的原则，立足于本地区的实际情况，特别要认识到民族文化的特点和优势，制定一些符合地方社会、经济发展需求，体现地方民族民间文化特色的教育政策。② 当然，因地制宜肯定是民族教育政策制定这一环节所应坚持的原则，在民族教育地方政策内容方面体现因地制宜，为实施多样性、差异性的教育政策提供文本准备，此外，在民族教育地方政策生成过程的每一个环节中，民族教育地方政策主体都需要坚持因地制宜这一原则，结合本地区地理、历史文化、社会经济发展的现状，体现"地方味""民族色"，保证民族教育地方政策生成过程的具体活动能够更好地适应本地区民族教育的实际情况，做到拾遗补阙、唯我独有，以弥补国家整体性的民族教育政策的不足。

（三）发展性原则

"发展"一词是近几个世纪以来翻译自西方的名字，是一个充满价值的概念。③ 在不同的历史时期人们对"发展"亦有不同的理解，当今社会对于"发展"的理解是表示现在和过去相比较具有"进步""文明""现

① 金东海. 少数民族教育政策研究 [M]. 兰州：甘肃教育出版社，2002：97-100.
② 苏德. 民族教育政策：行动反思与理论分析 [M]. 北京：教育科学出版社，2013：233.
③ 罗慧艳. 教育与社会发展——中国贵州省一个个案研究 [M]. 北京：民族出版社，2009：23.

代化"的意义，并且可以根据人们所建立的各种指标衡量"发展"的内容、程度、速度和质量，显然"发展"已经成为判断社会进步与否的一项重要标准和人们进行实践活动所追求的基本目的，发展所包含的内容呈现出综合性的特点。民族教育地方政策作为实现本地区民族教育发展的一种有效手段，应坚持以发展作为民族教育地方政策生成过程的一项原则，以发展为目的，它既包括教育事业本身的发展，也包括其他领域的发展，还包括受教育者个体身心的健康发展和有助于他们未来事业的发展。

（四）民族平等原则

民族平等是马克思主义民族理论的基本观点，是中国共产党解决国内民族问题的根本原则。在不同的历史时期，中国共产党基于中国实际，创造性地运用马克思主义民族理论，始终坚持以民族平等原则解决中国民族问题，所以民族平等的主张持续地体现在中国共产党的党章、纲领、党代会的政治报告和党的文件中。我国民族教育政策与民族政策有交叉重叠处，所以必然坚持和遵循马克思主义民族平等原则。例如，2015 年《国务院关于加快发展民族教育的决定》把加快推进民族地区基本公共教育服务均等化纳入民族教育发展目标，指出到 2020 年民族地区教育整体发展水平及主要指标接近或达到全国平均水平，逐步实现基本公共教育服务均等化。要实现均等化目标，不仅要继续缩小西部民族地区和全国平均水平的差距，也要缩小西部民族地区之间及区域内城乡之间、各民族之间、同一民族性别之间的差距。从《国务院关于加快发展民族教育的决定》（2015年）对发展民族地区教育的要求来看，这是马克思主义民族平等原则在民族教育领域的具体体现，反映出我国民族教育政策不仅要以最终消除教育发展水平差距这一事实平等为目标，而且还追求在形式上的平等、群体平等和兼顾个体的平等。当然，透过《国务院关于加快发展民族教育的决定》（2015 年）也不难看出，当前我国各民族地区之间、区域内城乡之间、各民族群体之间、同一民族之间的发展存在着较大的不平衡性，处于不同区域、不同自然环境下的民族群体、民族个体，在教育上还面临着不平衡的问题，离理想的民族平等还有相当大的距离，这些还需要中央和地方政府制定更有针对性的政策加以解决。所以，民族教育地方政策生成过程必须充分体现民族平等的原则，地方政府要从教育经费、师资培训等多方面给予民族教育大力支持，实现本地区民族教育发展水平的整体提升，缩小民族教育发展水平的差距，维护少数民族平等受教育的权利，尊重民族文化的差异性，解决共同繁荣发展过程中民族文化多样性的存续问题，以及各民族共同发展繁荣的问题，增进各族师生国家认同，维护民族团结和社会稳定。

第二节　优化民族教育地方政策生成过程价值取向

民族教育地方政策生成过程的价值取向并非一成不变的，它会受到时代发展和社会现实问题的影响而进行调整。十八大以来，中国特色社会主义进入新时代，因此整个社会事业的发展有了新的突出任务、新的特点、新的要求，这当中实际上既有社会的一些事实状态的变化，体现了社会发展的诸多新的价值理念。因此，本研究从各民族地区积极主动地推动本行政区域内教育事业发展的目的出发，对如何完善民族教育地方政策生成过程的价值取向的基本问题进行探讨，使新制定和实施的民族教育地方政策体现新时代的特征、符合主流价值要求。[①]

一、优化民族教育地方政策生成过程价值取向的必然性

形成明确而又合理的政策价值取向是政策制定和政策实施的基本追求和良好的开端，这有利于推动民族教育事业的发展和产生良好的社会效应。而要想形成明确而又合理的政策价值取向首先应该体现社会发展的现实性，即对社会有基本的事实判断和价值判断。党的十八大以来，中国特

---

① 陈孝凯. 新时代优化民族教育地方政策价值取向的探讨［J］. 民族高等教育研究，2020（2）：6.

色社会主义进入新时代，因此我国各领域事业的发展已经发生了明显变化，也必然还会发生诸多变化。而正如专家所言："教育政策是教育领域的政治措施，它蕴含着政府对教育鼓励做什么或禁止做什么的价值选择。"① 因此，我们党和国家这样的发展变化对整个民族教育政策体系同样起到主导作用，决定着民族教育地方政策生成过程价值取向的变化，可见优化民族教育地方政策生成过程价值取向有其时代的必然性。②

（一）培养时代新人的现实需要

新时代以来，我们党和国家领导人高度重视教育问题。党和国家领导人不仅从治国理政的需要和建设社会主义强国的需要来论述和强调教育的重要性和重要地位，也从党和国家事业发展全局的战略角度对"培养什么人、怎样培养人、为谁培养人"进行阐述，为培养社会主义建设者和接班人赋予新时代的内涵，为各级各类学校的教育教学活动指明方向，体现了整个国家教育的时代发展与变化。

1. 要培养能够担当民族复兴大任的时代新人

马克思主义认为培养什么人并不是一个静止不变的问题，而是发展过程中的现实的和具体的问题，我们的教育培养什么人是有其具体的时代要求的，总而言之，培养的人要能够完成时代使命和推动时代发展。进入新时代以来，习近平总书记多次强调了要"培养担当民族复兴大任的时代新人"这一重要思想观点。在 2017 年党的十九大报告中他明确提出了"培养担当民族复兴大任的时代新人"；在 2018 年全国宣传思想工作会议上，他深刻阐述了"育新人"这一使命，强调了培养担当民族复兴大任的时代新人是重要的职责；在 2019 年学校思想政治理论课教师座谈会上，他再次强调了要努力培养担当民族复兴大任的时代新人，深刻地阐述和回答了党在新时代"培养什么样的人、如何培养人、为谁培养人"等根本问题，为

① 刘复兴. 教育政策的价值分析［M］. 北京：教育科学出版社，2003：45.
② 陈孝凯. 新时代优化民族教育地方政策价值取向的探讨［J］. 民族高等教育研究，2020（2）：7.

学校培养人才指明了方向。事实上，每一个时代有每一个时代的主题，每一代人都要有使命担当，而当代青年就应以实现中华民族伟大复兴为己任，这也成了新时代育新人的迫切的要求。因此，民族教育地方政策生成过程的价值取向应根据这一时代要求而有所调整，使其价值内容体现新时代的新使命，要培养出能够担当民族复兴大任的各级各类人才。①

2. 要培养助力于铸牢中华民族共同体意识的时代新人

我国是统一的多民族国家，民族工作事关民族团结、社会繁荣稳定和国家长治久安。因此，我们党和国家历届领导人都十分重视民族工作，并致力于凝聚中华民族力量和构建各民族共有的精神家园，从而推动社会主义事业持续健康的发展，如毛泽东、邓小平、江泽民、胡锦涛等党和国家领导人都曾对民族工作中的民族团结问题进行过论述。党的十八大以来，以习近平同志为核心的党中央高度重视民族工作，提出了"铸牢中华民族共同体意识"的重大命题，并围绕这一民族工作命题进行了系列重要的论述。2014 年习近平总书记在第二次中央新疆工作座谈会上正式提出了"中华民族共同体意识"这一概念和时代命题。在 2014 年的中央民族工作会议上，习近平总书记首次从"命运共同体"的维度阐释中华民族，他指出："中华民族是一个命运共同体，一荣俱荣，一损俱损。"② 并提出"积极培养中华民族共同体意识"，这是党和国家在全国民族工作会议中明确使用"培养中华民族共同体意识"这一概念。2017 年党的十九大报告提出要"深化民族团结进步教育，铸牢中华民族共同体意识……"同年将其写入了修改的《党章》之中。③ 在 2019 年全国民族团结进步表彰大会上，他进一步提出："实现中华民族伟大复兴的中国梦，就要以铸牢中华民族共同体意识为主线……"2019 年国家印发了《关于全面深入持久开展民族团

---

① 陈孝凯. 新时代优化民族教育地方政策价值取向的探讨 [J]. 民族高等教育研究，2020（02）：7-8.

② 焦敏. 高校民族团结教育应加强"中华民族命运共同体"认同意识教育 [J]. 民族教育研究. 2017（05）：12.

③ 王延中. 铸牢中华民族共同体意识 建设中华民族共同体 [J]. 民族研究，2018（1）：4.

结进步创建工作铸牢中华民族共同体意识的意见》，这强化了中华民族共同体意识与学校教育之间的关系，进一步凸显学校实施民族团结教育的重要作用。由此可见，"铸牢中华民族共同体意识"在党和国家领导人的话语表述和党和国家正式文件当中都已经十分明确。它的明确提出不但顺应了我国民族工作的时代发展，符合民族工作应遵循的一般规律，而且也反映出要建成一个更加强大而又具有更强的凝聚力、向心力的中华民族共同体，这当然成了民族教育工作的一项时代任务。因此民族教育地方政策生成过程的价值取向应体现铸牢中华民族共同体意识的价值理念和理想追求，助力于培养出有助于铸牢中华民族共同体意识的时代新人。①

（二）教育利益主体多元化与教育需求多样化的客观要求

正如马克思所论述的："'思想'一旦离开'利益'，就一定会使自己出丑。"② 某项政策若抽离了主体"利益"的价值观念或价值取向一定是空洞的，这样的政策也不可能存在于世，而且"利益冲突是人类社会一切冲突的最终根源，而利益协调则是人类社会和谐发展的基础"。③ 随着我国市场经济的逐步建立，原来建立在计划经济基础上的整体性的利益结构，因受到利益多元化和相应政策变化的影响而逐渐崩解，而且不同利益主体意识不断增强，他们希望拥有更多表达利益诉求的渠道和实现愿望的机会。实际上，教育利益主体多元化与教育需求多样化是我国社会主义社会发展变化的结果，也是伴随着社会改革尤其是教育管理体制改革发展必然出现的历史发展阶段现象，应该说改革开放以来教育利益主体多元化与教育需求多样化已日趋明显，至今是社会的一个客观事实。这一发展变化必然对民族教育产生影响。

① 陈孝凯. 新时代优化民族教育地方政策价值取向的探讨［J］. 民族高等教育研究，2020（02）：8.
② 马克思恩格斯选集（第2卷）［M］. 北京：人民出版社，1995：103.
③ 张玉堂. 利益论——关于利益冲突与协调问题的研究［M］. 武汉：武汉大学出版社，2001：1.

1. 教育利益主体多元化

我国在不断发展社会主义市场经济的过程中使原来建立在计划经济基础上的整体性利益结构逐渐产生变动，不同利益主体在增多，不同利益主体的自我意识也在不断增长，而且他们希望拥有更多表达利益诉求的渠道和实现愿望的机会。当然，伴随着社会发展的转型和我国教育体制改革，民族教育地方政策实践过程中已经存在不同的利益主体，他们有着不同的利益诉求和愿望表达，当前我们可以把民族教育地方政策中的这些主体的利益需要大致划分为国家利益需要、社会利益需要、地方政府利益需要、学校利益需要和受教育者利益需要等，它们都是利益格局中的一部分，其中国家利益需要处于利益格局的中心地位，当然其他各种合理正当的利益需要应该得到尊重和保障。但是我们目前没有较好地在理论上探讨民族教育利益主体需要的基本问题，所以还难以明确各主体核心利益需要。因此，面对教育利益主体多元化的现实，应明确各利益主体的教育利益需求，民族教育地方政策应以充分保障各利益主体的合理利益需要为价值取向，调节各个教育利益主体对利益需要之间的关系。

2. 教育需求多样化

教育需求多样化一方面是因为教育利益主体多元化而出现，不同的主体有不同的教育需求；另一方面是主体内在需求出现了多样化，表现在对教育的需求也出现了多样化，这是主体在发展中外在需求和期待不断提高与主体自我发展期待提高所导致的，这应该是社会发展进步的表现。党的十九大报告中对我国社会主要矛盾转化做出了重要判断和论述，当然我国社会发展的主要矛盾的转化在教育领域也同样得以体现。例如，从受教育者对教育需求的角度分析，总体上来看，孩子"有学上"基本实现，但人们对"上好学"却又有了强烈的期待。① 也就是说过去我们在努力解决"有学上"的矛盾和问题，现在我们致力于解决让所有受教育者"上好学"的矛盾和问题，其中的"好"就不仅是满足不同地区人们对优质教育资源

---

① 范国睿. 教育制度变革的当下史：1978—2018——基于国家视野的教育政策与法律文本分析 [J]. 华东师范大学学报（教育科学版），2018（5）：13.

的需求和多样化的教育需求，而且还应满足同一地区同一受教育者多样化、可选择、能终身学习等方面的教育需求，这是新时代教育改革发展要解决的难题和动力所在，我国教育也会因此而发生重大变化。因此，民族教育地方政策应该体现这方面的价值选择，反映时代的发展变化和体现人们对教育需求多样化的回应。

（三）谐调政策"应然"与"实然"价值取向相脱离的现状

从最一般意义上讲，民族教育地方政策生成过程的价值取向，反映不同政策主体在教育领域利益的期待，表达不同主体的主观愿望和意向。在过去很长一段历史时期，我国的教育政策受到国家政治体制政策影响而突出强调国家的教育利益，以国家利益最大化为政策的价值取向，使受教育者及其他主体的教育利益与国家教育利益趋于完全一致和一体化。当然，强调以国家利益为价值取向是必需的，从国家这一主体存在的历史必然性来说，任何国家都不可能允许超越国家利益之上的利益诉求存在，国家的教育必然要自觉服务于国家利益需要，但在国家主义盛行的价值取向下，民族教育政策也曾出现过基本完全是以满足国家利益需要为价值取向的历史现象，民族教育政策表现出非常突出的政治色彩，在国家强势的整体力量作用下，受教育者或其他利益主体的利益诉求似乎成了政治忌讳，其他利益主体追求"利益"成为"恶"的代名词，因而国家利益需要基本抑制和遮蔽了其他主体的合理利益需要。但正如前面内容提到的，随着国家政治体制改革和民族教育管理体制改革，受教育者、地方政府、教学单位等不同主体的利益需要被日益凸显出来，一改以往的局面，呈现出了利益主体分化，利益主体多元化的社会格局。而且随着政策实践发展，在一些地方又导致了另外一面的问题逐渐浮现，并呈现出愈演愈烈之势，以至于当前已经出现如公共选择理论提到的论断，"在市场经济中，一个有理性的'经济人'必定是一个效用最大化的追求者"。① 通过前面对案例政策的研

---

① 胡宁生. 现代公共政策研究［M］. 北京：中国社会科学出版社，2000：178.

究分析，不难发现类似这样的理性"经济人"的现象和问题的存在，不同地区及不同利益主体从自身的利益需要角度出发，以自身教育利益需要为最高和最终的价值取向，因此表现出理智不足而情感有余，理想较少而功利偏多的"精致利己主义者"。如果任由各利益主体以自身价值取向最大化持续下去，有可能还会撕裂国家整体的教育利益，有损社会的利益，最终必然会导致个人利益不可保障。事实上，民族教育地方政策生成过程若单纯以国家、社会、单位部门或个体的利益需要为本位的价值取向，这都不是"应然"的教育政策价值取向，不是理想的民族教育政策活动过程。针对现实中民族教育地方政策生成过程中"实然"的价值取向与"应然"的价值取向相脱离的一些现实状况，研究者需要"超然物外"，成为独立于任何一个利益立场的旁观者，持中肯的态度，运用教育价值理论进行适当的引导，促进各个利益主体调整在民族教育地方政策生成过程中的价值取向，使各主体实际追求的教育利益多一点理智成分，多一些理想色彩。

二、优化民族教育地方政策生成过程价值取向的理论基础

要优化民族教育地方政策生成过程价值取向，必然需要解构过去教育价值取向的不合理因素，审视过去和当前在教育领域中有关不同利益主体的需要问题，运用理论分析不同主体的利益关系，表达不同利益主体的需要，融入新的价值取向，重构和明确教育价值取向，在民族教育地方政策生成过程的价值取向上体现满足不同利益主体的合理需求。本研究认为运用马克思主义利益理论和利益平衡理论，科学分析不同利益主体的合理需要，才能科学重构民族教育地方政策生成过程价值取向，使政策结果尽可能多地满足不同利益主体的合理需要。①

---

① 从现实的角度来说，面对同样的价值关系，由于不同的政策价值主体具有不同的需要和利益追求，他们之间价值选择的冲突是必然的。对这种现象美国学者肯尼斯·阿罗（K. J. Arrow）提出了一个"不可能性定理"，认为在进行集体选择或社会选择时，即使一个非常理性的社会，它的价值选择的方法也不可能同时完全满足所有社会成员的各种不同的需要和利益。参见刘复兴. 教育政策的价值分析［M］. 北京：教育科学出版社，2003：111.

（一）坚持马克思主义利益论

利益是人类的一般性概念，无论是诸如古希腊柏拉图的《理想国》、亚里士多德的《政治学》等经典文献，还是在中国先秦时期的《周易》《论语》《孟子》等典籍都使用过"利益"这一概念和对"利"的有关描述。① 但对利益最为全面而权威的论述是马克思主义经典作家，尤其是在我国民主革命和社会主义建设实践过程中，马克思主义利益理论中国化的观点更具有现实意义。马克思主义理论创始人认为，人的利益需要是人类社会存在和发展的第一个前提，物质利益需要居于基础地位，决定着主体对其他利益的追求。例如，1842 年马克思在《第六届莱茵省议会的辩论》一文中指出："人们奋斗所争取的一切，都同他们的利益有关。"② 在新民主主义革命时期，毛泽东在《中国社会各阶级的分析》一文中，全面地分析了中国社会的结构，制定实施了正确的政策，取得了革命的胜利。改革开放之后，以邓小平为首的党中央继承和发展了马克思主义创始人的利益思想，跳出了马克思、恩格斯所处的西欧社会具体历史背景，辩证地看待有关无产阶级与资产阶级利益对峙的宏观社会结构的二元对立分析方法，③结合中国现实中丰富多样的社会利益结构，将人民群众的根本利益需要作为社会主义现代化建设的出发点和归宿。通过简要归纳马克思主义利益理论，发现其主要包含这两方面的思想，对民族教育地方政策生成过程价值

---

① 谭培文. 马克思主义利益观研究 ［M］. 桂林：广西师范大学出版社，2000：172.

② 马克思恩格斯全集（第 1 卷）［M］. 北京：人民出版社，1995：187.

③ 马克思、恩格斯在《共产党宣言》中写道："随着这种原始公社解体，社会开始分裂为各个独特的、终于彼此对立的阶级。"恩格斯在《英国工人阶级状况》一书中这样指出，在英国由于大机器生产，它把居民的一切差别化为工人和资本家的对立。这就是说，社会结构非常简单：工人和资本家两个阶级，非此即彼。列宁对阶级的概念做了进一步完整的阐述，他写道："所谓阶级，就是这样一些大的集团，这些集团在历史上一定的生产体系中所处的地位不同，对生产资料的关系（这种关系大部分是在法律上明文规定了的）不同，在社会劳动组织中作用不同，因而自己所支配的那份社会财富的方式和多寡也不同。"因此，列宁的观点对分析我国现阶段的社会结构中的各利益群体有重要意义。

取向的分析具有重要的现实意义，一是物质利益与精神利益辩证统一的思想观点；二是保障社会共同利益与尊重不同利益主体利益需要的辩证统一。

1. 物质利益与精神利益的辩证统一

纵观人类的发展史，无时无刻不围绕着谋取利益、实现利益而展开活动，不同利益主体总是因为物质利益或精神利益的需要而产生合作或冲突。在我国的革命实践和社会主义建设过程中，虽然对不同利益主体利益的合理性需要曾出现过偏颇的判断，但总体上中国共产党人能够从历史教训的总结中创造性地把马克思主义利益观的理论与中国实际相结合，发展和深化了马克思主义的利益观，形成了物质利益与精神利益辩证统一的观点。自改革开放以来，邓小平逐渐否定了在一段历史时期人们追求物质利益被斥为剥削阶级思想的做法，提出："不讲多劳多得，不重视物质利益，对少数先进分子可以，对广大群众不行，一段时间可以，长期不行。革命是在物质利益的基础上产生的，如果只讲牺牲精神，不讲物质利益，那就是唯心论。"① 而且他指出："对马克思主义的信仰，是中国革命胜利的一种精神动力。"② "光靠物质条件，我们的革命与建设都不可能胜利。"③ 为此，他一再强调要"两手抓，两手都要硬"，这也就明确了物质利益与精神利益应辩证统一。对于民族教育地方政策生成过程来说，也应以满足利益主体物质利益与精神利益需求作为追求，激发和调动利益主体的能动性、积极性、创造性。

2. 保障社会共同利益与尊重不同利益主体利益需要的辩证统一

人们可能对"利益"的理解有较大的分歧，但大多数人都认为，'利益'总是与主体相联系的。离开了追求利益的主体，空谈利益是不实际的。④ 在市场经济条件下，教育领域中的利益主体多元化、利益格局多样

① 邓小平文选（第2卷）[M]. 北京：人民出版社，1994：146.
② 邓小平文选（第3卷）[M]. 北京：人民出版社，1993：63.
③ 邓小平文选（第3卷）[M]. 北京：人民出版社，1993：144.
④ 陈庆云. 关于"利益政策学"的思考 [J]. 北京行政学院学报，2000（1）：11.

化、利益关系复杂化，各方面都期望在教育领域中追求和实现自身利益的最大化。所以，民族教育地方政策如何关照各利益主体的需要，成为一个不可回避的现实问题，关于如何解决这一问题，马克思主义理论创始人的观点和马克思主义理论继承者在社会改革实践中提出了具有指导意义的观点。一方面，从生产力的历史发展阶段来看，邓小平曾提出我国处于并将长期处于社会主义初级阶段，党和国家所代表的无产阶级的根本利益就是"利用自己的政治统治""尽可能快地增加生产力的总量"，这代表着全社会的共同利益。此外他还指出，在社会主义的制度下，个人的物质利益需要必须服从集体的利益需求，因此认为"我们提倡和实行这些原则，绝不是说可以不注意个人利益，不注意局部利益，而归根结底，个人利益和集体利益是统一的，局部利益和整体利益是统一的"。① 另一方面，从马克思主义理论创始人提出的人对物的依赖和人对人的依赖性来看都属于"需要"，马克思曾说："人不是抽象的蛰居于世界之外的存在物。人就是人的世界，就是国家、社会。"② 人不是孤立地存在的，人组成群体，组成社会，于是"利益"就有了个人利益、群体利益和社会利益等不同形态，每一个利益主体只有在一定的社会关系之中，通过借助社会共同体的形式才能获得自身所需的利益，实现自身的发展完善。所以，针对当前地方民族教育领域中的各利益主体为自身利益而采取非正常手段的行为，需要用马克思主义的"利益理论"来正本清源，在强调国家整体利益和共同利益的重要性的基本前提下，维护和实现其他利益主体的需要。

（二）利益平衡理论

"政策的实质在于通过那项政策不让一部分人享有某些东西，而允许另一部分人占有它们。"③ 因此，公共政策是政府对社会利益的权威性分

---

① 邓小平文选（第 2 卷）[M]. 北京：人民出版社，1994：175.
② 马克思恩格斯文集（第 1 卷）[M]. 北京：人民出版社，2009：3.
③ 戴维·伊斯顿. 政治体系——政治学状况研究 [M]. 马清槐，译. 北京：商务印书馆，1993：23.

配，公共政策是实现利益的基本手段之一。对于民族教育地方政策生成过程来说，应根据利益平衡理论调整其价值取向，协调和平衡各个利益主体的教育价值选择和利益诉求，使彼此冲突的价值选择和利益诉求得到最大限度的实现，并把其中的代价和摩擦降低到最小限度。[①] 利益平衡理论认为，要对教育政策活动中的特有的价值选择和利益诉求进行分类，对相互冲突的价值选择和利益诉求进行价值澄清和利益衡量，明确它们的轻重缓急、优先选择序列及其条件，并对不同价值选择和利益诉求进行判断、权衡和选择。所以依据利益平衡理论的观点，本研究认为应从当前不同的政策利益主体入手，具体分析和明确它们的合理利益诉求所包含的内容，从而以满足各利益主体的合理利益诉求作为政策的基本价值取向，这一分析过程，也就是重构民族教育地方政策生成价值取向的探索过程。

从以上分析内容可以更加清晰地看到，由于民族教育地方政策生成过程是地方政府主导下的政策活动，民族教育地方政策生成过程价值取向总是同政策主体集体的价值取向紧密联系在一起的，是民族教育地方政策主体，特别是政策官方主体价值观念的外化和投射。因此，首先它必然要体现出满足于国家利益的需要，以国家利益和社会整体利益为价值取向的核心，要求个体、地方或其他利益主体的利益和国家的根本利益保持一致，这是保证其他利益主体的利益需要最终得以满足的前提和基础。当然，随着利益结构的多元化发展，各个地方内部的各种利益需要也日益凸显出来，民族教育地方政策生成过程以调整本地区多种利益和满足于各个利益主体的需要也就成了必然的选择和不可回避的事实，这也就决定了民族教育地方政策生成过程要同时兼顾多种价值取向和价值选择。所以，一方面需要对原来的民族教育政策价值取向进行调整，走出过去只讲集体的、国家的许多美好的共同价值目标和价值理想，忽视不同利益主体的价值理想和追求的做法；另一方面，在民族教育地方政策生成过程的价值取向上要避免陷入狭小的功利主义圈子，保持普遍性和广泛性的价值取向。明确民

---

① 沈岿. 平衡论：一种行政法认知模式［M］. 北京：北京大学出版社，1999：231.

族教育地方政策生成过程价值取向，可以解构、消除不合理的价值取向，而确立合理的价值取向，协调不同教育政策利益主体的需要，减小利益冲突。

三、优化民族教育地方政策生成过程价值取向的新探索

解构和消除不合理的价值取向，积极引导和促进教育政策主体确立合理的价值取向具有重要意义。① 在新的时代，我们必须在坚定社会主义核心价值观的基础上，结合时代的发展需要和社会的一些现实问题对民族教育地方政策生成过程的价值取向进行优化，使我们的民族教育地方政策能够基于社会事实判断和价值判断，正确地回应这一新时代的发展需要，突出其时代性特征，更有利于解决时代问题。具体而言，就是要紧密围绕着培养时代新人、教育利益主体多元化与教育需求多样化的客观要求和调谐"应然"政策价值取向与"实然"状态相冲突的现实等方面对民族教育地方政策生成过程的价值取向进行优化，明确新时代民族教育地方政策生成过程的价值取向，使新制定和实施的民族教育地方政策实现合目的性与合规律性的统一。

（一）明确以培养时代新人为政策价值取向

正确的价值取向应该体现时代发展的现实性，"培养时代新人"的提出是时代发展的一个突出的现实性问题，它明确了在新时代我们党和国家要培养什么样的人的问题，对我们的教育产生了重要影响，在原有的育人目标和育人任务的基础上凸显出教育任务的时代性要求，指明了在这一发展阶段育人的总体目标追求和育人的总体标准问题。所以民族教育地方政策必须回应"培养时代新人"的党和国家要求，自觉地以培养时代新人为民族教育地方政策生成过程的价值取向，以引导和培育学生成为自觉担当民族复兴大任的时代新人和铸牢中华民族共同体意识的时代新人为政策

---

① 祁型雨. 教育政策价值取向的几个基本理论问题探讨［J］. 沈阳师范大学学报（社会科学版），2006（3）：10.

目标。

在民族教育地方政策制定过程中，要明确以培养担当民族复兴大任的时代新人和铸牢中华民族共同体意识的时代新人为政策的一项目标。所以，在民族教育地方政策制定过程中，政策主体应自觉地将其视为本地区民族教育政策问题，将其选取为本地区民族教育政策的重要内容，在政策内容方面确实积极回应中国特色社会主义进入新时代对培养时代新人的总体要求和正确反映时代新人的本质是什么，为本地区民族教育政策的执行提供科学合理的政策文本依据。

在民族教育地方政策的执行过程中，要自觉以培养担当民族复兴大任的时代新人和铸牢中华民族共同体意识的时代新人为追求目标。所以，政策执行者也应该自觉遵循时代的发展变化及其要求，尤其是处于学校教育中的教育工作者应自觉担当起新时代育新人的角色，认识到国家发展的时代变化和政策的调整变化，自觉执行政策，落实政策要求，促进受教育者在思想认识上和行动能力上体现出时代新人的特点和要求。一方面，要以能够引导受教育者成为具有强烈担当意识和适应社会能力的时代新人为其教育教学的追求；另一方面，要以能够引导受教育者认识和重视"铸牢中华民族共同体意识"的基本问题，增强大家的命运共同体意识，为实现中国梦贡献力量。①

（二）明确以不同主体不同的教育利益需求为政策价值取向

面对教育利益主体多元化和教育需求多样化的现实，必须坚持以社会主义核心价值观为引领，进一步明确不同主体不同的教育利益需求。具体而言，就是要明确以下几个方面的利益主体的基本利益诉求所包含的内容，从而以满足各利益主体的合理利益诉求为政策的基本价值取向。

1. 国家利益需要为价值取向

民族教育地方政策是地方政府用以解决本地区民族教育领域诸多问题

---

① 陈孝凯. 新时代优化民族教育地方政策价值取向的探讨 [J]. 民族高等教育研究，2020（2）：9-10.

的治理措施，是党和国家意志在地方的表达。所以，民族教育地方政策生成过程的价值取向与党和国家的民族政策、教育政策保持着一致，维护国家这一利益主体的基本利益需要。我们知道，国家作为一个现实的实体，其利益包含的内容是复杂而多样的，但从民族教育地方政策生成过程的价值取向的角度分析，实现和维护国家核心利益的追求主要表现在民族团结、国家统一和国家安全等方面，这与人民的根本利益需要是一致的。因此，民族教育地方政策生成过程的具体活动都应以巩固民族团结、维护国家统一为追求目标，同时还要体现国家安全需要，维护国家各种安全，尤其是与教育联系更加紧密的文化安全。

2. 社会利益需要为价值取向

教育政策活动的目标从来不是单一的，它实际上被赋予了较多的社会期待和价值负载，就是要通过在教育领域的改革和发展来解决其他社会问题。所以，民族教育地方政策必须还要以一定区域能够实现现代化的利益需要为价值取向，满足于一定区域内的政治文明、生态文明和经济发展等方面的利益需要，推进本区域实现整体的现代化。首先，在政治利益方面，民族教育地方政策要回应推进本地区政治文明建设的人才需求，培养出能够理性参与和正确利用信息技术和智能技术服务于本地区民主政治建设的各民族高素质青年学生；其次，在经济方面的利益，民族教育地方政策要回应一定区域经济发展对人才的需求，培养出能够为本地区经济建设服务的各类专业技术人才；再有，在文化利益方面，民族教育地方政策要回应区域文化建设这一利益需要，充分发挥教育的文化功能，促进地方文化繁荣发展。总之，民族教育地方政策生成过程应以社会利益需要为价值取向，特指该政策所辐射行政区域内的政治、经济、文化等方面在新时代建设中的需要，这是一个地区发展的客观需要，也是政府支持本地区民族教育发展的基本动力来源。

3. 地方政府利益需要为价值取向

地方政府是本行政区域内的公共管理主体，虽然强调其首要的职责就是要代表好、维护好、发展好本地区的公共利益，但也并不能因此就全然否定地方政府的合理利益需要。因此，民族教育地方政策及其其他与教育相关的公共政策都应该肯定和回应地方政府的合理利益诉求。例如，政府在民族教育地方政策生成过程的具体活动中有创新的举动，实现政策创新，尤其是民族教育行政部门通过努力实现政策目标之后，从而获得一定物质利益和精神利益的满足。

4. 学校利益需要为价值取向

学校是教育政策执行的最后一站，是教育政策不可或缺的一个主体，其合理的利益需要能否得到重视或满足将直接影响到政策目标能否实现。所以，民族教育地方政策应肯定学校利益需要，积极回应学校利益需求，主要满足于教学单位集体和教师群体的合理利益需要。首先，民族教育地方政策应关照教学单位集体利益需要，保障经费投入，使基础设施、师资队伍等方面的硬软件符合教育现代化、信息化、智能化的需要；其次，民族教育地方政策应关照教师群体利益需要，为本地区各级各类学校教师创造有利于教书育人的环境和条件，增强广大教师的职业成就感和职业获得感。

5. 受教育者利益需要为价值取向

教育政策的基本价值取向之一就是促进每个受教育者的完善发展，促使受教育者的现代化。党的十九大报告已经明确指出我国社会的主要矛盾发生了转化，事实上肯定了人们由"有学上"向"上好学"的高期待转化，因此，民族教育地方政策也应该重视具体每一个受教育者的利益诉求，强调民族教育地方政策要关注于受教育者本身的发展，在保证人们共同利益需要的基础上，满足个体个性化发展的选择性教育的需求和对现代化教育的期盼。[①] 因此，要帮助学生形成爱国、敬业、诚信、友善的品质，培养学生担当起社会主义建设者和接班人之基本能力，要真正关注学生的自由、全面发展，把受教育者的利益需要作为教育政策的价值追求之一，改变现实中假借维护受教育者利益之名而做违背受教育者利益之事的个别

---

① 范国睿. 教育制度变革的当下史：1978—2018——基于国家视野的教育政策与法律文本分析 [J]. 华东师范大学学报（教育科学版），2018（5）：13.

现象和问题，因此，民族教育地方政策应回应受教育者的利益需要。例如，满足于受教育者因地域文化、民族文化差异性而实施教育，并尽可能地满足受教育者接受教育所期盼获得的知识能力或职业技能的需要，为受教育者升学和未来职业发展做准备，从而增加他们的获得感。①

（三）以调谐"应然"与"实然"的冲突为政策价值取向

教育政策的一个重要目的就在于能够解决好实践发展中的更多问题。因此应调谐现实中出现和存在的"应然"政策价值取向与"实然"状态相冲突的现实问题，从而真正地满足各主体在教育领域中正当合理的利益需要，回应各主体教育利益的需要。虽然自改革开放以来，已经逐渐明确和肯定了不同主体的合理利益需要，包括民族教育地方政策生成过程中涉及的不同利益主体的合理利益需要在相当程度上也得到了保障，不同利益主体的主体性特征凸显，但这并非要强调不同利益主体之间的彼此完全分离。事实上，若仅仅以其中某一个利益主体的利益需要为价值取向，或者各个利益主体都各自从本位出发而不顾及其他利益主体的合理利益需要，这样的非理性的价值选择和行为势必使政策活动走向极端，滋生更多问题。因此，针对当前出现的"应然"政策价值取向与"实然"状态相冲突的现实问题，调节各个教育利益主体对利益需要之间的关系，扩大各利益主体交叉利益，形成以国家利益为核心的共识，实现兼顾满足其他不同利益主体的合理利益诉求，避免或减小不同教育利益主体之间的利益冲突，从而产生更多成果。

民族教育地方政策生成过程的价值取向在民族教育中处于核心地位。②民族教育地方政策生成过程的价值取向不仅关系到政策的科学性，也关系到政策的可行性，最终还会影响到一定区域民族教育的发展。当前我国民

---

① 陈孝凯. 新时代优化民族教育地方政策价值取向的探讨［J］. 民族高等教育研究，2020（2）：10-11.

② 袁梅，刘玉洁. 改革开放四十年我国民族教育政策价值取向的演进［J］. 西南民族大学学报（人文社会科学版），2019（4）：214.

族教育地方政策生成过程的价值取向必然要体现新时代党和国家对教育发展的基本价值理念和总体要求，反映这一历史发展阶段的重要任务和民族教育领域中的一些现实问题。因此，从各个地方积极主动地推动本行政区域内民族教育事业发展的角度而言，在新的时代里我们还应继续重视对民族教育地方政策生成过程的价值取向的问题探讨和研究，才能更好地结合新的时代发展变化的基本事实，与隐藏其后的价值理念相契合，使其体现新时代的特征、符合于社会主义核心价值观的要求，使不同地区制定和实施的民族教育政策更加有助于促进本地区民族教育事业的发展。

第三节　优化民族教育地方政策生成机制

针对当前民族教育地方政策生成过程所存在的困难和问题，以及消极政策结果产生的原因，本研究认为应完善民族教育地方政策生成机制，使民族教育地方政策生成动力系统产生更大合力，这是从具体实践操作的层面寻找解决所面临的困难与问题的路径和方法。民族教育地方政策生成机制是指民族教育地方政策生成的相关组织机构和规范制度的统一体，所以完善民族教育地方政策生成机制，主要是针对机构和规范制度两方面的不足而提出的优化策略。

一、优化民族教育地方政策生成的组织机构

政策咨询指导机构缺失、政策组织机构功能缺位或不能正常发挥其智力支撑功能是较为常见的现象，也是导致民族教育地方政策问题的直接原因之一。所以，首先应当优化民族教育地方政策生成组织机构，对民族教育地方政策生成过程的各个具体活动环节提供指导和建议，提高政策活动的科学化和规范化水平。

（一）优化民族教育地方政策决策机构

民族教育地方政策决策机构主要是指设置于地方政府或民族教育行政

部门内部的从事教育研究、民族教育研究的办事机构或组织，对领导决策和管理本区域民族教育问题提供参考建议，或者参与决策过程，负责修订和完善政策方案，它是政府内部智库，属于官方组织机构。从案例政策来看，优化民族教育地方政策决策机构具有重要的现实意义，为此可从以下两方面优化民族教育地方政策决策机构。

1. 建立政策决策咨询、信息搜集机构

应在县级以上的民族教育行政部门内部建立独立的政策决策咨询、信息搜集机构，安排专职研究职员，明确政策咨询研究和信息搜集的工作职责，在政策咨询研究和信息搜集组织机构的统一调度下开展政策咨询和信息搜集整理工作，减小出现专职工作人员被随意借调和指派从事其他临时工作任务的可能性，使其专门职能更好地发挥作用。

2. 规范政策决策咨询、信息搜集机构内部管理工作机制

建立教育行政部门内部的政策决策咨询、信息搜集机构职员学习、交流激励制度和纪律约束制度，提升政策咨询研究、信息搜集机构职员的政策科学研究和运用能力，增强自我管理和自我约束的纪律要求，促进各职员认真自觉履职。

（二）优化民族教育地方政策专业咨询机构

民族教育地方政策专业咨询机构是指独立于地方政府之外的专门从事教育政策研究的机构。一般来说，民族教育地方政策专业咨询机构主要是设置于高等院校、科学研究部门的半官方性质的政策研究机构或学术组织，它们更具有独立研究、忠于学术和客观事实的特性。但目前地方还缺乏教育政策专业咨询机构直接参与民族教育政策制定、执行和调整完善的信息反馈渠道，或者缺乏适用于本地区内的应用性民族教育政策研究成果。所以，当前优化民族教育地方政策专业咨询机构应从这两方面入手。

1. 优化民族教育地方政策专业咨询机构的内部环境

要稳固研究组织机构，强化机构自身组织建设，实现组织的高度程序化、制度化和规范化，设置研究理事会，负责日常事务工作，并广泛召集

研究成员，其组织既有固定的研究成员，也有兼职研究成员，设置长期性的民族教育政策研究专题和短期急需解决的民族教育政策研究专题，由民族教育地方政策专业咨询机构研究理事会不定期召集研究人员有针对性地开展政策理论和实践方面的研究，为民族教育地方政策的科学性和有效性贡献智慧。

2. 优化民族教育地方政策专业咨询机构的外部合作环境

建立民族教育地方政策专业咨询机构与民族教育地方政策决策机构合作工作机制，参与和承担民族教育地方政策决策机构的政策决策活动及其信息搜集工作，有序地把民族教育地方政策执行对象的利益诉求意见和建议整合起来，将政策执行情况反映给地方政府，为地方政府教育政策决策服务。

二、优化民族教育地方政策生成的监控机制

民族教育地方政策的监控机制是指监督控制民族教育地方政策生成过程，及其监测分析政策生成结果的制度性条件和实现方式。对其进行优化，也就是完善监督控制的制度和工作方式，发挥民族教育地方政策生成过程监督控制和结果监测分析的功能，减少民族教育地方政策生成过程出现违背政策活动规律的行为，科学分析政策生成结果，得出令人信服的结果分析结论，预防和改进政策活动中的偏差行为。

（一）完善民族教育地方政策生成过程的监督控制机制

民族教育地方政策制定过程、执行过程和调整完善过程都是人的活动行为过程，所以他们的活动行为是否按照规范的程序进行，是否恰当地投入和使用经费，都需要有效的监督控制。而且从案例政策来看，事实上地方民族教育生成过程仍然存在程序不规范等问题，与现有的监控存在很大关系。因此，应建立和完善对民族教育地方政策生成过程的监督控制保障制度，对政策活动进行有效的监督控制。

第一，完善多元主体参与监督控制的制度规范，扩大监控主体面，开

通多种监控渠道，保障政府之外的其他监控主体有序合理地发挥监督功能，改变现在由地方民族教育行政部门自我监督控制的局面。

　　第二，完善和规范监控主体开展监督控制活动的规范性制度，应经常性开展监督控制工作，主要由官方监控主体协同其他监控主体及时将监督控制情况进行整理，并随时向上级部门和领导汇报监控情况，杜绝各类不作为、乱作为及腐败行为。

（二）建立合理的民族教育地方政策生成结果监测分析机制

　　民族教育地方政策生成结果分析，是判断政策生成结果是否符合政策预期等的专业技术操作性活动，这是政策活动的重要内容和必然的要求，是了解政策文本体系是否科学和政策执行现实状况的基本途径。然而从案例政策来看，当前地方民族教育政策结果监测分析并没有受到重视，结果监测分析方法、手段和分析主体都相对较为单一。针对当前民族教育地方政策生成结果监测分析工作机制尚未健全的实际状况，需要建立合理的民族教育地方政策生成结果监测分析工作机制。

　　1. 从制度上规范和保障民族教育地方政策生成结果监测分析的方式

　　要改变由教学单位或民族教育地方行政部门向上级检查部门进行成果汇报取代消极结果分析的方式。民族教育地方政策生成结果分析不能停留于只讲成果、只讲困难，而不分析存在的由人为因素产生的问题，因此要从制度上规范和保障客观地对民族教育地方政策生成结果进行监测分析，支持和鼓励民族教育地方政策决策机构、民族教育地方政策专业咨询机构、社会组织及其教育研究者个体进行政策结果的监测分析。

　　2. 从制度上保障公开政策结果监测分析的结论

　　公开政策结果监测分析的过程和结果监测分析结论，可以以五年为一个期限，对五年内所形成的政策文本和政策执行状况进行监测分析，要求县级以上的各级地方民族教育行政部门向社会公开本地区民族教育政策生成结果的监测分析结论报告。

三、优化民族教育地方政策生成的制度保障体系

有研究者提出"政治制度对政治过程可进行规范"。① 而且"没有有效的制度约束，就会出现人人追求利益最大化，导致社会混乱"②。事实上，建立推动民族教育地方政策生成的制度保障体系，不仅有助于推动民族教育地方政策主体积极参与民族教育地方政策生成过程，也有助于地方政府管理者有效地规避创新风险，所以，完备的支持性政策体系是民族教育地方政策生成的具体优化路径。但是，目前民族教育地方政策生成过程距离民主、科学要求还有相当大的距离，以及政策消极结果的产生，除了缺乏政策专业咨询机构的辅助和有效的政策监控，实际上与民族教育地方政策生成的支持性政策体系尚未完善是紧密相关的。因此要优化民族教育地方政策生成的支持性政策体系，为民族教育地方政策生成动力系统的正常运行提供政策保障，避免动力系统内动力缺失和阻力产生，使动力系统形成更大合力。

（一）民族教育地方政策非官方主体参与政策活动的保障制度

"在资源稀缺的状况下，制度条件和制度约束对人的行为具有决定性的意义。"③ 所以应从优化制度着手，鼓励和规范民族教育地方政策非官方主体正常参与政策活动过程。

1. 优化民族教育地方政策非官方主体参与政策活动的激励制度

从优化民族教育地方政策非官方主体参与政策活动的激励制度来看，一方面应增加相应的经费投入，鼓励扩大公众参与政策活动人数所占比例，规定有一定比例或数量的公众，包括学生家长、教师和社会其他组织机构成员代表参与每一次重大的政策决策和具体的政策执行监督过程，不

---

① 詹姆斯. G. 马奇，约翰. P. 奥尔森. 重新发现制度：政治的组织基础［M］. 张伟，译. 上海：三联书店，2011：51.

② 丁煌. 政策执行阻滞机制及其防治对策［M］. 北京：人民出版社，2002：180.

③ 丁煌. 政策执行阻滞机制及其防治对策［M］. 北京：人民出版社，2002：84.

仅培育和增进基层公众参与政策活动的能力，而且及时了解政策活动过程中的问题和困难，有助于政策问题得到及时化解；另一方面，完善公众的教育利益诉求表达机制，可以通过完善民意调查制度，鼓励和支持运用新闻媒体和网络调查了解公众的教育利益诉求，保障官方与民间信息流通渠道畅通，从而有助于地方政府迅速了解和回应公众教育利益诉求，推动政策的更新。

2. 优化民族教育地方政策非官方主体参与政策活动的约束制度

从优化民族教育地方政策非官方主体参与政策活动的约束制度方面来分析，由于民族教育地方政策非官方主体目前还缺乏参与政策活动的相应程序规范意识及其必备的操作能力，因此，更需要有制度的规约和引导，保证民族教育地方政策生成中的具体每一个活动环节都有章可循，走向正规化和制度化，使他们在参与政策活动的实践过程中日趋成熟。具体而言，可以通过设置政策主体参与政策活动的程序制度和不同意见表达协商制度，从而避免不同的政策主体在参与政策活动过程中，因他们各自利益立场和观点不同而致使政策活动过程产生过多纷争甚至出现混乱。

（二）多部门、多机构协同创新的保障制度

由于民族教育地方政策生成过程本身涉及多个管理部门，因此，跨部门协作，多部门、多机构的联合工作已经成为民族教育政策活动的一大发展趋势。本研究认为，要从地方民族教育行政部门的改革做起，整合不同民族教育管理部门的机构，形成一个高效的协调合作工作机制，而且在县级以上民族教育行政部门就应建立起专门的多部门、多机构协同的政策活动工作组织机构，在制度层面要明确教育厅或各地教育局作为联络政策活动的责任主体，由联络责任主体负责召集相关成员共同研究和解决本区域内的民族教育政策问题。

（三）民族教育地方政策经验移植的保障制度

政策经验移植"指的是在一个时间或地点存在的政策、行政管理制度或机构设置被运用于另一个地方的过程"①。据此我们知道，民族教育地方政策经验移植，是指一个地区通过各种途径学习借鉴其他地区民族教育政策经验，并试图将其基本经验运用于解决本地区民族教育政策问题的过程。在不同地区互学互鉴，你追我赶之势不断加剧的时代，地方政策经验移植成为丰富、改善地方政府创新能力的重要途径。但是"移植的制度是外生的，必然遇到与本土环境以及内生既有制度'耦合'的问题。若此问题不能有效解决，移植的制度只会停留在各种法律文本上，无法成为'活的'制度"，② 难以发挥出政策的功能，甚至还会造成资源浪费，形成本地区教育发展的阻碍力量。所以，如何优化民族教育地方政策经验移植的保障制度也就成了一件十分重要和必要的事情。

1. 建立地方政府间的区域联合政策创新制度

就不同地区之间的工作联动制度建设而言，要建立地方政府间的区域联合政策创新制度，通过完善区域联合政策创新制度，为不同地方政府之间加强合作提供制度保障，使区域联合政策创新常态化和规范化，有效促进不同地区的民族教育政策经验移植。

2. 建立本地区内部自主政策学习的鼓励制度

就某一个地区内部的政策学习制度建设而言，建立本地区内部自主政策学习的鼓励制度，通过内部培训、网络学习或参与其他政策专业咨询机构的培训学习，了解其他地区民族教育政策制定、执行、调整完善过程的基本经验或教训。例如，关注民族教育政策活动过程中的组织与领导、管理服务机构设置、财政资源投入、工作人员配备、信息渠道畅通等关键信息以及其他实施方法，从而培养高素质的政策专业队伍，努力提升地方政府的民族教育政策创新能力。

---

① David P Dolowitz, David Marsh. Who Learns What from Whom: A Review-of the Plolicy Transfer Literature [M]. Political Sdudies, 1996: 344.
② 杨雪冬. 制度移植与本土实践: 以立法听证为个案的研究 [J]. 华中师范大学学报（人文社会科学版），2005（6）：37-45.

3. 建立鼓励和支持新政策经验移入的环境条件保障制度

"判断政策转移成功与否的标准，主要看政策供给是否得到优化，政策转移主体的合法性是否在增强"①。其他地区的民族教育政策经验能否被另一个地方成功地转移，不仅要得到被转移地区上级政府的认可与支持，而且还受到政策目标群体的认知状况、思维定式等因素的影响。因此，从一个地区的内部制度建设而言，不仅要在经费投入保障制度方面做好安排，而且要重视宣传解释保障制度的设计与安排，始终要鼓励和支持新政策经验妥当移入，形成开放的和易于接受外来政策经验的文化氛围。

（四）民族教育地方政策官方主体主导创新的保障制度

民族教育地方政策生成过程的任何一个活动环节都是本地区民族教育行政部门组织下的政策活动，民族教育地方政策生成过程所包含的具体活动自始至终都可以体现出民族教育行政部门的组织创新。但是在案例调查中，发现有的地方出现了功利化倾向，这抑制了政策活动创新的产生。针对当前一些地区出现诸如此类的情形，需要建立激励制度与规范制度，规范民族教育地方政策创新活动。

1. 建立基层开展民族教育政策实验的保障制度

可以在省级教育行政部门设置民族教育地方政策创新奖，每隔五年评选一次民族教育地方政策创新奖，对在政策实验实践中做出成绩的给予奖励，以此调动各级地方政府组织民族教育政策创新活动的积极性，开启带动基层民族教育政策实验的大门，探索适合促进本地区民族教育发展的新政策，建立民族教育地方政策创新数据库，积累具有推广价值的政策实践经验。

2. 建立民族教育地方政策创新失败宽容机制

建立民族教育地方政策创新失败宽容机制，打消因政策实验失败而带来过多风险的顾虑，调动地方政策创新的积极性。因此，在制度上进行科

---

① 向玉琼. 中国转型期地方政府政策移植研究 [M]. 北京：中国社会科学出版社，2012：16.

学合理的设计，一是规定在什么原因下容许政策创新失败；二是规定在多大的规模范围内容许失败。只要民族教育地方政策创新导致的破坏作用不超过规定的影响规模，就应得到宽容；当然，对超出了限定范围或影响规模的情形就应做出惩罚。如此，既可以防止以民族教育地方政策创新为名而乱作为，避免想当然、不负责任的行为，又能够调动民族教育地方政策创新的积极性，增强地方发展本地区民族教育的动力。

3. 建立民族教育地方政策行政部门组织政策创新的规范制度

在中央放权改革背景下，给地方政府分权划底线，为创新设边界，那么地方政府的创新潜力就可以大大发挥。① 而且，现在中央关于简政放权也明确提出了"要放管结合"，所以放权并不等于一放不管。对于民族教育地方政策生成而言，其发生的逻辑起点是中央放权和法律规定，其形成和持续的过程是一定区域民族教育治理变革的需要，是在地方政府基于地方职能和管理现实而组织领导的政策创新活动，并试图在法律框架内甚至突破某些限制来寻求民族教育地方政策创新，以解决民族教育管理危机和教育发展中存在的困难和问题。所以，当然要有一个边界问题，即规范制度建设，以规避民族教育地方政策生成出现方向的偏离。

（五）民族教育地方政策主体素质提升的保障制度

民族教育地方政策主体素质是指民族教育地方政策主体在政策活动中通过组织或参与资源整合、资源优化配置、协调合作、新技术成果应用等，从而推进民族教育地方政策问题解决、达到民族教育地方政策预期目标，实现本地区民族教育发展所表现出的能力和品质。民族教育地方政策生成过程是由政策主体来完成的，所以民族教育地方政策主体的素质高低与政策组织机构能否有效运转，及其能否有效实现政策活动监控、跨区域多部门协同治理、政策经验转化、政策自主创新等密切相关。但是，从民族教育地方政策主体的政策活动能力来看，当前无论民族教育地方政策官

---

① 蓝志勇. 给分权划底线，为创新设边界——地方政府创新的法律环境探讨 [J]. 浙江大学学报（人文社会科学版），2007（6）.

方主体，还是非官方的其他民族教育地方政策主体的素质都是有待提高的，主要还是依赖于民族教育地方政策官方主体的经验展开政策活动，相对缺乏民族教育政策科学理论和规范操作的方法，而且在政策活动中从本位利益角度出发的功利化频频出现。因此，要增强提升民族教育地方政策活动能力的重要性认识，进一步优化有利于能力提升的工作机制，从制度上保障民族教育地方政策主体的政策活动能力的提升，而且应作为今后的一项重要工作来狠抓落实。

1. 优化民族教育地方政策主体能力提升的领导制度和工作机制

各级民族教育地方行政部门要组织领导政策人才队伍建设和管理，具体由教育厅和各级地方教育局负责统一领导本地区教育政策研究人才队伍建设，建立民族教育地方政策研究团队，使民族教育地方政策主体，尤其是政策官方主体在资源整合、资源优化配置、协调合作、新技术成果应用和政策科学专业能力等方面能力的提升。

2. 优化民族教育地方政策主体能力提升的考核制度

对民族教育地方行政部门组织政策活动创新、组织政策主体参加政策学习培训、组织政策研究人员进行政策理论研究、组织教育政策问题调查组开展调查研究、解决现实教育政策问题等方面的具体事项进行考核。而且要加强对地方民族教育行政部门领导的选拔任命考核和政策决策活动过程考核，既考虑地方民族教育行政部门领导人选个人素质的共性要求，同时还要考虑教育行政部门专业性、特殊性能力的要求，对于不符合考核要求的，应提出整改建议，对整改不力的部门和领导应要求其承担相应责任。

本章小结

民族教育地方政策生成的优化策略是对理想型的民族教育地方政策的追求，也是克服和解决当前民族教育地方政策生成存在的困难与问题的应对策略，其根本目的在于使民族教育地方政策活动趋于完善，产生更多积极结果。

民族教育地方政策生成包含着地方政府自动、自觉地组织开展的系列活动，是地方政府在一定区域内行使国家的教育管理权和决策权，是国家意志的地方表达。从根本上来讲，民族教育地方政策与国家的民族教育政策要保持一致性，因而，为防止民族教育地方政策生成过程的具体活动行为偏离国家意愿或教育者、受教育者意愿的情形，出现违背民族教育发展的基本理念和政策科学基本规律的现象，针对现实中民族教育地方政策生成所存在的问题，必须要明确对民族教育地方政策生成具有普遍性意义的指导思想、基本原则和价值取向，并进一步优化民族教育地方政策生成机制，克服民族教育地方政策生成所存在的问题和困难。总之，要从理论和实践这两个层面对未来民族教育地方政策生成进行引导。

在理论层面的研究中，首先应优化民族教育地方政策生成过程的指导思想和基本原则，坚持以中国特色政治制度理论所蕴含的最基本和最能体现中国政治制度特点的价值理念和观点作为民族教育地方政策的指导思想，尤其要坚持用习近平新时代中国特色社会主义思想中坚持和发展中国特色政治制度理论的基本内容和价值理念指导民族教育地方政策生成的具体活动过程。坚持以公共政策科学理论和中华民族多元一体教育理论所蕴藏的价值理念为指引，而且根据我国国情和各地区民族教育发展的实际，认为民族教育地方政策生成过程应坚持方向性等原则。对如何优化民族教育地方政策生成过程的价值取向进行了研究，认为在新的时代应基于时代的发展需要和社会的一些现实问题对民族教育地方政策生成过程的价值取向进行优化，使民族教育地方政策生成的具体活动过程能够基于社会事实判断和价值判断，正确地回应这一新时代的发展要求，突出其时代性特征，更好地解决时代问题。此外，还提出了在新时代优化民族教育地方政策生成过程的价值取向应坚定以社会主义核心价值观为引领，明确以培养时代新人为政策价值取向，以不同主体、不同的教育利益需求为政策价值取向，以调谐"应然"与"实然"的冲突为政策价值取向。

　　在实践操作层面的研究过程中，认为应优化民族教育地方政策决策机构和专业咨询机构、优化民族教育地方政策生成过程的监督控制机制和效果监测分析机制、优化民族教育地方政策的制度保障体系，促使民族教育地方政策生成动力系统产生更大合力，减少民族教育地方政策生成过程中所存在的问题和消极效果。

总结与展望

一、研究的简要回顾及基本结论

（一）本研究的简要回顾

随着计划经济向市场经济的转轨以及我国法律体系的变化及政治体制改革的逐步推进，已经打破了原来计划经济体制下的发展模式，中央逐步放权给地方，地方政府因此获得了相对独立的自主权，地方利益主体地位也日渐凸显。在这一历史性转变的过程中，我国民族教育管理权也发生了变化，我国相对较为集中的教育管理权开始出现向地方分权的趋势，地方政府成为发展本地区民族教育的重要主体。然而，综观我国民族教育政策研究者的研究成果，严重偏重于对国家层面的民族教育政策实际内容的梳理、解读宣传和执行情况的调查研究，很少有研究者对民族教育地方政策展开研究，而且鲜见从政策科学角度，运用政策过程理论的规范性分析方式对民族教育地方政策生成过程进行调查研究的成果。为减小民族教育地方政策的盲目性、随意性和短暂性，使地方更好地履行发展本地区民族教育的主体责任，因此本研究以民族教育地方政策为研究切入点，从教育政策科学的规范性和科学性要求出发，剖析案例政策生成过程，试图通过研究民族教育地方政策这一教育管理和教育利益调节工具，优化民族教育地方政策，为解决和克服民族教育地方政策生成过程中的问题和困难提供参考建议，以达到促进地方发展本地区民族教育事业之目的。

本研究主要是通过理论与实践相结合的方式对民族教育地方政策生成进行分析，注重于运用政策过程理论来分析和解决民族教育地方政策发展中需要解决的实际问题。从理论上来说，不仅是对民族教育地方政策生成的"应然"理想状态的分析，也是对理想的民族教育地方政策的追求、期待和民族教育地方政策主体行为选择的理性思考，对于民族教育地方政策生成的活动而言，是一种理性的引领和程序操作的规范，从而避免因民族教育地方政策生成过程的盲目性和非理性而陷入困境；从实践上来看，是对民族教育地方政策"实然"状态的考察，主要以一项地方自发制定、执行和调整完善的个案政策为线索，试图全面而客观地分析民族教育地方政策生成过程的真实状况，通过再现政策产生的历史场景，呈现民族教育地方政策主体在政策活动过程中的鲜活图景，考察不同的民族教育地方政策主体在政策活动过程中所扮演的角色和具体的行动选择，分析民族教育地方政策生成所存在的问题和困难，详细辨析民族教育地方政策生成结果，并且从民族教育地方政策生成动力系统动力缺失的角度来解答和揭示这些问题出现和存在的根本原因，从而为民族教育地方政策生成的优化提出了有针对性的建议。

（二）本研究的基本结论

1. 内在需要是民族教育地方政策生成的主要因素

内在需要是民族教育地方政策生成的主要因素，内在需要表现在这两方面：一方面体现在地方政府的履职需要，在国家教育管理权下放改革的时代背景下，地方政府作为发展本地区民族教育责任的主体地位逐渐凸显出来，承担着发展本地区民族教育的义务，地方政府官员出于生存发展或进步完善的需要而积极寻求教育政策创新的路径，试图通过不断完善本地区民族教育政策，实现对本地区民族教育的有效管理和调谐民族教育领域的利益关系；另一方面体现在地方知识分子和机关干部为实现自身理想抱负的需要，他们主动反映或回应本地区受教育者的利益诉求，他们的需要转化为推动地方政府启动"政策之窗"的动力，促进新的民族教育地方政策的诞生，从而实现本地区教育自我超越的境界追求。从案例政策在民族地区的产生到提升为省级地方的一项民族教育政策，再通过政策在执行过程中的不断调整完善，实际上也主要体现了本地区内在需要的驱动作用。首先反映了民族地区基层少数民族知识分子对传承民族文化的期待和需要，及其促使民族地区学生适应学校学习生活和提高少数民族学生学习兴趣的内在诉求，从而"自下而上"地促进政策产生；其次反映了基层干部为促进本地区民族教育发展的需要而自发制定和实施适用于本地区的民族教育政策，以促进本地区民族教育质量提升，推动民族民间文化在学校教育中传承，推进本地区民族教育的特色发展。

2. 民族教育地方政策生成在"现实"与"理想"间存在诸多差距

虽然地方具有通过教育政策这一手段来实现对本地区民族教育管理和调谐利益关系的行动，但通过对案例政策活动过程的考察发现，在民族教育地方政策生成过程中"现实"与"理想"存在诸多差距，具体表现在这三方面：一是民族教育地方政策生成过程还缺乏政策科学的科学性和规范性，如一些基层干部、教师在政策活动中的"理性逐利"特征表现比较明显，在政策活动中相对缺乏非官方政策主体参与，所以还需提高政策活动的程序性和规范性；二是民族教育地方政策生成结果表现形式具有特殊性，既有积极的结果，也有消极的结果；三是民族教育地方政策生成动力系统存在动力缺陷，主要表现在有的动力因素未能转化为现实的动力，而且因为民族教育地方政策主体行为异化导致阻力的产生，致使民族教育地方政策生成动力系统未能形成强大合力。

3. 民族教育地方政策生成为国家民族教育政策创新提供经验参考

我国幅员辽阔，不同地区之间在地理环境、民族民间文化等方面存在诸多的差异性，而且当前我国教育发展还很不平衡，这在客观上需要不同地方在民族教育管理方面结合本地区实际制定和实施具有地方性和差异性的民族教育政策，实现本地区教育的差异化发展、特色发展。而且，地方在中央教育管理权改革的背景下，基于地方民族教育管理职能的现实而开发新观点和实践新方法，因此，地方在寻求自我发展民族教育的过程中不仅有助于增长一定区域理性的政策创新思维和实现本区域内教育管理制度文明建设的积累，而且不同的地方在探索发展本地区民族教育发展的过程中所积累的政策实践经验可以为国家提供参考，避免国家现有民族教育政策和教育管理制度的僵化。通过对案例政策的研究发现，它虽然只属于国家基本制度规定允许的民族教育地方政策创新行为，并不是对国家教育基本制度发起挑战的创新性行为，但该民族教育政策却是自改革开放以来，在全国范围内都具有首创性的具体政策活动行为和政策实践过程，但在此之后，由于各种原因，国家也开始制定和实施民族文化教育的具体政策，而且逐渐强化了民族文化教育政策的实施力度。因此，从案例政策发展过程来看，民族教育地方政策生成为地方政策与中央民族教育政策形成互动提供可能，在一定程度上为丰富国家具体的民族教育政策提供了地方经验。

4. 制度建构是民族教育地方政策生成的必要条件

在国家教育管理权限下放地方的背景下，实际上加大了地方通过自觉制定和实施民族教育政策来管理本地区民族教育的权力，同时需要地方承担更多的教育管理责任，通过发挥地方的积极主动性，在政策活动中努力突破传统的政策行为模式，制定和实施新的政策从而实现本地区民族教育的发展。当然，地方通过自发地创新民族教育政策这一管理手段的行为需要建构政策活动的条件保障制度和规范制度，使民族教育地方政策活动在规范的制度条件下进行。因此，在中央教育管理权力下放地方的同时，必然要构建起完整的激励性制度和规范性制度，培育公众参与民族教育地方政策活动的自觉意识和能力，在制度的激励和规约下实现民族教育政策官方主体与民族教育地方政策非官方主体的有效互动，使民族教育地方政策活动能够理性而有序地开展，这符合国家现代教育治理理念，更加有助于保障一定区域内不同利益主体在民族教育领域的利益需要；而且这些规范性制度既维护了中央和上级政府的领导权，又能给予地方自主管理和发展民族教育的空间，规范着地方政策活动按照一定程序有序进行，降低地方和中央政府的创新风险。

5. 国家权力认可与支持是民族教育地方政策生成的保障

民族教育地方政策是在一定行政区域内实施的政策，它首先在相对较小的区域内获得了体制内的认可和支持，具备了在一定地域内的合法性和权威性。当然，相对于国家而言，民族教育地方政策需要国家规范性权力的呵护，去除其地域性的狭隘合理性因素，赋予其在更大范围内实施的可能性，使其变得更加丰满，才能走得更远。结合案例政策的产生过程，可以看到该政策产生于民族地区的自发实践行为，历经了在一定地区内从无到有、从无序到逐渐规范的调整完善过程，及其在国家实施"民族民间文化进校园"专项政策之后，对地方实施的学校教育传承民族文化政策的进一步丰富和规范的过程。因此，从整个政策的成长过程来看，实际上都需要政府的力量介入从而获得成长和实施范围不断扩大的机会。所以本研究认为，民族教育地方政策的发展性和可持续性最终取决于能否获得国家的认可与支持。对民族教育地方政策的认可与支持主要是通过国家权力使民族教育地方政策更加规范，使之符合国家的需要，增加政策资源的投入，扩大政策的适用范围，甚至将其提升为在全国实施的政策。

6. 民族教育地方政策生成过程的优化应以人的完善为基本前提

民族教育地方政策生成过程是地方长期的实践探索和成长过程。在国家支持和帮助下需要本地区不断地努力探索，在探寻教育发展规律的过程中制定出科学的民族教育地方政策，为推进本地区民族教育发展提供科学规范完备的教育政策文本依据，并且在推进本地区民族教育政策实践的过程中不断地积累教育政策经验，为不断地优化本地区民族教育政策奠定实践基础。因此，这也就需要通过本地区内部制度的规范和人的完善才能达成，但归根结底还在于人的完善，即要通过提高本地区教育政策各主体中人的理论素养、业务素养和业务能力水平，并使其与现实的合理需要相匹配，才能使本地区建立起健全的内部制度并使其制度更加有效地发挥作用。

二、研究的不足与展望

（一）本研究的不足

由于受到一些客观因素的限制，加上受到自身研究能力和研究水平有限的制约，所以本研究也存在不足之处，希望在今后的研究中继续努力。

由于政策制定过程、执行过程和调整完善过程本身难以追踪，在对案例政策生成过程的资料收集上，即便研究展开了大量的调查访谈，但在调查访谈中获得的资料是被访谈对象个体回忆历史和对政策活动的理解。所以在研究过程中，虽然研究者尽可能充分地获取各类资料，但由于资料收集的困难以及时效性的限制，所以对案例政策活动的历史还原和情景再现可能还存在不足之处，因而在一些历史问题上只能做到尽量地接近历史真实。

本研究以贵州省"民族民间文化进校园"政策为研究线索和对象，以民族教育地方政策生成为研究内容，试图通过追踪该案例政策生成过程，反映民族教育地方政策活动的基本现状，揭示其中存在的问题和困难，可能因为案例政策本身存在的一些特殊性而未能代表民族教育地方政策生成的普遍性，个案政策的研究还有可能难以全面而真实地反映地方在民族教育政策活动中的整体面貌，所以基于此而提出的优化措施和策略也可能会存在一些仅限于解决案例政策问题和困难的情形。

（二）对未来研究的展望

我们党和国家是十分重视政策问题的。毛泽东曾说"政策和策略是党的生命线"，他把政策和策略提升到事关党的生存和发展的高度，也充分说明了政策研究的重要性。当然，教育政策研究之于教育事业发展而言亦是如此。正如有学者所言"没有研究的政策不可能成为好政策""不关心政策应用的研究不可能成为有价值的研究"。然而，目前人们对民族教育地方政策的研究还是相对较为薄弱，而且从现实的角度来看，我国教育发展不均衡，各地方教育发展规模、教育发展的速度和发展质量各不相同，还存在较大的差异，尤其是民族地区教育发展整体水平与发达地区教育发展水平还有相当大的差距。因此，加强民族教育地方政策研究是非常必要的，这也是当前和未来重要的研究领域和研究内容。总的来说，有关民族教育地方政策研究的发展趋势，应包括以下三方面。

1. 重视国外民族教育政策经验的本土化研究

随着政策科学研究热潮的兴起，教育政策几乎已成为世界所有国家教育研究的重要研究领域。① 这为国外民族教育政策研究奠定了理论基础，推动了民族教育政策实践的规范化和科学化发展。西方国家通过法律制度保障少数民族教育权利等方面的经验，为我国民族教育政策的发展和创新提供了可供借鉴的内容。同时我们也要认识到，我国实施的"多元一体教育"政策是"内在生成"的，在于追求百花齐放、百家争鸣的"大园圃"盛景，与西方一些国家的"外在推动"模式所追求的"马赛克"不尽相同。② 所以在学习和借鉴西方民族教育政策实践经验的过程中，要加强马克思主义关于民族教育平等发展的理论与政策研究，从中央到地方都要立足于本土，将经验合理地移植，完善我国民族教育政策，寻找到适合于民族地区教育管理的有效手段和工具。

2. 重视地方特色教育政策研究

重视地方特色教育政策研究是研究的发展趋势。首先，多样性、差异性地发展教育是社会人才需求多样化的要求，因此不能人为地制造"千校一面，万人一书"的天下大同局面，而是要鼓励和支持地方探索不同的教育发展模式，采取不同的人才培育方法，实现优势互补、经验借鉴和有效互动。所以必然要加强民族教育地方政策研究，实现差异性、多样性和特色化发展。其次，经济、文化等差异因素的影响，导致我国少数民族教育与发达地区教育水平上的差距、各少数民族之间教育水平的差距、不同地

① 袁振国. 教育政策学 [M]. 南京：江苏教育出版社，2001：4.
② 张学强. 中国少数民族教育与美国多元文化教育比较研究 [M]. 北京：民族出版社，2011：11-12.

区同一民族的教育水平上的差距等。① 这些因素也就决定了各个地方要结合当地实际情况，加强民族教育地方政策研究，科学决策，整合资源，特色发展，以弥补民族地区教育发展的先天不足。

3. 重视如何培育地方创新民族教育政策的能力研究

我国民族教育整体发展水平的提高是各个地方民族教育发展的结果和总和。因此，欲提高我国民族教育整体发展水平，当然需要各个地方政府通过有效的教育管理方式和创新民族教育政策才能实现。然而从当前我国民族地区教育发展水平来看，还是相对较为薄弱，民族地区整体教育发展水平不高，在教育结构、教育质量、教师队伍、教育投入和民族文化教育等方面亟待完善和提高。因而就目前的条件而言，若仅仅依靠地方自身的力量发展民族地区教育，当然是难以达到预期目标的，所以推进地方民族教育的发展除了在研究其他发达地区和中央如何帮扶、支持民族地区教育发展的同时，更需要研究如何激发民族地区内生潜力，提高地方自我发展民族教育的能力，尤其是要重视如何培育民族教育地方政策创新能力提升的研究，通过结合民族教育地方政策实践研究，总结民族教育地方政策实践经验，反思民族教育地方政策生成存在的问题和困难，探究如何优化一定区域内部政策环境的能力、吸收利用外部信息和资源的能力、充分利用内部政策资源的能力，这是未来民族教育地方政策研究的重要内容。

总之，从民族教育地方政策生成过程来看，政策活动中的各种关系极其复杂，因此本研究仅仅可以被看作是一个开始而不是结束。本研究在理论研究和民族教育地方政策生成过程的调查研究两方面都还有许多需要进一步深入和充实的地方，尤其加强案例政策的调查分析与研究，笔者将继续追踪和观察国内外有关民族教育地方政策发展变化的趋势，在今后的研究过程中继续从政策科学的视角对民族教育地方政策发展做进一步深入的探讨，尤其要注重汲取我国基层政策实践智慧，加强理论总结，为完善民

---

① 孟立军. 历史性跨越——民族教育超常规发展与民族地区发展研究 [M]. 南宁：广西民族出版社，2013：63.

族教育地方政策提供参考建议，推动民族教育地方政策生成具体活动的科学性和规范化，使民族教育地方政策生成动力系统产生更大的合力，从而为整个国家少数民族教育事业的发展做出地方应有的贡献。

参考文献

一、中文类著作

[1] 敖俊梅.民族教育政策文化分析——以民族预科教育政策为线 [M].北京：教育科学出版社，2013.

[2] 奥斯特罗姆，等.制度分析与发展反思——问题与抉择 [M].王诚，等，译.北京：商务印书馆，1996.

[3] 巴战龙.学校教育·地方知识·现代性——一项家乡人类学研究 [M].北京：民族出版社，2010.

[4] 白杰瑞.文化·教育与发展——全球视野下的中国少数民族教育 [M].滕星，马效义，等，译.北京：中央民族大学出版社，2011.

[5] 宝玉柱.民族教育研究 [M].北京：中央民族大学出版社，2009.

[6] 成有信.教育政治学 [M].南京：江苏教育出版社，1993.

[7] 陈振明.政策科学 [M].北京：中国人民大学出版社，1998.

[8] 陈达云.少数民族大学生国家认同教育创新研究 [M].北京：民族出版社，2010.

[9] 陈达云.民族院校学科建设战略研究 [M].北京：人民出版社，2011.

[10] 陈达云，刘晓红，李俊杰.民族高等教育特色发展研究 [M].

北京：民族出版社，2013.

[11] 陈立鹏. 中国少数民族教育立法论 [M]. 北京：中央民族大学出版社，1998.

[12] 陈立鹏. 中国少数民族教育立法新论 [M]. 北京：中央民族大学出版社，2007.

[13] 陈涛. 贵州民族教育调查 [M]. 北京：中央民族大学出版社，1990.

[14] 陈中原. 中国教育平等初探 [M]. 广州：广东教育出版社，2004.

[15] 蔡琼. 民族院校发展中的转型 [M]. 青岛：中国海洋大学出版社，2009.

[16] 查尔斯·E. 林德布洛姆. 政策制定过程 [M]. 朱国斌，译. 北京：华夏出版社，1988.

[17] 丹尼尔·W. 布罗姆利. 经济利益与经济制度——公共政策的理论基础 [M]. 陈郁，等，译. 上海：上海三联书店，1996.

[18] 戴庆夏，滕星，关辛秋，董艳. 中国少数民族双语教育概念 [M]. 沈阳：辽宁出版社，1997.

[19] 费孝通. 社会学概论 [M]. 天津：天津人民出版社，1984.

[20] 费孝通. 中华民族多元一体格局 [M]. 北京：中央民族大学出版社，1999.

[21] 费孝通. 论人类学与文化自觉 [M]. 北京：华夏出版社，2004.

[22] 费孝通. 乡土中国 [M]. 南京：江苏文艺出版社，2007.

[23] 胡象明. 地方政策分析：体制、文化与过程 [M]. 武汉：武汉大学出版社，1994.

[24] 俸兰，李步海，陈达云. 新世纪我国民族教育发展研究 [M]. 北京：民族出版社，2004.

[25] 冯增俊. 教育人类学教程 [M]. 北京：人民教育出版社，2008.

[26] 范国睿. 教育政策的理论与实践 [M]. 上海：上海教育出版社，

2011.

[27] 郭福昌. 中国少数民族教育重大理论问题研究 [M]. 昆明：云南人民出版社, 1997.

[28] 怀特. 文化的科学——人类文明研究 [M]. 黄玲伊, 译. 济南：山东人民出版社, 1988.

[29] 哈经雄, 滕星. 民族教育学通论 [M]. 北京：教育科学出版社, 2001.

[30] 哈经雄. 中国少数民族高等教育学 [M]. 南宁：广西民族出版社, 1991.

[31] 贺武华. 中国教育政策过程本土化研究 [M]. 北京：中国社会科学出版社, 2015.

[32] 景时春. 民族教育 [M]. 兰州：甘肃出版社, 1991.

[33] 金炳镐. 中国共产党民族政策发展史 [M]. 北京：中央民族大学出版社, 2006.

[34] 金东海. 少数民族教育政策研究 [M]. 兰州：甘肃教育出版社, 2002.

[35] 科达克. 多样性的世界 [M]. 格勒, 等, 译. 成都：四川民族出版社, 1990.

[36] 康翠萍. 一种分析范式：中国高等教育政策研究 [M]. 北京：人民出版社, 2010.

[37] 林耀华. 民族学通论 [M]. 北京：中央民族大学出版社, 1997.

[38] 罗廷华, 余岛. 贵州苗族教育研究 [M]. 贵阳：贵州民族出版社, 1999.

[39] 罗慧燕. 教育与社会发展——中国贵州省的一个个案研究 [M]. 北京：民族出版社, 2009.

[40] 刘复兴. 教育政策的价值分析 [M]. 北京：教育科学出版社, 2003.

[41] 刘铁芳. 乡土逃离与回归：乡村教育的人文重建 [M]. 福州：

福建教育出版社, 2008.

[42] 凌绍崇. 民族教育新论 [M]. 北京：民族出版社, 2004.

[43] 雷召海. 中国民族院校的定位与发展研究 [M]. 武汉：湖北人民出版社, 2009.

[44] 雷振扬. 坚持和完善中国特色民族政策研究 [M]. 北京：中国社会科学出版社, 2014.

[45] 李瑛. 鄂伦春族教育史稿 [M]. 长春：吉林出版社, 1987.

[46] 李发耀. 多维视野下的传统知识保护机制实证研究 [M]. 北京：知识产权出版社, 2008.

[47] 李书磊. 村落中的"国家"——文化变迁中的乡村学校 [M]. 杭州：浙江人民出版社, 1999.

[48] 李卫英. 民族学校教育中的隐性力研究：对黔南石龙乡布依族苗族学校教育的田野考察 [M]. 北京：中国社会科学出版社, 2012.

[49] 孟立军. 论中国民族教育 [M]. 南宁：广西民族出版社, 2001.

[50] 孟立军. 新中国民族教育政策研究 [M]. 北京：科学出版社, 2010.

[51] 孟立军. 历史性跨越——民族教育超常规发展与民族地区发展研究 [M]. 南宁：广西民族出版社, 2013.

[52] 孟立军. 中国民族教育发展研究报告：以武陵山片区为例 [M]. 北京：科学出版社, 2013.

[53] 孟立军. 贵州民族文化传承的课堂民族志研究 [M]. 北京：中国社会科学出版社, 2017.

[54] 孟立军. 新中国民族教育理论概论 [M]. 北京：中国社会科学出版社, 2018.

[55] 米切尔·黑尧. 现代国家的政策过程 [M]. 赵成根, 译. 北京：中国青年出版社, 2004.

[56] 倪胜利. 生态·人文·人的发展——西南民族教育文化研究 [M]. 重庆：西南大学出版社, 2013.

［57］彭英明. 马克思主义民族理论与中国民族问题［M］. 成都：四川民族出版社, 1988.

［58］庞朴. 文化的民族性与时代性［M］. 北京：中国和平出版社, 1988.

［59］朴胜一, 程方平. 民族教育史［M］. 海口：海南出版社, 2001.

［60］钱理学, 刘铁芳. 乡土中国与乡村教育［M］. 福州：福建教育出版社, 2008.

［61］宋蜀华, 白振声. 民族学理论与方法［M］. 北京：中央民族大学出版社, 1998.

［62］荣仕星. 中国民族地区公共政策研究［M］. 兰州：甘肃教育出版社, 2002.

［63］孙若穷. 中国少数民族教育学概论［M］. 北京：中国劳动出版社, 1990.

［64］孙绵涛. 教育行政学概论［M］. 武汉：华中师范大学出版社, 1990.

［65］孙绵涛. 教育政策学［M］. 北京：中国人民大学出版社, 2010.

［66］孙培青. 中国教育史［M］. 上海：华东大学出版社, 2008.

［67］孙效良. 政策研究学概论［M］. 北京：中国经济出版社, 1989.

［68］苏德. 民族教育政策：行动反思与理论分析［M］. 北京：教育科学出版社, 2013.

［69］苏德. 民族基础教育质量保障的政策研究［M］. 北京：教育科学出版社, 2013.

［70］苏德. 民族教育质性研究方法：理论·策略与实例［M］. 北京：教育科学出版社, 2014.

［71］苏德. 民族教育政策：质性研究与案例分析［M］. 北京：教育科学出版社, 2014.

［72］苏德. 民族教育政策：文化思考与本土建构［M］. 北京：教育科学出版社, 2014.

[73] 苏德，等. 中国民族教育发展报告（2015—2018）——现实与前瞻：民族地区双语教育研究 [M]. 北京：社会科学文献出版社，2019.

[74] 司洪昌. 嵌入村庄的学校：仁村教育的历史人类学探究 [M]. 北京：教育科学出版社，2009.

[75] [美] 斯图亚特·S. 那格尔. 政策科学百科全书 [M]. 林明，等，译. 北京：北京科学技术文献出版社，1996.

[76] [美] 斯图亚特·S. 尼古. 政策学：综合与评估 [M]. 周超，等，译. 北京：中国人事出版社，1991.

[77] 滕星. 文化变迁与双语教育：凉山彝族社会教育人类学的田野工作与文本撰述 [M]. 北京：教育科学出版社，2001.

[78] 滕星，胡鞍钢. 西部开发与教育发展博士论坛 [M]. 北京：民族出版社，2001.

[79] 滕星，王军. 20 世纪中国少数民族与教育——理论、政策与实践 [M]. 北京：民族出版社，2002.

[80] 滕星. 族群、文化和教育 [M]. 北京：民族出版社，2002.

[81] 滕星，王铁志. 民族教育理论与政策研究 [M]. 北京：民族出版社，2009.

[82] 滕星，苏德. 教育人类学理论、方法与应用研究中国教育人类专业委员会首届年会论文集 [M]. 北京：中央民族大学出版社，2015.

[83] 谭志松. 土家族非物质文化的教育保护与传承研究 [M]. 北京：民族出版社，2011.

[84] 唐纪南，张宗泽. 中国民族院校发展史 [M]. 北京：中国社会科学出版社，2012.

[85] 田晓红. 民族院校心理健康教育理论与实践 [M]. 北京：科学出版社，2010.

[86] [美] 托马斯·R. 戴伊. 自上而下的政策制定 [M]. 鞠方安，等，译. 北京：中国人民大学出版社，2002.

[87] 万明钢. 多元文化视野价值观与民族认同研究 [M]. 北京：民

族出版社，2006.

［88］吴泽霖，陈国钧，等. 贵州苗夷社会研究［M］. 北京：民族出版社，2004.

［89］吴仕民：中国民族教育［M］. 北京：长城出版社，2000.

［90］吴畏. 教育方针的理论与实践［M］. 石家庄：河北教育出版社，1990.

［91］吴明海. 中国少数民族教育史教程［M］. 北京：中央民族大学出版社，2006.

［92］吴晓蓉. 教育在仪式中进行——摩梭人成年礼的教育人类学分析［M］. 重庆：西南大学出版社，2003.

［93］吴德刚. 中国民族教育研究［M］. 北京：教育科学出版社，2011.

［94］吴宣德. 中国区域教育发展概论［M］. 武汉：湖北教育出版社，2001.

［95］吴式颖. 外国教育史教程［M］. 北京：人民教育出版社，1999.

［96］王道俊，郭文安. 教育学［M］. 北京：人民教育出版社，2009.

［97］王鉴. 民族教育学［M］. 兰州：甘肃教育出版社，2002.

［98］王鉴，万明钢. 多元文化教育比较研究［M］. 北京：民族出版社，2006.

［99］王鉴. 中国少数民族教育政策体系研究［M］. 北京：民族出版社，2011.

［100］王铁志. 新时期民族政策的理论与实践［M］. 北京：民族出版社，2001.

［101］王锡宏. 中国边境民族教育［M］. 北京：中央民族学院出版社，1990.

［102］王柯. 民族与国家：中国多民族统一国家思想的系谱［M］. 北京：中国社会科学出版社，2001.

［103］王世忠. 少数民族教育发展研究［M］. 北京：人民出版社，

2013.

[104] 王世忠. 新时期少数民族基础教育政策理论与实践研究 [M].北京：中国社会科学出版社，2016.

[105] 翁乃群. 村落视野下的农村教育：以西南四村为例 [M]. 北京：社会科学文献出版社，2009.

[106] 威尔·金里卡. 当代政治哲学 [M]. 刘莘，译. 上海：上海译文出版社，2004.

[107] 威廉·N. 邓恩. 公共政策分析导论（第2版）[M]. 谢明，杜子芳，等，译. 北京：中国人民大学出版社，2002.

[108] 祁型雨. 超越利益之争——教育政策的价值研究 [M]. 北京：高等教育出版社，2003.

[109] 熊文钊. 少数民族受教育权保护研究 [M]. 北京：中央民族大学出版社，2010.

[110] 谢少华. 权力下放与课程政策变革——澳大利亚经验与启示 [M]. 广州：中山大学出版社，2002.

[111] 徐勇，高秉雄. 地方政府学 [M]. 北京：高等教育出版社，2013.

[112] 袁振国. 教育政策学 [M]. 南京：江苏教育出版社，2001.

[113] 袁同凯. 走进竹篱教室：土瑶学校教育的民族志研究 [M]. 天津：天津人民出版社，2004.

[114] 杨润勇. 地方教育政策行为研究——以县级区域为例 [M]. 北京：教育科学出版社，2011.

[115] 杨胜才. 中国民族院校办学理念研究 [M]. 北京：科学出版社，2013.

[116] 余秀兰. 中国教育的城乡差距——一种文化再生产现象的分析 [M]. 北京：教育科学出版社，2004.

[117] 郑杭生. 社会学概论新修 [M]. 北京：中国人民大学出版社，1999.

[118] 滕星. 教育与族群认同——贵州石门坎苗族的一个个案研究（1900—1949）[M]. 北京：民族出版社，2009.

[119] 朱解琳. 甘宁青民族教育史简编 [M]. 西宁：青海人民出版社，1993.

[120] 张诗亚. 西南民族教育文化溯源 [M]. 上海：上海教育出版社，1994.

[121] 张学强. 中国少数民族教育与美国多元文化教育比较研究 [M]. 北京：民族出版社，2011.

[122] 钟海青，等. 广西边境民族教育政策研究：区域比较的视角 [M]. 南宁：广西民族出版社，2019.

二、期刊类

[1] 安静，金东海. 西北民族地区义务教育贫困生资助需求及相关政策研究 [J]. 民族教育研究，2010（2）.

[2] 陈立鹏. 试论我国的地方少数民族教育立法 [J]. 黑龙江民族丛刊，1997（3）.

[3] 陈立鹏. 我国地方少数民族教育立法研究——以《楚雄彝族自治州民族教育条例》为个案 [J]. 民族研究，2005（1）.

[4] 陈立鹏. 我国少数民族教育立法应确立的指导思想和原则 [J]. 中国民族教育，2005（2）.

[5] 陈立鹏. 新时期我国少数民族教育立法的内容及特点 [J]. 贵州民族研究，2005（2）.

[6] 陈立鹏. 改革开放30年来我国民族教育政策回顾与评析 [J]. 民族研究，2008（5）.

[7] 陈立鹏，等. 我国民族教育政策30年 [J]. 中国民族教育，2008（11）.

[8] 陈立鹏，李海峰. 民汉双语教育：从顶层设计至基层管理 [J]. 民族教育研究，2016（4）.

[9] 陈立鹏, 任玉丹. 改革开放 40 年我国民族教育政策成效显著 [J]. 中国民族教育, 2018 (12).

[10] 陈立鹏, 任玉丹. 改革开放 40 年来我国民族教育重大政策梳理 [J]. 中国民族教育, 2018 (11).

[11] 陈立鹏, 仲丹丹. 新中国成立 70 年: 对民族教育 "深层次问题" 的再思考 [J]. 民族教育研究, 2019 (5).

[12] 陈立鹏, 陈达云, 张承洪. 学习贯彻习近平总书记关于民族的教育的重要论述全面推进民族教育改革与发展 [J]. 西南民族大学学报 (人文社科版), 2019 (7).

[13] 陈立鹏, 张钰. 关于深入推进中华民族共同体教育的几点思考 [J]. 贵州民族研究, 2020 (6).

[14] 李祥, 林安琪. 论民族地区教育立法的特色及其彰显 [J]. 宁夏社会科学, 2017 (5).

[15] 李扬. 我国少数民族教育立法实证研究 [J]. 西北民族大学学报 (哲学社会科学版), 2014 (5).

[16] 孟立军. 民族教育对民族文化传统创弃机制初探 [J]. 贵州民族研究, 1990 (4).

[17] 孟立军. 论民族教育的自主发展与重点扶持 [J]. 中南民族学院学报 (哲学社会科学版), 1995 (1).

[18] 孟立军. 论斯大林的民族教育思想 [J]. 广西民族研究, 1995 (3).

[19] 孟立军. 试论我国民族教育理论的主要内容 [J]. 民族研究, 1995 (6).

[20] 孟立军. 论中国民族教育的历史特点 [J]. 中央民族大学学报, 1996 (1).

[21] 孟立军. 对加强我国少数民族社区文化建设的思考 [J]. 贵州民族研究, 1996 (4).

[22] 孟立军. 民族教育超常规发展的理论和实践探索 [J]. 中南民族

学院学报（哲学社会科学版）1996（6）.

[23] 孟立军. 论我国民族教育的主要历史经验 [J]. 民族论坛, 1997 (4).

[24] 孟立军. 论新中国民族教育实践的成就 [J]. 民族教育研究, 2001（1）.

[25] 孟立军. 实现民族地区的发展必须是整体推进与重点突破相结合 [J]. 黑龙江民族丛刊, 2001（1）.

[26] 孟立军. 对中国特色民族教育理论体系研究的思考 [M]. 民族论坛, 2015（7）.

[27] 孟立军. 关于建构中国特色民族教育理论话语体系的思考 [J]. 民族教育研究, 2019（5）.

[28] 孟凡丽. 我国少数民族基础教育课程、教材建设：回顾与反思 [J]. 贵州民族研究, 2004（4）.

[29] 海路, 滕星. 新中国民族教育政策的回顾与思考——教育人类学学者访谈录 [J]. 内蒙古师范大学学报（教育科学版）, 2007（7）.

[30] 金东海. 西北民族高等教育政策：历史回顾·成就·发展 [J]. 民族教育研究, 2007（2）.

[31] 金东海, 秦浩, 陈昊. 国外义务教育阶段学生就学资助政策对我国的启示 [J]. 外国教育研究, 2009（8）.

[32] 金东海. 论我国民族教育自主管理政策的实践与完善 [J]. 兰州大学学报（社会科学版）, 2004（3）.

[33] 南兰. 调整政策发展民族教育——贵州民族教育刍议 [J]. 贵州教育学院学报（社会科学版）, 1988（1）.

[34] 苏德. 文化教育人类学视野下的校本课程开发 [J]. 内蒙古师范大学学报（教育科学版）, 2004（3）.

[35] 苏德. 多元一体化视野下的中国少数民族高等教育的文化整合功能 [J]. 民族教育研究, 2007（3）.

[36] 苏德, 陈晨. 安顺市"贵州省首批民族民间文化教育项目学校"

个案调查研究［J］.广西民族大学学报（哲学社会科学版），2011（1）.

［37］苏德，王渊博.云南民族基础教育政策实施情况的调查及对策研究——以德宏州陇川县为例［J］.民族教育研究，2010（4）.

［38］苏德，王渊博.国家认同教育：云南省边境教育发展的战略选择［J］.民族教育研究，2012（5）.

［39］滕星.试论民族学校的校园文化建设［J］.中央民族大学学报（社会科学版），1997（3）.

［40］滕星，张俊豪.试论民族学校的民族认同与国家认同［J］.中南民族学院学报（哲学社会科学版），1997（4）.

［41］滕星，苏红.中国少数民族地区现代化过程与教育机会均等［J］.教育科学，1998（1）.

［42］滕星，杨红.西方低学业成就归因理论的本土化阐释——山区拉祜族教育人类学田野工作［J］.广西民族学院学报（哲学社会科学版），2003（3）.

［43］滕星.族群、文化差异与学校课程多样化［J］.江苏社会科学，2003（4）.

［44］王鉴.西部大开发背景下的民族教育政策问题［J］.西北师大学报（社会科学版），2003（5）.

［45］滕星，马效义.中国高等教育的少数民族优惠政策与教育平等［J］.民族研究，2005（5）.

［46］滕星.少数民族高等教育优惠政策新论［J］.西北师大学报（社会科学版），2005（6）.

［47］涂端午，陈学飞.我国教育政策研究现状分析［J］.教育科学，2007（1）.

［48］王鉴.我国民族教育政策体系探讨［J］.民族研究，2003（6）.

［49］王鉴，等.我国民族地区地方课程及其政策研究［J］.民族教育研究，2006（2）.

［50］王鉴.教育民族志研究的理论与方法［J］.民族研究，2008（2）.

[51] 王鉴. 试论我国少数民族教育政策重心的转移问题 [J]. 民族教育研究, 2009 (3).

[52] 王鉴. 当前民族文化与教育发展所面临的主要问题及对策 [J]. 民族教育研究, 2010 (2).

[53] 王鉴. 论我国民族教育的特殊性及其政策支持 [J]. 学术探索, 2010 (5).

[54] 王鉴. 我国民族教育政策研究三题 [J]. 当代教育与文化, 2010 (6).

[55] 王鉴, 安富海. 当前我国民族教育研究前沿与热点问题综述 [J]. 学术探索, 2011 (2).

[56] 王鉴, 胡红杏. 从"承认差异"到"强化认同"——美国少数民族教育政策的演变及启示 [J]. 兰州大学学报 (社会科学版), 2012 (3).

[57] 王鉴, 苏杭. 略论乡村教师队伍建设中的"标本兼治"政策 [J]. 教师教育研究, 2017 (1).

[58] 王鉴. 国家治理视角下的中华民族共同体意识教育 [J]. 中国教育科学 (中英文), 2020 (1).

[59] 王鉴, 胡红杏. 打牢中华民族共同体意识的思想基础研究 [J]. 民族教育研究, 2020 (2).

[60] 万明钢. 铸牢中华民族共同体意识与新时代学校民族团结进步教育的使命 [J]. 西北师大学报 (人文社会科学版), 2020 (5).

[61] 吴晓蓉, 王谦. 论教育政策的文化涉入 [J]. 当代教育与文化, 2016 (3).

[62] 许可峰. 中国民族教育政策体系的类型学研究 [J]. 贵州民族研究, 2012 (2).

[63] 杨顺清, 以特殊政策, 促特色发展——新世纪新阶段贵州民族教育改革与发展调查思考 [J]. 贵州民族研究, 2006 (4).

三、学位论文

1. 博士学位论文

[1] 敖俊梅. 民族预科教育政策文化分析 [D]. 北京：北京师范大学，2007.

[2] 白希. 民族区域自治模式的比较研究——以中国民族区域自治为中心 [D]. 长春：吉林大学，2007.

[3] 黄元姗. 民族区域自治制度的发展与完善——以自治州自治条例为分析对象 [D]. 武汉：华中师范大学，2012.

[4] 李忠斌. 民族教育投资与民族地区经济增长研究 [D]. 武汉：华中师范大学，2007.

[5] 马信. 回族文化传承：经堂教育与学校教育比较研究 [D]. 北京：中央民族大学，2013.

[6] 苏德. 多维视野下的双语教育发展观——内蒙古地区蒙古族中小学个案 [D]. 北京：中央民族大学，2005.

[7] 王怀强. 民族区域自治制度绩效研究——以甘肃省临夏回族自治州为例 [D]. 南京：南京大学，2011.

[8] 杨曦. 西南地区少数民族教育内源发展研究 [D]. 重庆：西南大学，2007.

[9] 张布和. 建立和谐文化视角的少数民族教育质量评价研究 [D]. 北京：中央民族大学，2007.

[10] 张惠淑. 中国少数民族教育目的需要之研究——巴底齐鲁村校教育目的个案解析 [D]. 重庆：西南大学，2009.

[11] 赵丽华. 中国民族自治区民族事务行政管理研究 [D]. 北京：中央民族大学，2005.

[12] 郑白玲. 特与不特：民族院校招生政策研究 [D]. 重庆：西南大学，2008.

[13] 郑毅. 冲突与调谐：佛寺教育与义务教育基本权利关系研究

［D］．北京：中央民族大学，2012．

［14］张雷．教育政策绩效评估的理论探讨［D］．上海：华东师范大学，2014．

2. 硕士学位论文

［1］陈晨．在学校教育中民族文化传承与保护政策研究——以贵州省"民族民间文化进校园政策"为个案［D］．北京：中央民族大学，2012．

［2］范诚梅．黔西南布依族苗族自治州教育立法的调查报告——以《黔西南布依族苗族自治州教育条例》为例［D］．重庆：西南大学，2007．

［3］胡玉婷．课外活动的民族文化传承功能研究——以贵州省两所小学为例［D］．重庆：西南大学，2012．

［4］梁晋芳．民族文化进校园的课堂志研究——以车民小学为例［D］．重庆：西南大学，2010．

［5］毛信元．清代贵州榕江地区义学政策实施情况研究［D］．重庆：西南大学，2008．

［6］潘潇．民族自治地方基础教育发展中的政府责任研究——以云南迪庆藏族自治州香格里拉市为例［D］．昆明：云南大学，2013．

［7］田龙山．民族自治地方少数民族教育立法研究——以《湖北恩施土家族苗族自治州为例》［D］．武汉：中南民族大学，2006．

［8］谭华．恩施州"民族文化进校园"活动的调查研究［D］．恩施：湖北民族学院，2012．

［9］王培．贵州省榕江县"民族文化进校园"实施现状调查研究［D］．重庆：西南大学，2010．

［10］王辉，民族文化进校园的问题研究——以凯里市舟溪逸夫中学为个案［D］．重庆：西南大学，2012．

［11］王平．民族基础教育课程政策执行的文化分析——以贵州省雷山县为例［D］．北京：中央民族大学，2011．

［12］王丽萍．新中国民族教育政策的理论与实践［D］．北京：中央民族大学，2007．

[13] 许可峰. 新中国少数民族教育政策发展问题研究 [D]. 兰州：西北师范大学, 2008.

[14] 袁春艳. 恩施土家族苗族自治州民族教育中的政府责任研究 [D]. 重庆：西南大学, 2008.

[15] 姚霖. 20 世纪 60 年代以来美国少数民族基础教育政策的研究 [D]. 桂林：广西师范大学, 2010.

[16] 杨悦. 贵州省民族民间文化进校园政策研究——以雷山县方祥民族小学为例 [D]. 北京：中央民族大学, 2011.

[17] 杨建忠. 学校教育中的民族传统文化传承研究——以凯里市舟溪逸夫中学为例 [D]. 西安：陕西师范大学, 2012.

四、外文文献资料

[1] Bottery, Mike. *Education, policy and ethics* [M]. London：Continuum, 2000.

[2] Gillborn, David. *Rationing education：Policy, reform, and equity* [M]. Philadelphia：Open University Press, 2000.

[3] Geoffrey Walford. *Ethnography and education policy* [M]. Amsterdam, New York：JAI, 2001.

[4] James A. Banks, Cherry A. *McGee Banks. Multicultural education：Issues and perspectives* [M]. Boston：Allyn and Bacon, 1989.

[5] James A. Banks. *Handbook of research on Multicultural education* [M]. New York：Macmillan Pub; London：Prentice Hall International, 1995.

[6] James Lynch. *Multicultural education：Principles and Practice* [M]. London, Boston：Routledge&kegan Paul, 1986.

[7] John Ahier and Michael Flude. *Contemporary education policy* [M]. London：Croom Helm, 1983.

[8] Jack Demaine. *Education policy and contemporary politics* [M]. Houndmills, Basingstoke, Hampshire：Macmillan, 1999.

[9] Jodi Dean. *Cultural studies&political theory* [M]. Ithaca, N. Y: Cornell university Press, 2000.

[10] R. Odden Allan. *Education Policy Implementation* [M]. New York: State University of New York Press, 1991.

[11] Roger Dale. *The state and education policy* [M]. Philadelphia: Open University, Press, 1989.

[12] Sandra J. Stein. *The culture of education policy* [M]. New York: Teachers College Press, 2004.